D1639874

Karnop • Rode • Tullner
Regierungsbezirk Magdeburg

Blick vom nördlichen Domturm über die alte, ehrwürdige Stadt Magdeburg vor ihrer
Zerstörung am 16. Januar 1945

Stefan Karnop • Lars-Henrik Rode • Mathias Tullner

Der Regierungsbezirk Magdeburg und seine Geschichte

Von der „Königlichen Regierung in Niedersachsen zu Magdeburg" zum Regierungspräsidium Magdeburg (1816–1998)

Anhaltische Verlagsgesellschaft mbH Dessau
1998

Gefördert mit Mitteln des Landes Sachsen-Anhalt
und der **NORD/LB**.

Impressum
ISBN 3-910192-74-2
© Anhaltische Verlagsgesellschaft mbH Dessau
Printed in Germany
1. Auflage 1998
Gesamtgestaltung: Regina Erfurth, Dessau
Lithos und Satz: Repro- und Satzstudio Kuinke, Dessau
Gesamtherstellung: Druck- und Verlagshaus Erfurt seit 1848

Inhaltsverzeichnis

Vorwort 7

1. Voraussetzungen und Rahmenbedingungen der 9
   Gründung der Preußischen Königlichen Regierung
   in Magdeburg
1.1 Die Verwaltungsreform in Preußen 1807/1808 9
1.2 Die Neuordnung der Verwaltung im Zuge der 11
    Befreiungskriege und des Wiener Kongresses 1815
1.3 Zum Integrationsproblem der neugegründeten Provinz 13
    Sachsen und ihrer Regierungsbezirke
1.4 Aufbau und Ausgestaltung einer Verwaltungsstruktur 16
    in der Provinz Sachsen

2. Die Gründung der Regierung in Magdeburg 21
2.1 Vorläufer und Traditionen 21
2.2 Entstehung und Einrichtung der Königlichen Regierung 23
    von Niedersachsen zu Magdeburg am 1. April 1816

3. Die „Königliche Regierung zu Magdeburg" und ihr 26
   Regierungsbezirk
3.1 Geographische Beschreibung und Regionen 26
3.2 Die Kreise 35
3.3 Arbeitsweise der Königlichen Regierung zu Magdeburg 37
    in der Anfangszeit
3.4 Die innere Organisation der Königlichen Regierung 44
3.5 Die Königliche Regierung und ihre Beamten 47

4. Die ersten Jahre der Tätigkeit der Regierung: Bewäh- 61
   rung, Probleme und erste Reformen (1816–1825)

5. Die „Königliche Regierung zu Magdeburg" in der 65
   ersten Hälfte des 19. Jahrhunderts
5.1 Die Kabinettsorder vom 31. Dezember 1825 65
5.2 Die Umsetzung der Kabinettsorder bei der Königlichen 67
    Regierung zu Magdeburg
5.3 Politische und wirtschaftliche Rahmenbedingungen der 71
    Tätigkeit der Königlichen Regierung zu Magdeburg

6. Die Umgestaltung der inneren Verwaltung im 86
   Zusammenhang mit der Bismarckschen
   Reichsgründung 1871

6.1	Die Behörde im Prozeß der Gründung und Ausgestaltung des Deutschen Kaiserreiches bis zur Provinzialreform in Preußen	86
6.2	Die Reorganisation der Behörde 1883	92
6.3	Reformversuche am Ende des Kaiserreiches	95

| **7** | **Novemberrevolution und Weimarer Republik** | **103** |

| **8** | **Die Verwaltung unter der NS-Diktatur (1933–1944)** | **109** |

| **9** | **Das Regierungspräsidium Magdeburg zwischen 1945 und 1947** | **117** |

| **10** | **Die Ablösung der historisch gewachsenen Mittelinstanz durch ein sozialistisches Staatsorgan** | **122** |

11.	**Die Wiederherstellung des Regierungspräsidiums Magdeburg**	**123**
11.1	Der Neuanfang 1989/1990	123
11.2	Die Landkreise des Regierungsbezirkes Magdeburg	129
11.3	Das Magdeburger Regierungspräsidium im Gefüge der Landesverwaltung des Landes Sachsen-Anhalt und seine Tradition	130
11.4	Die Arbeitsweise des Regierungspräsidiums	134
11.5	Erste Erfahrungen mit der wiedererstandenen Mittelinstanz	137

| **12** | **Die territoriale Entwicklung der Landkreise des Regierungsbezirkes Magdeburg** | **141** |

| **13** | **Zur Geschichte der Kreise von 1816 bis 1952** | **143** |

| **14** | **Literaturverzeichnis** (Auswahl) | **179** |

| **15** | **Quellenverzeichnis** | **181** |

| **16** | **Anmerkungen** | **182** |

| **17** | **Anhang** | **193** |

Vorwort

Wer nicht in die Geschichte schaut, der hat auch keine Zukunft. Die Autoren ließen sich von diesem alten Satz leiten, als der damalige Magdeburger Regierungspräsident Wolfgang Böhm im Jahre 1995 die Idee äußerte, die historischen Wurzeln seiner Behörde zu erforschen.
Der Zeitpunkt war nicht zufällig. Denn am 1. April 1996 jährte sich die Gründung des Regierungspräsidiums zum 180. Mal. Es war Eile geboten. 180 Jahre zu erfassen, war in wenigen Monaten nicht möglich. Die Fülle des Materials und die sich erst allmählich zeigenden Zusammenhänge ermöglichten im Jubiläumsjahr nur eine kurze Schrift, die den Schwerpunkt auf die Einordnung des Regierungspräsidiums in den geschichtlichen Kontext setzte.

Nunmehr liegt dieses Buch vor, das nicht bloß Chronik und Nachschlagewerk ist, sondern darüber hinaus einen Beitrag zur Identitätsfindung Sachsen-Anhalts leisten möchte. Es spricht somit neben Historikern und Mitarbeitern der Verwaltung vornehmlich regionalgeschichtlich Interessierte an. Erstmals wird in Zusammenhängen herausgearbeitet und illustriert, in welchen Beziehungen die Behörde zu den Menschen standen und wie in den Behörden gearbeitet und entschieden wurde.

Es wird überraschen, daß die Schaffung einer neuen Verwaltungsstruktur 1989/1990 nicht ein Akt der Übernahme „fremder" Strukturen war, sondern die Wiederherstellung von Verhältnissen, wie sie – natürlich mit Unterschieden – im Freistaat Preußen zur Zeit der Weimarer Republik ihren demokratischsten Ausdruck erhalten hatte. Die Behördenorganisation des Landes Sachsen-Anhalt mit ihren Regierungspräsidien knüpft also an eine lange Verwaltungstradition an und zeigt so, daß die vergangenen acht Jahre die Fortsetzung einer Entwicklung sind, die 1947 nach 131 Jahren ein abruptes Ende gefunden hat. Es schließt sich die Frage an, inwieweit das Regierungspräsidium von 1998 mit dem von 1816 identisch ist. Die Antwort möge sich der Leser selbst geben. Bei seiner Lektüre wird er vielleicht (auch) erkennen, daß sich die Geschichte dieser Behörde in Epochen einteilen läßt, deren jeweiliges Ende aber nicht mit den großen geschichtlichen Ereignissen zusammenfällt. Weder die Revolutionen von 1848 und 1918, noch die Gründung des Reiches 1871 und der Weimarer Republik 1919, noch die Errichtung des nationalsozialistischen Staates 1933 und auch nicht das Kriegsende 1945 hatten auf das Regierungspräsidium unmittelbaren Einfluß. Diese Erkenntnis bestätigt den Ausspruch des deutschen

Staatsrechtlers Otto Mayer, der vor rund einhundert Jahren formulierte: Verfassungsrecht vergeht, Verwaltungsrecht bleibt. Die verfassungsrechtliche Situation in Deutschland änderte sich oftmals, die allgemeine innere Verwaltung lief dennoch unbeeindruckt weiter und garantierte so, daß es kein „rechtsfreies Loch" gab. Das Regierungspräsidium ist also Ausdruck besonderer Beständigkeit.

Wie jedes Wirtschaftsunternehmen wird auch eine Behörde von ihren leitenden Mitarbeitern mitgeprägt. So galt das Interesse der Autoren auch den Regierungspräsidenten, die sie den einzelnen Epochen und Zeiträumen zuordneten. Erstmals werden alle 26 Regierungspräsidenten vorgestellt. Vorausgegangen waren erhebliche Bemühungen, an Bildnisse und Lebensdaten zu gelangen. Detektivische Kleinarbeit führte unter anderem zu den Kindern der Regierungspräsidenten Miesitschek von Wischkau (1910 – 1919) und Nicolai (1933) oder zu Verwandten einiger Regierungspräsidenten des letzten Jahrhunderts. Doch leider vermochten es die Autoren (noch) nicht, von allen Regierungspräsidenten Bilder zu erlangen.

Von besonderem Interesse dürften die Ausführungen zur Wiederherstellung der Regierungspräsidien nach der DDR-Zeit und die ersten Erfahrungen mit der wiedererstandenen Mittelinstanz sein.

Die vorliegende Darstellung unternimmt in diesem Zusammenhang den Versuch, die Umbrüche in der Verwaltung nach 1989 nachzuzeichnen und auf wesentliche Vorgänge dieser Zeit aufmerksam zu machen.

Die Texte zur Geschichte der Kreise sind mit freundlicher Genehmigung des Herrn Dr. Josef Hartmann an dessen Ausarbeitung in der Gesamtübersicht über die Bestände des Staatsarchivs Magdeburg/Landeshauptarchivs Magdeburg, Bd. II/22: Behörden und Institutionen in der Provinz Sachsen 1815/16 bis 1944/45, Halle/Saale 1972, angelehnt. Der Dank der Autoren gilt Herrn Dr. Hartmann noch aus dem Grunde, daß er als Leitender Archivdirektor des Landesarchiv Magdeburg – Landeshauptarchiv – die Arbeit an diesem Band wesentlich gefördert hat.
Der Dank der Autoren gilt ebenfalls dem Land Sachsen-Anhalt und der Norddeutschen Landesbank/Landesbank für Sachsen-Anhalt, Magdeburg, für die Förderung, die die Herausgabe des Buches ermöglichte.

Stefan Karnop
Lars-Henrik Rode
Mathias Tullner

1. Voraussetzungen und Rahmenbedingungen der Gründung der Preußischen Königlichen Regierung in Magdeburg

1.1 Die Verwaltungsreform in Preußen von 1807/1808

Die Einrichtung der Preußischen Königlichen Regierung zu Magdeburg war das Ergebnis einer Verwaltungsreform und zugleich Bestandteil der staatlichen Neuordnung Preußens im Zuge der Befreiungskriege und des Wiener Kongresses 1815.

Die Verwaltungsreform in Preußen nach 1807 war Teil des großen Reformwerkes, dessen Konturen und Richtungen vor allem von der Persönlichkeit des Freiherrn vom Stein bestimmt worden sind.[1] Heinrich Friedrich Karl Reichsfreiherr vom und zum Stein (1757–1831) leitete nach dem Frieden von Tilsit (9. Juli 1807) die Staatsgeschäfte des von Napoleon I. erheblich verkleinerten und gedemütigten Preußen. Die von ihm maßgeblich initiierten Reformen veränderten Staatsverfassung und gesellschaftliche Verhältnisse nachhaltig. Durch sie wurden nicht nur die Bedingungen für den militärischen Sieg während der Befreiungskriege 1813–1815 über Napoleon I. geschaffen, sondern sie bedeuteten für den preußischen Staat vor allem eine grundlegende Modernisierung. In seinem Staatsdenken nahm Stein nicht nur die Ideen des Königsberger Philosophen Immanuel Kant und der englischen Denker, sondern auch die Ideen der französischen Aufklärer auf. Im Gegensatz zur klassischen Gewaltenteilung bei Charles de Montesquieu (1689–1755) ging es Stein allerdings nicht um eine Einschränkung der Staatsmacht durch Gewaltenteilung, sondern um deren richtigen Gebrauch. Gleichwohl schätzte er den bedeutenden französischen Denker sehr hoch und versuchte, ein richtiges Maß der Herrschaft im Staate mittels einer mittelbaren oder unmittelbaren Beteiligung der Bürger an den Staatsgeschäften anzustreben.[2] Wie Montesquieu erschien es Stein als erstrebenswertes Ziel, Freiheit und Eigentum der Bürger innerhalb eines maßvollen Verfassungszustandes zu sichern. Für Stein war also auch ein moderner Verfassungszustand zu erstreben, innerhalb dessen die Verwaltung dem Ideal des an den Staatsgeschäften beteiligten Bürgers Raum geben sollte. Es ging aber nicht nur darum, mittels einer Staatsverfassung eine gesamtstaatliche Repräsentation, eine Volksvertretung zu schaffen, sondern eine Einbindung der Bürger in die Verantwortung für öffentliche Aufgaben auf allen Ebenen (Provinzen, Kreise, Städte und Gemeinden) zu erreichen. Seine Vorschläge und Pläne, insbesondere zur Organisation der Verwaltung, legte Stein im Jahre 1807 in seiner berühmten „Nassauer Denkschrift" vor.[3]

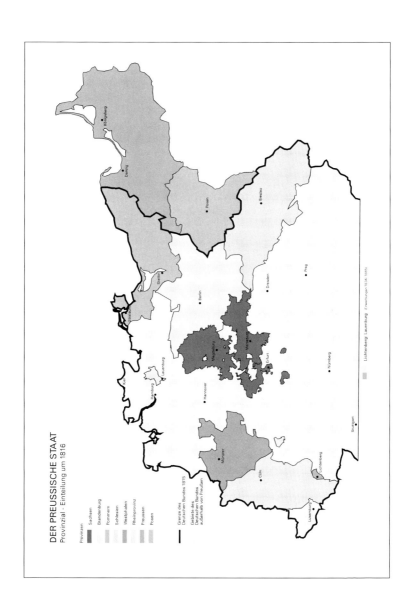

DER PREUSSISCHE STAAT
Provinzial - Einteilung um 1816

Provinzen

Sachsen
Brandenburg
Pommern
Schlesien
Westfalen
Rheinprovinz
Preussen
Posen

Grenze des
Deutschen Bundes 1815

Gebiete des
Deutschen Bundes
außerhalb von Preußen

Lichtenberg: Lauenburg (Erwerbungen 1834, 1865)

1.2 Die Neuordnung der Verwaltung im Zuge der Befreiungskriege und des Wiener Kongresses 1815

Preußen hatte während der Verhandlungen des Wiener Kongresses 1815 die Einverleibung des gesamten Königreiches Sachsen in den preußischen Staat verlangt. Dieses alte Ziel preußischer Politik schien nach dem Sieg über das Napoleonische Frankreich erreichbar zu sein, da der sächsische König bis zuletzt auf Seiten Napoleons geblieben war. Solche umfassenden preußischen Annexionsabsichten erwiesen sich aber als nicht durchsetzbar, weil sich insbesondere Österreich der preußischen Forderung widersetzte. Preußen mußte sich aus den besetzten sächsischen Gebieten zurückziehen, die der sächsischen Monarchie erhalten blieben.

Die Stadt Dresden wurde folglich ebenso wie die Stadt Leipzig als künftiger Sitz einer Provinzialhauptstadt aufgegeben. Somit wurde Merseburg Sitz des ursprünglich in Dresden eingerichteten Generalgouvernements. Diese Behörde war nicht die einzige, die an der Gründung der Provinz Sachsen mitwirkte. Während der Kriegshandlungen hatte König Friedrich Wilhelm III. (1770/1797 – 1840) am 9. April 1813 ein „Zivil- und Militärgouvernement für die Provinzen zwischen Elbe und Weser" eingesetzt, das die Verwaltung der bis dahin zum Königreich Westfalen gehörigen Gebiete übernahm. Die Behörde hatte ihren Sitz zunächst in Halle und wurde später nach Halberstadt verlegt. Diese beiden Behörden aus Halle bzw. Halberstadt und Merseburg bereiteten schließlich die Gründung der preußischen Provinz Sachsen vor, die sich als eine Herausforderung besonderer Art herausstellen sollte.

Mit der wechselhaften geschichtlichen Entwicklung Preußens, die insbesondere durch die Napoleonischen Kriege zu Beginn des 19. Jahrhunderts geprägt war, war auch der territoriale Bestand Preußens stark beeinflußt. Insbesondere das Gebiet der sich jetzt bildenden Provinz Sachsen setzte sich aus außerordentlich unterschiedlichen territorialen Gebilden zusammen. Mit der Bildung der Regierungen dieser Provinz Sachsen waren deshalb von vornherein Aufgaben der raschen Integration ihrer Zuständigkeitsgebiete als Bestandteile des preußischen Staates verbunden. Zwar standen die Regierungen auch in anderen Landesteilen der Monarchie vor solchen Aufgaben, in der Provinz Sachsen war dennoch eine besondere Lage gegeben. Eines der größten Probleme stellte dabei die Integration der von Sachsen abgetrennten Gebiete dar. Ursprünglich hatte es in der sächsischen Frage den Plan gegeben, das gesamte Königreich Sachsen in den preußischen Staat als eine Provinz „Obersachsen" mit Dresden als Hauptstadt einzugliedern. Sie sollte die Lausitz, Meißen, Thüringische Gebiete, Merseburg, Naumburg, Zeitz, Weißenfels, Eckhartsberga, Tautenburg und

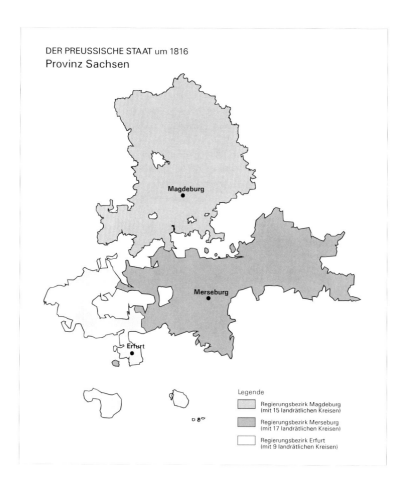

DER PREUSSISCHE STAAT um 1816
Provinz Sachsen

Magdeburg

Merseburg

Erfurt

Legende

Regierungsbezirk Magdeburg
(mit 15 landrätlichen Kreisen)

Regierungsbezirk Merseburg
(mit 17 landrätlichen Kreisen)

Regierungsbezirk Erfurt
(mit 9 landrätlichen Kreisen)

Leipzig umfassen. Dazu war eine Provinz „Niedersachsen" mit Magdeburg als Provinzhauptstadt geplant. Diese Provinz sollte in zwei Regierungsbezirke aufgeteilt werden: zum einen in einen Bezirk mit der Harzregion, dem Eichsfeld, den Schwarzburgischen Ländereien mit Duderstadt als Regierungssitz und zum anderen in einen Bezirk, bestehend aus den Gebieten der Altmark, Halberstadt, Wernigerode, Anhalt, Mansfeld, Querfurt, Sangerhausen, dem Saalkreis und weiteren kleineren Gebietsteilen mit Magdeburg als Zentrum[4]. Dies hätte unter anderem auch die Integration der anhaltischen Staaten in das preußische Königreich bedeutet. Solche umfassenden preußischen Annexionsabsichten vor allem gegenüber Sachsen erwiesen sich aber – wie bereits erwähnt – als nicht durchsetzbar.[5] Schließlich erhielt Preußen nur den – etwas größeren – Nordteil des Königreiches Sachsen, der zu großen Teilen in die preußische Provinz Sachsen integriert wurde. Es handelte sich dabei in der Hauptsache um folgende Gebiete: den Kurkreis um Wittenberg, die ehemaligen Stifte Merseburg und Naumburg/Zeitz, Teile des Meißener und des Leipziger Kreises, den sächsischen Teil von Mansfeld und weitere kleinere Territorien.[6] Diese Gebiete wurden mit „altpreußischen" Territorien, nämlich der Altmark, Magdeburg und Halberstadt sowie mit Gebieten, die Preußen durch den Reichsdeputationshauptschluß vom 25. Februar 1803 zugesprochen waren, zur Provinz Sachsen zusammengefaßt. Bei den letzteren handelt es sich um thüringische Territorien um Erfurt, das Eichsfeld, den vormaligen freien Reichsstädten Mühlhausen und Nordhausen und weitere, meist kleinere und territorial zerklüftete Gebietsteile, die mit noch anderen thüringischen Gebieten aus dem Territorialbestand Sachsens verbunden waren[7]. Sie reichten bis an die bayerische Grenze mit Thüringen heran.

1.3 Zum Integrationsproblem der neugegründeten Provinz Sachsen und ihrer Regierungsbezirke

Die Provinz Sachsen wird seit ihrer Gründung in der Literatur immer wieder als „künstlich", „unhistorisch" usw. bezeichnet.[8] Aus der Sicht offizieller preußischer Geschichtsbetrachtung des 19. und 20. Jahrhunderts, die vor allem auf den bekannten Historiker Heinrich von Treitschke zurückgeht,[9] galt die Altmark als Kern der neuen Provinz, weil sie im Mittelalter Ausgangspunkt brandenburgisch-preußischer Staatsentwicklung war. Solche Auffassungen wirkten noch bis weit in das 20. Jahrhundert nach: Noch in den Diskussionen zur föderalen Neugliederung Mitteldeutschlands in der Zeit der Weimarer Republik bildeten sie die Grundlage für das geschichtliche Verständnis der Provinz, die von maßgeblichen Persönlichkeiten wie vom Landeshauptmann der Provinz, Erhard Hübener, vertreten wurden.

Tatsächlich konnte allerdings die wirtschaftlich schwache und relativ dünn besiedelte Altmark die Rolle eines wirklichen Mittelpunktes der Provinz nicht einnehmen.

Es hat dagegen in der Diskussion auch nicht an Argumenten gefehlt, die das vormalige Herzogtum Magdeburg und das frühere Fürstentum Halberstadt als die wichtigsten Teile des später gebildeten Regierungsbezirkes Magdeburg sowie den Kern der Provinz Sachsen insgesamt ansahen.[10]

Preußen sah sich in jedem Falle 1815 vor die Notwendigkeit gestellt, zum einen der Zerrissenheit der Provinz Sachsen durch administrative Maßnahmen entgegenzuwirken, auf der anderen Seite auch die **Integration** der neu hinzugewonnenen Teile vor allem vom Königreich Sachsen in das Staatsgebiet zu betreiben. Besonders letzteres versuchten die Träger der Monarchie in Preußen zu fördern. Aus ihrem eigenen Selbstverständnis heraus unterstellten sie eine dynastische „Anhänglichkeit" der bis dahin sächsischen Bevölkerung an das Dresdener Königshaus. Die Monarchie glaubte daher, nach der Lösung der Annexionsfrage zugunsten Preußens den neuen Untertanen entgegenkommen zu sollen.

König Friedrich Wilhelm III. führte diesen Gedanken in einem „Allerhöchsten Zuruf an die Einwohner des preußischen Sachsen" vom 22. Mai 1815 unter anderem so aus:

„Wenn Ihr Euch mit Schmerz von früher, Euch werten Verhältnissen lossagt, so ehre Ich diesen Schmerz, als dem Ernste des deutschen Gemüths geziemend, und als eine Bürgschaft, daß Ihr und Eure Kinder auch Mir und Meinem Hause mit eben solcher fernerhin angehören werdet."[11]

Solche Überlegungen der Spitze der preußischen Monarchie hatten auch zu der Bezeichnung „Sachsen" für die neue Provinz geführt, obwohl der gesamte Nordteil der Provinz mit dem albertinischen Kurstaat und Königreich von Napoleons Gnaden nichts als eine jahrhundertealte Gegnerschaft verband. Auch die thüringischen Gebiete hatten mit dem Nordteil der Provinz nicht viel gemein. Für eine integrative Entwicklung der Provinz und ihrer Regierungsbezirke waren also entgegen der eigentlichen Absicht der preußischen Staatsführung erhebliche Hindernisse aufgerichtet worden. Zu Irritationen und ständigen Verwechselungen mit dem benachbarten obersächsischen Restkönigreich und späteren Freistaat hat, anhaltend bis zur Gegenwart hin, auch der Name „Sachsen" für die preußische Provinz bzw. für das spätere Land Sachsen-Anhalt beigetragen.

Im Ergebnis der Bemühungen, einen entsprechenden Ausgleich zwischen neuen und alten preußischen Teilen der Provinz zu finden, wurden die **Provinzialbehörden, Ämter und Korporationen nicht in**

Magdeburg als der Provinzialhauptstadt konzentriert.[12] Sie wurden vielmehr über die größeren Städte der ganzen Provinz verstreut, wobei es eine gewisse Schwerpunktbildung in Magdeburg, Halle und Merseburg gab. Diesem Grundsatz folgte auch die **Einrichtung eines Oberlandesgerichtes in Naumburg**[13], das nach Schließung der gleichen Einrichtungen in Magdeburg und Halberstadt in den Jahren 1878/79 schließlich das einzige blieb.

Als weiterer Faktor der Integration hat sich die **Bildung einer kirchlichen Einheit** erwiesen. Die preußische Provinz und die Kirchenprovinz der evangelischen Staatskirche waren nach Einrichtung der Provinzen in räumlicher Hinsicht deckungsgleich. Im Jahre 1817 wurde aus Anlaß des 300. Reformationsjubiläums, maßgeblich von König Friedrich Wilhelm III. beeinflußt, in Preußen die protestantische Kirche der Union angeregt, die die lutherische und die reformierte Kirche umfaßte. An ihrer Spitze stand der König, der oberster Repräsentant sowohl der Kirche als auch des Staates war. In der Provinz Sachsen gab es wenig Widerstand gegen die Union. Die gemeinsame Kirchenprovinz hat im Laufe der Zeit, trotz einiger theologischer bzw. innerkirchlicher Konflikte, wesentlich zum Zusammenwachsen der Provinz beigetragen. Die Kirchenprovinz erwies sich im Laufe der Geschichte als das stabilste Element der gesamten Provinzialkonstruktion, wie sie 1816 vorgenommen worden ist.

Es hat allerdings bis weit in das 20. Jahrhundert hinein gedauert, bis in der Publizistik hinsichtlich der Provinz Sachsen gemeinsame Wesensmerkmale und Integrationsmerkmale entdeckt worden sind. Erst im Jahre 1939 konnte der namhafte Landesgeschichtler Hanns Gringmuth feststellen:

„Gegenüber dieser scheinbaren Zerrissenheit unserer Provinz ist immer wieder und mit überzeugenden Gründen auf die Einheitlichkeit des mitteldeutschen Raumes, den unsere Provinz (einschl. Anhalt) ausfüllt, hingewiesen worden. Leider wird das wesentliche unserer Provinz oft völlig verkannt. Sie ist Brücke zwischen Ost und West, Durchgangsland von Süd nach Nord. Durch ihr Gebiet geht die Sprachgrenze zwischen Hoch- und Niederdeutsch. Niederdeutsche Beharrlichkeit verbindet sich mit mitteldeutscher Beweglichkeit. So ist unsere Provinz trotz all ihrer Vielgestaltigkeit in ihrem Äußeren doch einheitlich und in ihrer kulturellen, geschichtlichen und wirtschaftlichen Entwicklung bewußt ihrer Aufgabe, Brücke zu sein“[14].

Fußend auf einem solchen Verständnis, war die Provinz Sachsen zusammen mit Anhalt die entscheidende territoriale Einheit, die unmittelbar dem sich im 20. Jahrhundert herausbildenden Land Sachsen-Anhalt vorausging.

1.4 Aufbau und Ausgestaltung einer Verwaltungsstruktur in der Provinz Sachsen

Mit der Bildung der Provinz Sachsen aus Landstrichen, die nicht nur mit unterschiedlichen Traditionen und landsmannschaftlichen Zugehörigkeiten, sondern auch mit verschiedenen Verwaltungssystemen zu rechnen hatte, mußte 1815 die Aufgabe gelöst werden, eine gut strukturierte und möglichst effiziente Provinzialverwaltung zu schaffen. Es galt, die „Verordnung wegen verbesserter Einrichtung der Provinzialbehörden" vom 30. April 1815[15], der die Funktion einer „Verwaltungsverfassung" für das gesamte Königreich Preußen zukam, auch in der Provinz Sachsen umzusetzen. Dazu wurde ausgeführt:

„Bei der definitiven Besitznahme der mit Unserer Monarchie vereinigten Provinzen, sind Wir zugleich darauf bedacht gewesen, den Provinzial-Behörden in dem ganzen Umfange Unserer Staaten, eine vereinfachte und verbesserte Einrichtung zu geben, ihre Verwaltungsbezirke zweckmäßig einzutheilen, und in dem Geschäftsbetriebe selbst, mit der kollegialischen Form, welche Achtung für die Verfassung, Gleichförmigkeit des Verfahrens, Liberalität und Unpartheilichkeit sichert, alle Vorteile der freien Benutzung des persönlichen Talents und seines wirksamen Vertrauens zu verbinden."[16]

Diese Formulierungen der Verordnung von 1815, die im folgenden einfach Organisationsverordnung genannt wird, machen deutlich, daß Grundideen modernen Staatsdenkens, wie sie von den preußischen Reformern formuliert worden sind, ihren Niederschlag gefunden haben.

„Wir haben dabei alle ältere, durch Erfahrung bewährt gefundene Einrichtungen bestehen lassen, und sind bei den hinzugefügten neuern Bestimmungen von dem Grundsatze ausgegangen, jedem Hauptadministrationszweige durch eine richtig abgegrenzte kraftvolle Stellung der Unterbehörden, eine größere Thätigkeit zu geben, das schriftliche Verfahren abzukürzen, die minder wichtigen Gegenstände ohne zeitraubende Formen zu betreiben, dagegen aber für alle wichtigen Landesgeschäfte eine desto reifere und gründlichere Berathung eintreten zu lassen, um dadurch die, in Unserer Kabinets-Ordre vom 3. Juni v.J., über die neue Organisation der Ministerien, angedeuteten Zwecke durch ein harmonisches Zusammenwirken aller Staatsbehörden desto gewisser zu erreichen."[17]

Der Auszug aus der Organisationsverordnung zeigt, daß der König die Absicht hatte, neue Verwaltungsstrukturen zu schaffen, ohne allerdings auf bewährte zu verzichten. Die kurz zuvor im Jahre 1808 geschaffenen Einrichtungen des „Oberpräsidenten" als Provinzoberhaupt und der „Regierungen" wurden weiter etabliert. Daneben blieben (bewährte) Behörden bestehen, die aus Gründen der Identitätsbildung in der Provinz verstreut blieben. Die Justiz wurde von der Verwaltung getrennt und eigenständig organisiert.

Das bedeutete also, daß die vorhandenen Behörden und öffentlichen Einrichtungen in die neue Verwaltungsstruktur der Provinz sowohl organisatorisch als auch räumlich einzubinden waren.

Die Jahre 1815 und 1816 wurden Gründerjahre für die Schaffung und Etablierung einer Verwaltungsstruktur, die für den gesamten Zeitraum des 130jährigen Bestehens der Provinz Sachsen Bestand haben sollte. Tragende Säulen dieser Verwaltungsstruktur waren vor allem folgende:

a) Das Provinzoberhaupt

Bereits durch das Publikandum vom 16. Dezember 1808 war erstmals das Amt eines Oberpräsidenten geschaffen worden. Nach Nummer 34 des Publikandums sollte es in Rumpfpreußen deren drei geben, und zwar: „Einer für die Provinzen Ostpreußen, Litthauen und Westpreußen, einer für die Kurmark und Neumark und Pommern, einer für Schlesien."[18]

1815 erhielt dann aufgrund der Organisationsverordnung vom 30. April jede Provinz einen Oberpräsidenten als Provinzoberhaupt. Der Oberpräsident sollte für diejenigen allgemeinen Landesangelegenheiten zuständig sein, die zweckmäßigerweise von einer Behörde wahrgenommen werden sollten. Zu seinem Aufgabenbereich gehörten neben den sogenannten ständischen Verfassungsangelegenheiten und der Aufsicht über die Verwaltung der überregionalen öffentlichen Institute die Anordnung allgemeiner Sicherheitsmaßnahmen sowie „gemeinschaftlich mit dem kommandierenden General der Militär-Division" die außerordentlichen Militärmaßregeln. Seine Stellung als Provinzialoberhaupt dokumentierte sich auch darin, daß er zugleich Präsident bzw. Leiter dreier Behörden mit provinzweiter Zuständigkeit war; dies waren neben dem Oberpräsidium das Konsistorium und das Medizinalkollegium.

b) Bildung von Regierungsbezirken unter der Leitung der Regierungen

Die Provinz Sachsen wurde wie die neun anderen preußischen Provinzen in Regierungsbezirke unterteilt. Gebildet wurden drei Regierungsbezirke.[19] Es handelte sich um folgende:

- Königliche Regierung in Niedersachsen zu Magdeburg,[20]
- Königliche Regierung des Herzogtums Sachsen zu Merseburg,
- Königliche Regierung in Thüringen zu Erfurt.

Diese Regierungen, die schon bald nur nach den Städten, in denen sie ihren Sitz hatten, genannt wurden, übernahmen für ihren Bezirk alle staatlichen Verwaltungsaufgaben in der Funktion der „Landeshoheitsbehörde", der „Landespolizeibehörde" und der „Finanzbehörden".

c) Sonstige Provinzialbehörden

Infolge der Umgestaltung der Verwaltungsstruktur gab es in der Provinz Sachsen neben Oberpräsidium und Regierungen nur wenige Provinzialbehörden, diese allerdings mit einem nicht unbeträchtlichen Behördenunterbau. In den ersten Jahren nach ihrer Gründung gab es in der Provinz im wesentlichen nur die Provinzialsteuerdirektionen (mit Finanzämtern), das Konsistorium und das Medizinalkollegium. 1821 kam die Generalkommission zur Regulierung der gutsherrlich-bäuerlichen Verhältnisse mit Sitz zunächst in Stendal hinzu. Andere bildeten sich im Laufe der Zeit. So gehörten beispielsweise im Jahre 1884 folgende Provinzialbehörden zum Geschäftsbereich des Oberpräsidenten:

- Elbstrom-Bauverwaltung in Magdeburg (zuständig auch für die Provinzen Brandenburg, Hannover und Schleswig-Holstein),
- Dom- und Collegiatstifter im Regierungsbezirk Merseburg,
- Landes-Meliorations-Angelegenheiten der Provinz (Sitz: Magdeburg),
- Schutzpocken-Impfanstalt für die Provinz Sachsen (Sitz: Halle),
- Provinzial-Archiv für die Provinz Sachsen (Sitz: Magdeburg),
- Aichungs-Inspektion für die Provinz Sachsen (Sitz: Magdeburg).[21]

d) Die Dezentralisierung der Provinzialbehörden und sonstigen öffentlichen Einrichtungen

Mit der Organisationsverordnung von 1815 war zugleich beabsichtigt, die Provinzialverwaltung auch in räumlicher Hinsicht zu dezentralisieren. Diese Dezentralisierung ergab sich bereits aus der Einrichtung des Oberpräsidenten und der Aufteilung der Provinz in Regierungsbezirke und Kreise. Allerdings wurden Schwerpunkte in Magdeburg, Merseburg und Erfurt gebildet, die zum Sitz der Regierungen bestimmt wurden. Unter ihnen erhielt Magdeburg durch den Sitz des Oberpräsidenten eine herausgehobene Stellung. Die Bedeutung Magdeburgs für die Provinz Sachsen wurde noch dadurch unterstrichen, daß die Stadt zum Sitz des Generalkommandos des IV. Armeekorps bestimmt worden war. Letzteres dürfte den Ausschlag für die Auswahl Magdeburgs als Provinzhauptstadt gegeben haben.
Von den beiden anderen Regierungsstädten erfuhr Merseburg 1823 eine weitere Aufwertung durch die Bestimmung zum Versammlungsort der Provinzialstände. Dies ließ die benachbarte Stadt Halle in ihrer Be-

deutung als Verwaltungsstadt sinken. Dafür wurde diese aber infolge der Verlagerung der Universität von Wittenberg nach Halle 1803 alleiniges wissenschaftliches Zentrum im Süden der Provinz.

Neben den Regierungshauptstädten und Halle wurden auch andere Städte und Ortschaften Sitz staatlicher Behörden. Stendal beispielsweise nahm 1822 die Generalkommission zur Regulierung der gutsherrlich-bäuerlichen Verhältnisse auf.[22]

e) Die Organisation der Justiz

Bereits in der Verordnung vom 26. Dezember 1808[23], mit der die neue Grundstruktur der Provinzialbehörden festgelegt wurde, war für die Gerichtsbezirke der Landesjustizkollegien – der späteren Oberlandesgerichte – vorgesehen, diese nach den Regierungsbezirken abzugrenzen. Die Bedeutung dieser Regelung kann gerade vor dem Hintergrund heutiger Verwaltungsreformüberlegungen nicht hoch genug eingeschätzt werden. Hier wird der Grundsatz der „Einräumigkeit der Verwaltung" angesprochen, der die Zuständigkeitsbereiche staatlicher Behörden und Einrichtungen im Interesse der Übersichtlichkeit und Rechtseinheit zur Deckung bringen will.

In der neuen Provinz Sachsen mußte neben der Verwaltung auch eine Justizorganisation geschaffen werden. Die Organisationsverordnung von 1815 sah, wie eingangs erwähnt, die Schaffung jeweils eines Oberlandesgerichtes für jeden Regierungsbezirk vor, wobei ausnahmsweise auch ein Oberlandesgericht für mehrere Regierungsbezirke zuständig sein konnte[24].

Zunächst sind auf dem Gebiet der Provinz Sachsen in den Jahren 1815 und 1816 drei Oberlandesgerichte gegründet worden, so auch in Magdeburg. Doch wurde dieses wie auch das in Halberstadt infolge des am 1. Januar 1879 in Kraft getretenen Gerichtsverfassungsgesetzes für das Deutsche Reich noch im selben Jahr aufgelöst. Als einziges Oberlandesgericht der Provinz Sachsen blieb dasjenige in Naumburg bestehen. Es fällt dabei auf, daß das einzige schließlich dauerhaft bestehende Oberlandesgericht nicht an einem der drei Regierungssitze gebildet wurde, denn nach der Organisationsverordnung von 1815 „sollte" das Oberlandesgericht am Regierungssitz eingerichtet werden[25]. Der Grund für die Auswahl der früher sächsischen Stadt Naumburg lag vermutlich auch darin, keinen der drei Regierungssitze zusätzlich aufzuwerten und durch die räumliche Distanz die richterliche Unabhängigkeit zu den Regierungen und zum Oberpräsidium zu stützen. Man kann dies als konsequente Fortführung der Gedanken zur Gewaltenteilung verstehen.[26] Ein weiterer Grund für die Wahl des ehemals kursächsischen Naumburgs mochte zudem in dem Bestreben bestanden haben, auch hierdurch die sächsische Bevölkerung für Preußen zu gewinnen.[27] Das Oberlandesgericht Naumburg wies allerdings noch eine weitere Besonderheit auf. Es war später nicht nur das oberste Gericht der Provinz Sachsen, sondern aufgrund eines Staatsvertrages aus dem Jahre 1878 auch höchstes Gericht für den Bereich des Herzogtums Anhalt. Allerdings war der Zuständigkeitsbereich des Oberlandesgerichtes Naumburg entgegen der Organisationsverordnung nicht ganz deckungsgleich mit dem Gebiet der Provinz Sachsen und des Herzogtums Anhalt. Ausgenommen blieben die Kreise Schleusingen und Ziegenrück sowie ein Teil des Kreises Jerichow II. In bestimmten Rechtssachen war dagegen das Naumburger Oberlandesgericht zuständig für Schwarzburg-Sondershausen (späterer Thüringischer Kreis Sondershausen) und einen Teil von Sachsen-Weimar (späterer Thüringischer Kreis Weimar).[28] Unter dem Oberlandesgericht Naumburg waren folgende Gerichte gebildet:

- neun Landgerichte (acht preußische und ein anhaltisches), davon vier zugleich Elbschiffahrtsgerichte zweiter Instanz,
- 127 Amtsgerichte (zusätzliche Gerichtstage der Amtsgerichte an 23 Orten),
- fünf Kammern für Handelssachen,
- fünf Landesarbeitsgerichte,
- 23 Schöffengerichte.[29]

Im Regierungsbezirk Magdeburg wurden drei Landgerichte gebildet, von denen heute noch zwei – nämlich Magdeburg und Stendal – bestehen. Die drei Landgerichte waren folgende:

- *Landgericht Magdeburg*, der Gerichtsbezirk bestehend aus den Stadtkreisen Burg und Magdeburg sowie den Kreisen Calbe, Jerichow I und Wolmirstedt und Teilen der Kreise Gardelegen, Jerichow II, Neuhaldensleben und Wanzleben. Die Amtsgerichte befanden sich in Aken, Barby, Burg, Calbe, Erxleben, Genthin, Gommern, Hötensleben, Loburg, Magdeburg, Neuhaldensleben, Schönebeck, Seehausen, Staßfurt, Wanzleben, Wolmirstedt und Ziesar.

- *Landgericht Stendal*, der Gerichtsbezirk bestehend aus der Stadt und dem Kreis Stendal, den Kreisen Osterburg und Salzwedel sowie aus Teilen der Kreise Gardelegen, Jerichow II und Neuhaldensleben; Amtsgerichtssitze waren Arendsee, Beetzendorf, Bismark, Gardelegen, Jerichow, Calbe an der Milde, Klötze, Oebisfelde-Kaltendorf, Osterburg, Salzwedel, Sandau, Seehausen, Stendal, Tangermünde und Weferlingen.

- *Landgericht Halberstadt*, der Gerichtsbezirk bestehend aus den Stadtkreisen Aschersleben, Halberstadt und Quedlinburg, den Kreisen Quedlinburg, Oschersleben und Wernigerode sowie aus einem

Teil des Kreises Wanzleben. Die sieben Amtsgerichte befanden sich in Aschersleben, Egeln, Halberstadt, Oschersleben, Osterwieck, Quedlinburg und Wernigerode.

Die übrigen sechs Landgerichte hatten ihren Sitz in Dessau (Anhalt), Erfurt, Halle, Naumburg, Nordhausen und Torgau.

2. Die Gründung der Regierung in Magdeburg

2.1 Vorläufer und Traditionen

Der Behördentyp „Regierung" ist im Sinne der Preußischen Königlichen Regierung keine aus dem Nichts geschaffene Verwaltungseinrichtung. Vielmehr ist sie aus Behörden mit anderen Funktionen und Namen hervorgegangen, deren geschichtliche Wurzeln bis zum Beginn des 16. Jahrhunderts zurückreichen. Als Vorläufer der Regierungen sind die Amts- und Domänenkammern des frühen 16. Jahrhunderts und die Kriegs- und Domänenkammern des 18. Jahrhunderts anzusehen, die aber keineswegs in ihrer Funktion und Aufgabenstellung identisch mit den späteren Regierungen waren.

Die **Amts- und Domänenkammern** sind in der Regierungszeit Kurfürst Joachims I. (1484/1499 – 1535)[30] gebildet worden[31]. Ihnen oblag neben der Verwaltung der Domänen auch die der landesherrlichen Einnahmequellen, die die Mittel für die Hofhaltung und die Unterhaltung der Staatsbeamten erbrachten. Zu den landesherrlichen Einnahmequellen gehörten die Forsten, Zölle und Regalien[32]. Später versuchten diese Kammern, ihre Zuständigkeiten und Aufgabenkreise noch zu erweitern. Neben diesen Amts- und Domänenkammern richtete mehr als 100 Jahre später Kurfürst Friedrich Wilhelm von Brandenburg (der „Große Kurfürst", 1620/1640 – 1688) die Kriegskommissariate ein, die Militärverwaltungsaufgaben wahrzunehmen hatten. Zum einen hatten sie die Heeressteuer zu erheben und einzutreiben, daneben waren sie aber auch Intendanturbehörden für das gesamte Heereswesen.

Alsbald dehnten die **Kriegskommissariate** ihre Zuständigkeiten auf andere Gebiete des Steuerwesens aus (Akzise, Gebrauchssteuern etc.).

König Friedrich Wilhelm I. (1688/1713 – 1740) nahm das konfliktreiche Nebeneinander von Amts- und Domänenkammern einerseits und den Kriegskommissariaten andererseits[33] zum Anlaß, diese Behörden im Jahre 1723 in den **Kriegs- und Domänenkammern** zusammenzuführen. Die Bildung einer einheitlichen Behörde war auch Ausdruck des Zeitgeistes. Der Absolutismus, der seine Entwicklung in Frankreich nahm, zeigte auch Wirkung im damaligen Königreich Preußen. Bis 1806/1807 waren die Kriegs- und Domänenkammern für ihren Bezirk die Träger und Instanzen der allgemeinen inneren Verwaltung. Sie hatten keine weitreichenden Befugnisse, mußten aber die Entscheidungen der Zentralbehörden in Berlin vorbereiten.[34]

Neben den Kriegs- und Domänenkammern gab es eine Vielzahl von Provinzial- und Sonderbehörden. Zu nennen sind hier beispielsweise die Provinzialkollegien, Medizinalkollegien, Sanitätskollegien, Admiralitätsbehörden, Kommerzialbehörden, Wettbehörden, Schiffahrtsbehörden und das Chausseebaudepartment (nur Kurmark und Pommern).

Aber schon im ausgehenden 18. Jahrhundert zeigte sich insbesondere vor dem Hintergrund der Günstlingswirtschaft Königs Friedrich Wilhelm II. (1744/1786 – 1797), daß sich diese Behördenvielzahl negativ auf die Staatsführung im weitesten Sinne auswirkte.

Erkannt hatte dies auch eine kleine Gruppe von Beamten, die sich mit der Verwaltungsstruktur auseinandersetzte und Modellansätze für eine Verwaltungsreform entwickelte. Zu den führenden Exponenten dieser durchaus nicht homogenen Beamtengruppe von wenig mehr als 40 Persönlichkeiten[35] gehörten der **Reichsfreiherr Karl vom und zum Stein und der Fürst von Hardenberg** (1750 – 1822). Offensichtlich aber wurde der Handlungsbedarf für eine umfassende Reform durch und infolge des Zusammenbruchs des preußischen Staates in der Schlacht bei Jena und Auerstedt im Jahre 1806. Sowohl Stein als auch Hardenberg legten ihre Gedanken in Denkschriften nieder, die vor dem Hintergrund der geschichtlichen Ereignisse der Jahre 1806 und 1807 zu sehen sind. Die Niederlage von 1806/1807, die Reduzierung auf seine östlich der Elbe gelegenen Gebiete und hohe Kontributionszahlungen an Frankreich machten umfangreiche staatliche Reformen in Rumpfpreußen notwendig.

Mit seiner bereits erwähnten sogenannten **Nassauer Denkschrift** vom 10. Juli 1807 legte Reichsfreiherr Karl vom und zum Stein ein weitreichendes Reorganisationsprogramm für die Staatsbehörden vor. Darin forderte er unter anderem die Mitwirkung vornehmlich besitzbürgerlicher Bevölkerungsschichten an der Selbstverwaltung auf Provinzial-, Kreis- und Gemeindeebene.

Die Reformüberlegungen von Stein und Hardenberg flossen in eine Reihe von Königlichen Verordnungen ein, von denen insbesondere die Königliche Verordnung vom 26. Dezember 1808 zu nennen ist[36]. In dieser Verordnung tat der preußische König kund, daß die bisherige preußische Polizei- und Finanzverwaltung in den Provinzen nicht mehr die Zwecke erfülle, welche ihrer zugrunde lägen, weil das Nebeneinander verschiedener Behörden, insbesondere ständische und staatliche Verwaltungs- und Justizeinrichtungen, Einheit und Übereinstimmung verhindere und den Geschäftsgang schleppend mache. Schlußfolgernd daraus wurde verordnet, daß „in den Krieges- und Domainenkammern, Rücksichts der ihrem Wirkungskreise anvertrauten Distrikte, den Vereinigungspunkt der gesammten innern Staatsverwaltung, in Beziehung auf die Polizei-, Finanz- und Landeshoheitsangelegenheiten zu bilden [sind], weshalb sie [die Kriegs- und Domänenkammern] von jetzt ab den Namen: **Regierungen** führen..."[37]

Diese Verordnung vom 26. Dezember 1808 ist damit als „Geburtsurkunde" der Regierungen anzusehen. Besonders bedeutsam ist, daß durch diese Verordnung nicht lediglich eine Namensänderung vorgenommen wurde, sondern auch eine organisatorische Neuordnung erfolgte. Bis zu diesem Zeitpunkt hatte die staatliche Verwaltung dem Hauptzweck „Militärversorgung" gegolten. Die Verwaltungsbehörden sollten nunmehr im Sinne einer „guten Polizei" für das Wohlbefinden des Bürgers dasein.

2.2 Entstehung und Einrichtung der Königlichen Regierung von Niedersachsen zu Magdeburg am 1. April 1816

Von dieser organisatorischen Änderung Ende 1808 konnte das Gebiet des späteren Regierungsbezirkes Magdeburg zunächst nicht betroffen sein, weil es größtenteils zum **Königreich Westfalen** gehörte. Es hatte sich seit mehr als einem Jahr ein Verwaltungssystem nach (neuem) französischem Vorbild etabliert. Geschehen war folgendes:

Durch den am 9. Juli 1807 in Tilsit geschlossenen Friedensvertrag „mußte" Preußen große Teile seines Territoriums an Napoleon abtreten. In Art. 19 des Vertrages war festgeschrieben, daß aus den westelbischen preußischen Ländern unter Eingliederung anderer Territorien ein Königreich Westfalen geschaffen werden sollte. Bereits durch kaiserliches Dekret vom 18. August 1807 wurde der Zuschnitt dieses neuen Staates festgeschrieben: Aus preußischen, hannoverschen und brandenburgisch-wolfenbüttelschen, aus hessisch-kasselschen und einigen Landstrichen oranischer wie sächsischer Zugehörigkeit entstand ein künstliches Gebilde. Es war 38.100 km^2 groß und vereinte 1.946.343 Einwohner. Die Verfassung vom 15. November 1807 und die Verwaltungsordnung vom 11. Januar 1808 gestalteten Staat und Verwaltung nach französischem Vorbild. Das Königreich wurde zunächst in acht Departements geteilt. Die Teilung erfolgte nach natürlichen landschaftlichen Gegebenheiten und mißachtete jede historische landsmannschaftliche Zugehörigkeit. Die magdeburgischen Lande wurden geteilt: Es entstand im Norden das Elbe-Departement und im Süden das Saale-Departement. Die Departements erhielten eine Einteilung in Distrikte. Das Elbe-Departement bestand aus vier Distrikten: Magdeburg (= Zentralort), Neu-Haldensleben, Stendal und Salzwedel, diese wiederum aufgeteilt in 56 Kantone und letztere in 479 Munizipalitäten mit 253.210 Einwohnern. Später – ausgelöst durch territoriale Zugewinne – erhöhte sich die Zahl der Departements im Königreich von acht auf zehn. Mit der Bildung des Departements der Niederelbe durch Dekret vom 19. Juli 1810 gab Magdeburg den Distrikt Salzwedel ab.

Der verwaltungsbehördliche Aufbau orientierte sich an dieser Gebietseinteilung. Unter dem westfälischem König stand der Präfekt, der einem Departement vorstand. Den Distrikt leitete der Unterpräfekt, den Kanton bzw. die Munizipalität der Kanton-maire oder Maire.

Bis zum Ende des Sommers 1813 vergingen weitere fünf Jahre, in denen sich das Staats- und Verwaltungssystem des neuen Königreiches festigte, obwohl es sich infolge der steuerlichen Belastung seiner „Untertanen" wirtschaftlich nicht entwickeln konnte. Dabei hatte der westfälische König Jérôme, ein Bruder Kaiser Napoleons, gerade dem jungen Preußen Ludwig Friedrich Viktor Hans von Bülow viel zu verdanken, der zunächst als Präsident der Staatsratssektion Handel und Finanzen und dann ab dem 8. Mai 1808 sogar für drei Jahre als Finanzminister in westfälischen Diensten stand. Von Bülow war als 31jähriger 1805 Präsident der Kriegs- und Domänenkammer in Magdeburg geworden.[38]

Im Herbst 1813 löste sich das Königreich Westfalen schnell auf. Durch vorrückende preußische und russische Truppen verließ König Jérôme im September 1813 die Hauptstadt Cassel, kehrte am 30. September 1813 kurz wieder zurück, um sie dann für immer zu verlassen. Auch wenn die Magdeburgischen Lande im Herbst 1813 wieder zurückerobert waren, blieb die Festung Magdeburg zunächst in den Händen der Franzosen. Um Magdeburg nach der Zerstörung im Jahre 1631 nicht erneut zu zerstören, wurde die Stadt lediglich belagert. Im Mai 1814 zogen die Franzosen schließlich „friedlich" ab.

Im Hinblick auf die Verwaltung bedeutete dies einen erneuten Umbruch.

Die Magdeburgische Kriegs- und Domänenkammer hatte unter der französischen Besatzung ihre Tätigkeit einstellen müssen. Der Aufbau der Verwaltung nach preußischem Muster begann buchstäblich bei Null. Im Spätherbst 1813 wurden als „Übergangsregierung" für die Gebiete zwischen Elbe und Weser ein Zivilgouvernement mit Sitz in Halberstadt[39] und für das besetzte Sachsen ein Generalgouvernement mit Sitz in Dresden gebildet. Letzteres wurde später nach Merseburg verlegt.[40] Diese Übergangsregierungen blieben auch nach der Abdankung Kaiser Napoleons und dem damit verbundenen Kriegsende bis zum 31. März 1816 bestehen. Damit war Preußen, insbesondere was das Gebiet der 1815 gebildeten Provinz Preußen anbelangte, verwaltungsorganisatorisch immer noch gespalten.

In dem letzten Amtsblatt des Gouvernements Halberstadt vom 20. März 1816 wurde mitgeteilt, daß die Übergangsregierung am 31. März 1816 ihre Arbeit einstellen und aufgelöst werde. Gleichzeitig gab das Amtsblatt bekannt, daß ab dem 1. April 1816 die Regierung in Magdeburg für alle Fragen der Verwaltung im Regierungsbezirk Magdeburg zuständig sei.

Die Regierung nahm in Magdeburg für den Regierungsbezirk Magdeburg die Amtsgeschäfte am 1. April 1816 auf. Ihre Einrichtung und die förmliche Amtseinführung der „Königlichen Regierung in Niedersachsen zu Magdeburg" durch den Oberpräsidenten der Provinz Sachsen wurde in der Nummer 1 des Amtsblatts für die Königliche Regierung zu Magdeburg am 13. April 1816 bekanntgegeben. In der Mitteilung, daß die Regierung in Magdeburg ihre Arbeit offiziell aufgenommen habe, ist die Bezeichnung der Regierung bemerkenswert. In der ersten Zeit ihres Bestehens wurde das Regierungskollegium „Königliche Regierung von Niedersachsen zu Magdeburg" genannt. Diese Bezeichnung wurde aber noch 1816, wie es die Akten- und Amtsblätter aus dieser Zeit dokumentieren, in „Königliche Regierung zu Magdeburg" geändert[41].

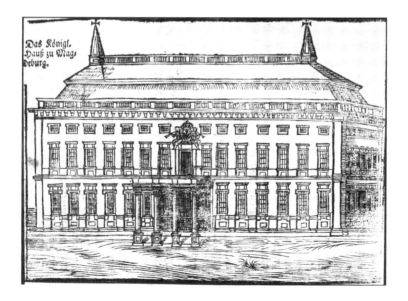

3. Die „Königliche Regierung zu Magdeburg" und ihr Regierungsbezirk

Die Königliche Regierung zu Magdeburg prägte die politischen, wirtschaftlichen und kulturellen Verhältnisse in einer Geschichtsregion wie keine andere Institution. Mit ihr wurden eine Verwaltungseinheit und ein Verwaltungsgebiet geschaffen, die heute im Regierungspräsidium Magdeburg und im Regierungsbezirk Magdeburg ihre Fortsetzung finden. Ein Rückblick auf die Geschichte von Behörde und Gebiet zeigt die Einbindung in eine lebendige Entwicklung, die durchaus Interessantes und Unterhaltsames über die Arbeitsweise der Regierung und über die handelnden Personen aussagt.

3.1 Geographische Beschreibung und Regionen

Bei seiner Gründung am 1. April 1816 umfaßte das Gebiet des Regierungsbezirkes Magdeburg die ostelbischen Kreise des Herzogtums Magdeburg einschließlich des Ziesarschen Kreises und die vorübergehend zum Königreich Westfalen gehörenden Teile des Herzogtums Magdeburg, ohne den Saalkreis und den preußischen Anteil an der Grafschaft Mansfeld, die Altmark, das Fürstentum Halberstadt und das Stift Quedlinburg, die Grafschaften Wernigerode und Barby sowie die Ämter Gommern, Walternienburg und Klötze.
Gemessen an seinem Flächeninhalt von 11.522,81 km^2[42] stand der Regierungsbezirk Magdeburg an elfter Stelle unter den damals 33 Regierungsbezirken Preußens, womit er zu den großen Regierungsbezirken zählte. 1839 hatte der Regierungsbezirk 592.366 Einwohner.
Die topographische Beschreibung des Regierungsbezirkes war wie folgt:

„Der Regierungsbezirk liegt zwischen 51° 43´ und 53° 3´nördlicher Breite 30° 13´ östlicher Länge von dem Meridian der Insel Zerro. Er wird begrenzt östlich und nördlich vom Regierungsbezirk Potsdam, nördlich, westlich und südlich von Hannoverschen, südlich von Braunschweigischen Landesteilen. Gegen Mittag und auch gegen Morgen von den Anhaltschen Gebieten und vor dem Merseburger Regierungsbezirk. Die Größe des Bezirkes wird auf 20470/199 geographische oder beinahe 198 preußische Quadratmeilen, welche 4.399.149 preußische Morgen betragen, angenommen. Es durchschneiden denselben nachgenannte Chausseezüge:
1. *Berlin-Magdeburger Chaussee, welche bei der Plauer Schleuse in den Bezirk tritt und über Genthin und Burg nach Magdeburg geht.*
2. *Die Genthin-Jerichower Chaussee,*

3. *Die Magdeburg-Leipziger Chaussee, geht über Atzendorf und bei Neu-Gattersleben in das herzogl. Anhalt-Brandenburgische Gebiet,*
4. *die Magdeburg-Eilsleber Chaussee über Egeln und Aschersleben,*
5. *Die Magdeburg-Wolmirstedter Chaussee, welche in den nächsten Jahren über Gardelegen weiter geführt werden wird,*
6. *Die Magdeburg-Braunschweig-Halberstädter Chaussee tritt jenseits Dardesheim in das Herzogl. Braunschweiger Gebiet,*
7. *Die Chaussee zwischen Egeln und Atzendorf.*"[43]

Der Regierungsbezirk umfaßte eine Reihe von Regionen und Landschaften, die nicht alle eine lange gemeinsame Geschichte und Entwicklung aufwiesen, sondern teilweise eigene Entwicklungen nahmen und Besonderheiten ausprägten.

Den Kern des Regierungsbezirkes bildete zweifellos die **Stadt Magdeburg** als bedeutendste Stadt des Regierungsbezirkes mit ihrem Umland, der Magdeburger Börde. Hinzu kam in langer, auch territorialgeschichtlicher Gemeinsamkeit im Erzstift Magdeburg das Jerichower Land.

Das Erzbistum Magdeburg war im Jahre 968 von Kaiser Otto dem Großen (912/962 – 973) gegründet worden, der damit die Entstehung der bedeutendsten Region an der Mittelelbe eingeleitet hatte. Von hier und den Nachbargebieten aus war im Mittelalter die Eroberung, Christianisierung und Kolonisierung der Gebiete östlich von Elbe und Saale ausgegangen. Zu den bedeutenden Kulturleistungen des Mittelalters, die von dieser Region ihren Ausgang nahmen, gehörten auch Impulse für die Rechtsentwicklung. Das Magdeburger Stadtrecht wurde zu dem mittelalterlichen Stadtrecht, das sich am stärksten in Mittel- und Osteuropa ausbreitete. Auch der „Sachsenspiegel" des Eike von Repgow (um 1180 – nach 1233), das erste deutsche Rechtsbuch, entstand im Bereich des 1816 gegründeten Regierungsbezirkes.

Die Erzbischöfe von Magdeburg als Landesherren entwickelten eine bedeutende Territorialherrschaft. Im ausgehenden Mittelalter jedoch geriet Magdeburg wie auch das Hochstift Halberstadt immer mehr unter den Einfluß der mächtigen weltlichen Flächenstaaten Brandenburg und Sachsen. Diese Konstellation trug wesentlich zur Auslösung der Reformation in Mitteldeutschland bei. Magdeburg und die Region standen von Beginn der Reformation in exponierter Stellung auf deren Seite. Der Dreißigjährige Krieg (1618 – 1648) führte schließlich zum Verlust der Selbständigkeit Magdeburgs als Land. Durch den Westfälischen Frieden von 1648 erhielt der brandenburgische Kurfürst die Anwartschaft auf das geistliche Territorium. Es sollte erst mit dem Tod des sächsischen Administrators (= Verwalters) – das war 1680 – Bestandteil des Kurfürstentums werden.

Seit dieser Zeit wurde die Stadt Magdeburg zur stärksten Festung in Brandenburg bzw. Preußen ausgebaut. Der Festungscharakter prägte die Elbestadt fortan. Ihr fiel im preußischen Staat auch die Aufgabe zu, im Gefahrenfall den Staatsschatz und die königliche Familie aufzunehmen, was im Zusammenhang mit den Kriegen Friedrichs des Großen (1712/1740 – 1786) auch wiederholt geschah.

Als Magdeburg mit den linkselbischen Gebieten infolge des Tilsiter Friedens von 1807 an das Königreich Westfalen fiel und mit den Distrikten Magdeburg, Neuhaldensleben, Stendal und Salzwedel das Elbe-Departement bildete, kamen erstmals erzstiftische und altmärkische Gebiete in einen administrativen Zusammenhang.

Die **Wirtschaft** in den einzelnen Regionen des Regierungsbezirkes war zwar unterschiedlich strukturiert und entwickelt, gemeinsam war ihr aber der dominante Anteil der Landwirtschaft. In den Städten waren verschiedene Gewerbe angesiedelt.

Im Bereich der Landwirtschaft bestanden in den einzelnen Regionen unterschiedliche Besitz- und Sozialverhältnisse. In den westelbischen Teilen des Regierungsbezirkes war der Ablösungsprozeß der Bauern besonders weit vorangeschritten. Leibeigenschaft und gutsherrliche Abhängigkeit hatten hier im Gegensatz zu Ostelbien ohnehin nicht bestanden.[44] Bis 1848 waren in der Magdeburger Börde etwa zwei Drittel aller landwirtschaftlicher Betriebe bis auf einige Restposten bereits vollkommen abgelöst. Im Gegensatz zu den ostelbischen Provinzen, in denen die Ablösungen eine erhebliche Vergrößerung der Gutswirtschaften bewirkten und die Zahl der kontraktgebundenen Landarbeiter stark anwuchs, hatte der Prozeß in der Magdeburger Börde und den fruchtbaren Gebieten im Harzvorland zur Folge, daß die nunmehr freien Landarbeiter auf dem Lande, die als „Häusler" oder „Einlieger" im Ort wohnten, zu erheblichen Teilen in der modernen Landwirtschaft und der damit verbundenen ländlichen Industrie arbeiteten. Andere wanderten in die nahegelegenen Städte ab und suchten als Lohnarbeiter in den entstehenden Fabriken oder in anderen städtischen Bereichen ihr Auskommen. Die in diesen Gebieten traditionell hohe Zahl der spannfähigen Bauern und deren Besitzverhältnisse wurde durch die Ablösung nicht wesentlich beeinträchtigt.[45]

Die großen **landwirtschaftlichen Unternehmungen** waren oft nicht mit ländlichem Kapital gegründet worden. Beispielgebend dafür war das Unternehmen von Johann Gottlob Nathusius (1760 – 1835), einem der frühen Industrie- und Agrarpioniere Deutschlands. Nathusius war Magdeburger Kaufmann, der sich in der Nähe der Elbestadt in Althaldensleben und später noch in Hundisburg Güter kaufte und eine moderne Landwirtschaft mit mannigfaltigen ersten Industrieunternehmungen verbunden hatte.[46]

Nach 1830 stiegen in zunehmenden Maße aber auch Bauern mit zunächst nur mäßig großem Kapital als Großagrarier und Betreiber von Zuckerfabriken auf, wobei sich oft mehrere Bauern zusammenschlossen und Aktiengesellschaften gründeten.[47]

Eines der herausragenden Beispiele für einen solchen Weg war das Unternehmen des Bördelandwirts Matthias Christian Rabbethge (1804–1902) in Klein Wanzleben, der neben dem Erwerb immer größerer landwirtschaftlicher Flächen sich 1838 auch als Aktionär an der dortigen Zuckerfabrik beteiligte. Rabbethge entwickelte daraus eines der bedeutendsten deutschen Agrar-Industrieunternehmen des 19. Jahrhunderts und gilt geradezu als Nestor des deutschen Zuckerrübenanbaus, der Rübenzüchtung und des Rübensamenanbaus.[48]

Zuckerfabrik Klein Wanzleben um 1848

Für diese Art von Unternehmen in den ländlichen Bereichen der Provinz Sachsen war kennzeichnend, daß landwirtschaftliche Betriebe mit industriellen Unternehmen verknüpft waren, in denen dasselbe Kapital angelegt war und zunächst auch unter der persönlichen Leitung desselben Unternehmers arbeitete. Damit entstanden Fabrikwirtschaften, die sowohl die Entwicklung der Landwirtschaft als auch einer spezifischen, mit der Landwirtschaft verbundenen Industrie rasch vorantrieben. Diese Entwicklung hatte eine große Produktivitätssteigerung sowie einen erheblichen Modernisierungseffekt zur Folge, so daß die provinzialsächsische Landwirtschaft im 19. Jahrhundert zur „Schule der deutschen Landwirtschaft" wurde.[49]

Das Wirtschaftsleben der Stadt Magdeburg selbst war am Anfang des 19. Jahrhunderts vom Handwerk, dem Handel und der Landwirtschaft geprägt. Die alten Wirtschaftsverhältnisse mit ihren starken Resten zünftlerischer Traditionen im Gewerbe hielten sich hartnäckig. Die Anfänge einer industriellen Entwicklung zeigten sich nur langsam und betrafen nur wenige Bereiche. Einen bedeutenden Einschnitt bildete die Einführung französisch-westfälischer Gesetze wie das vom 22. Januar 1809, durch das die Elbestädter Innungen der Gewandschneider, Seidenkramer und der Fettschmelzer aufgelöst und deren Vermögen beschlagnahmt wurde. Dagegen förderte die französisch-westfälische Regierung die Kaufleute-Brüderschaft, die bedeutendste Magdeburger

Innung. Diese Innung konnte ihre Verfassung unverändert beibehalten. Weil die übrigen Kaufleute Magdeburgs somit keinen Zusammenschluß mehr besaßen, schlossen sie sich im **Verein der Kaufmannschaft** zusammen. Nach dem Abzug der Franzosen verlangten die preußischen Behörden Auskunft darüber, ob der unter fremdherrlicher Genehmigung fortgesetzte Zusammenschluß den gesetzlichen Vorschriften entspreche. Daraufhin begannen jahrelange Auseinandersetzungen über die Schaffung einer neuen, den veränderten Bedingungen angepaßten Satzung (Konstitution). Schließlich konnten sich die Magdeburger Kaufleute einigen und verabschiedeten ein Statut, das am 9. April 1825 die königliche Genehmigung fand. Damit war aus dem Verein der Kaufmannschaft eine bedeutende Korporation im Regierungsbezirk Magdeburg entstanden. Sie ist die Rechtsvorgängerin der heutigen **Industrie- und Handelskammer Magdeburg.**

Der zeitgleiche Aufbau der Königlichen Regierung und der Kaufmannschaft gaben den Rahmen vor, der die Industrialisierung der Stadt begünstigte.

Die erste, 1818 durch den Ratszimmermeister Schwarzlose im Wasserwerk am Bruchtor aufgestellte Dampfmaschine löste einen enormen Fortschritt aus. Der erste 1839 in Magdeburg gebaute Raddampfer auf der Elbe gab hierfür ebenso kräftige Impulse, wie die im gleichen Jahr eröffnete erste Eisenbahnstrecke Magdeburg–Schönebeck, die alsbald bis Leipzig (Königreich Sachsen) verlängert wurde. Zehn Jahre später war Magdeburg mit Halberstadt, Potsdam und Wittenberg verbunden.

Die Stadt Magdeburg wurde im Jahre 1825, im Gründungsjahr der Korporation der Kaufmannschaft, hinsichtlich ihres Wirtschaftslebens wie folgt beschrieben:

„Die Altstadt nebst der Gegend am Neuen Markte dehnte sich, als die Kaufmännische Korporation gegründet war, über 81.000 Ruten aus.[50] In Magdeburg und Friedrichstadt lebten über 35.376 Einwohner, die sich hauptsächlich durch Handel, Schiffahrt und Fabriken ernährten."

Auf dem Alten Markt floriert der Kleinhandel unter der Aufsicht eines Marktmeisters in Waren- und Viktualienbuden. Nicht weit davon steht das Kaufhaus oder Börsenhaus der Kaufmannschaft Magdeburgs. „In dem geräumigen Saale dieses Gebäudes versammelt sich von Zeit zu Zeit die Korporation Magdeburgs, um über märkantilische (kaufmännische) Gegenstände zu deliberieren (beratschlagen). Die Korporation besitzt eine Vergleichs- und eine Packhofsdeputation und zählt an 200 Mitglieder, darunter finden sich alte Firmen wie: Zuckschwerdt & Beuchel, Müller & Weichsel und von den alten Namen die von Jordan, Neuschäfer, Morgenstern und Freise. Der Packhof, 3 Stockwerke hoch, massiv erbaut, mit 2 Seitenflügeln und einem Hintergebäude, gilt als Magdeburger Stapelplatz ... Sehr ansehnlich waren die 'Magdeburger Manufakturen' von wollenen Strümpfen, feinen ledernen Hand-

schuhen, von leinenen, wollenen und seidenen Bändern, Wollenzeugen sowie die Oesen- und Fayence-Fabriken. Etwas reichlich erscheinen die Zahlen von 41 Bierbrauereien und 59 Branntweinbrennereien sowie 13 Destillationen. Denn außerdem wurden in Magdeburg noch fremde Biere getrunken ...

Von der später so umfangreichen Maschinenindustrie war ein erster Keim sichtbar: der Betrieb von Fr. Aston in der Knochenhaueruferstraße Nr. 19. Der Großhandel mit Getreide, Holz, Wein und Heringen hat eine beachtenswerte Ausdehnung gewonnen; der Kleinhandel weist an 80 Betriebe auf. Die Schiffahrt bringt und holt große Mengen an Gütern. Zwar ist die Wasserstraße noch nicht reguliert, aber trotzdem sind es etwa 300 Fahrzeuge, die Magdeburg im Laufe der Elbe und des Jahres erreichen und verlassen; hier wohnen 57 Schiffer und 21 Steuermänner. Periodische Belebung erfährt der Handel durch die „Hehrmesse", 3 Jahrmärkte und einen neu eingerichteten Wollmarkt im Juni. Der Postverkehr beschäftigt nur 5 Briefträger. Aus Handwerk und Gewerbe sei erwähnt: 24 Fischermeister, 30 Gerbermeister, 18 Tuchmacher. Die 63 Böttchermeister werden zumeist für den Großhandel „gebumbert" haben. Erhalten haben sich noch 15 Ackerbürger.

Die eigentliche Industrie Magdeburgs ist verhältnismäßig jung. Im Laufe der Zeit entstanden bis 1925 bedeutende Industrieunternehmen, wenn man die gewaltigen Fabrikanlagen sah und an ihre Gründer, wie Hermann Gruson, Rudolf Wolf, Schäffer und Buddenberg, Gustav Hubbe, Polte dachte.

Drei Faktoren sind es, die Magdeburg zu einem Großindustriezentrum gemacht haben: der Großhandel, bedingt durch die überaus günstige verkehrsgeographische Lage, die Börde als Hauptabsatzgebiet für landwirtschaftliche Maschinen und schließlich die Industrie, die jene landwirtschaftlichen Produkte der fruchtbaren Börde veredelte und weiterverarbeitete.

Magdeburg als bedeutende Industrie- und Handelsmetropole wäre undenkbar ohne die Entwicklung der Elbschiffahrt, seines Hafen- und Umschlagplatzes. In der Magdeburgischen Zeitung stand weiter: „Magdeburgs Lage ist in verkehrsgeographischer Beziehung außerordentlich günstig. Da es ungefähr den Mittelpunkt des Deutschen Reiches bildet, so kreuzen sich hier fast alle großen Verbindungsstraßen zwischen Nord und Süd, zwischen Ost und West. Dies gilt sowohl für Schienenwege als auch später für die Wasserstraße. So stellt die Elbe die Verbindung zwischen Nord und Süd über Magdeburg her, und als das fehlende Stück des Mittellandkanals vollendet wird, bildet Magdeburg den Mittelpunkt des großen deutschen Wasserstraßennetzes ...

Wenn auch im Laufe der Jahrhunderte die Vorteile, die die Stadt Magdeburg von ihrem Stapelrecht hatte, immer kleiner und unbedeutender wurden, so war doch die Flußschiffahrt selbst stetig gewachsen. Schon im Jahr 1837 gab es auf der Elbe die Dampfschiffahrt. Der Dampfer

„Friedrich Wilhelm III., König von Preußen" besorgte den Güter- und Personenverkehr zwischen Hamburg und Magdeburg. Ein Jahr später wurde eine Dampfschiffahrtsgesellschaft gegründet, die einen Dampfer in den Verkehr stellte. Es war der „Kronprinz von Preußen". Auch in den nächsten Jahren wurden noch einige neue Schiffe gebaut, und die Verkehrsmöglichkeiten wurden durch die Vereinigung der Magdeburger mit der Hamburger Gesellschaft bedeutend gefördert. Aber die Eisenbahn war allmählich zu groß geworden, und man verzichtete schließlich darauf, Personen nach Hamburg zu befördern. Die Dampfer wurden jetzt dazu verwendet, die Elbkäne stromauf zu ziehen. Im Jahre 1866 wurde zwischen Buckau und Neustadt die erste Flußkette gelegt, die später von Hamburg bis zur Oberelbe reichte. Magdeburg war bis zum Jahre 1842 ohne Hafen. Aber auf die Dauer konnte die Stadt, die schon damals über einen recht lebhaften Schiffsverkehr auf der Elbe verfügte, diesen Zustand nicht unverbessert lassen. Auf die ständig wiederholten Klagen der Schiffer konnte die Stadt schließlich nur durch die Tat reagieren, und so wurde im Jahre 1842 ein Schutzhafen gebaut, der sich an der Zollelbe anschloß und rund 29.000 Taler kostete. Erst gegen Ende der 70er Jahre beschäftigte man sich wieder mit dem Plan, einen brauchbaren Hafen zu schaffen. Wenige Jahre nach 1880 wurde der Winterhafen gebaut. Der große Industriehafen im Norden der Stadt ist der jüngste der Magdeburger Häfen. Er ist im Jahre 1911 fertiggestellt worden ...

In den 30er und 40er Jahren des 19. Jahrhunderts entstanden in und um Magdeburg zahlreiche Fabriken, die den Grundstein zu einer modernen Großindustrie legten. So gab es 1854 sieben Maschinenfabriken, 54 chemische und Tonwarenfabriken, 46 Lebensmittel- und 14 Textilfabriken. Im gleichen Jahr bestanden jedoch auch noch 2.472 Handwerksbetriebe. 1895 gab es insgesamt 15.251 Gewerbe- und Industriebetriebe …"[51]

Das Gebiet Halberstadt ist die älteste Kulturregion im Bereich des Regierungsbezirkes Magdeburg. Bereits 804 entstand auf Betreiben Karls des Großen[52] in Halberstadt ein Bistum, in dessen Zuständigkeit große Teile des heutigen Sachsen-Anhalt gehörten. Damit existierte historisch sehr früh eine kirchliche, aber auch kulturelle und territoriale Eingrenzung. Mit der Gründung des Erzbistums Magdeburg durch Kaiser Otto den Großen[53] im Jahre 968 verlor Halberstadt einen Teil seiner Zuständigkeit an Magdeburg bzw. an das Bistum Merseburg. Dennoch konnten sich die Bischöfe von Halberstadt im Mittelalter zu bedeutenden geistlichen Territorialherren entwickeln. Schon 1052 erwarben sie Grafschaftsrechte im Harzbereich. Obwohl das Stiftsgebiet von Halberstadt nicht besonders groß war, gelang es, sich als selbständiges Territorium bis zum Ausgang des Mittelalters zu behaupten. Nach dem Aussterben der Aschersleber Linie der Askanier im Jahre 1315 gelang die Eingliederung dieses Gebietes in den Halberstädter Hoheitsbereich. Seit der Zeit Heinrichs des Löwen gab es Beziehungen zu Braunschweig, dessen Fürsten gelegentlich den Halberstädter Bischofsstuhl einnahmen.

Halberstadt befand sich im Verlaufe des Mittelalters in ständigen Konflikten mit den benachbarten Harzgrafen. Gegenüber den Grafen von Honstein und teilweise gegenüber Blankenburg-Regenstein konnten Lehnsrechte durchgesetzt werden. Gegenüber Wernigerode gelang dies nicht. Im ausgehenden Mittelalter trat Halberstadt, obwohl es als Bistum zur Erzdiözese Mainz gehörte, in immer engere Beziehungen zum benachbarten Magdeburg. 1479 wurde mit Ernst von Wettin (1441 – 1486) ein Fürst gleichzeitig Erzbischof von Magdeburg und Bischof von Halberstadt. Die Personalunion im Amte der Halberstädter und Magdeburger Kirchenfürsten bestand von hier an fast 100 Jahre.

Halberstadt wurde als mitteldeutsches Bistum bald von der Reformation erfaßt, obwohl das Domkapitel noch lange beim alten Glauben blieb. Im Ergebnis des Dreißigjährigen Krieges kam Halberstadt zu Brandenburg-Preußen und wurde wie Magdeburg Teil des brandenburgischen bzw. preußischen Staates. In der Zeit des Königreiches Westfalen (1807 – 1813) gehörte die Region Halberstadt zum Saaledepartement. Halberstadt war die Departementshauptstadt.

Eine gänzlich andere geschichtliche Entwicklung nahm dagegen die **Altmark**. In der Zeit nach 1000 erfolgte zumindest im Gebiet Mitteldeutschlands eine sogenannte Markeinteilung, mit der Grenzen gesichert und Einflüsse ausgedehnt werden sollten. In diesem Zusammenhang entstand um 1100 herum die „Nordmark", die im wesentlichen später den Namen Altmark erhielt. Diese „Nordmark" wurde dem Adelsgeschlecht der Askanier zugeordnet, so daß als bedeutendster Askanier „Albrecht der Bär" (etwa 1100 – 1170) im Jahre 1134 Landesherr, also Markgraf der Nordmark, werden konnte. Um 1152 erbte Albrecht der Bär von einem slawischen Fürsten die Mark Brandenburg. Nach der Besitznahme der Mark Brandenburg nannte sich Albrecht der Bär nicht mehr Markgraf der Nordmark, sondern ab 1157 Markgraf von Brandenburg. Damit galt die Altmark als Kerngebiet Brandenburgs (ab 1701 Preußen). Die weitere Entwicklung der Altmark verlief bis 1806 / 1807 ohne größere Brüche innerhalb des brandenburgischen bzw. preußischen Staates. Als Napoleon 1807 das Königreich Westfalen schuf, wurde die Altmark – genauer: wurden die Altmärkischen Gebiete westlich der Elbe, die aber die größten Teile der Altmark waren – Bestandteil dieses neuen Königreiches. Damit erfolgte eine erstmalige Trennung der Altmark von Brandenburg. Diese Trennung wurde auch weiterhin aufrecht erhalten. So wurde bei der Gründung der Provinz Sachsen 1815 die räumliche Trennung von der Kurmark nicht mehr korrigiert. Damit entstand ein Problem im preußischen Staatsverständnis: Aus der geschichtlichen Bedeutung der Altmark für Brandenburg folgerte man für die Provinz Sachsen, daß diejenige Gebiete die wichtigsten in der Provinz sein mußten, die am längsten zu Preußen gehörten. Dies war unzweifelhaft das Gebiet der Altmark. Damit kam es also zu der Auffassung im preußischen Staatsverständnis, daß die Altmark der geschichtliche Mittelpunkt der Provinz Sachsen sei.

Einer Gewichtung der Altmark, wie sie dem preußischen Staatsverständnis entsprach, standen jedoch andere Realitäten gegenüber: Die wirtschaftlich schwache und relativ dünn besiedelte Altmark konnte die Rolle eines wirklichen Mittelpunktes der Provinz nicht übernehmen.[54]

Ein wichtiger Punkt waren die fehlenden Bodenschätze und der fehlende fruchtbare Boden, der unter den landwirtschaftlichen Verhältnissen vor der Industrialisierung vor allem nur eine nennenswerte Viehzucht ermöglichte.

Eine besondere Rolle im Rahmen der industriellen Revolution spielte die Altmark nicht. Zwar wurden Eisenbahnlinien und damit zusammenhängende Unternehmen geschaffen, jedoch erfolgte kein wirtschaftlicher Anschluß an die benachbarten wirtschaftlich starken Regionen wie Magdeburg, Braunschweig und Berlin. Diese Entwicklung führte wiederum auch zu keiner größeren Bevölkerungskonzentration, so daß die Altmark dünn besiedelt blieb.

Die Altmark behielt auch innerhalb der Provinz Sachsen eine relative Eigenständigkeit. So blieb sie trotz ihrer räumlichen Zugehörigkeit zur Provinz Sachsen in ständischen Angelegenheiten bei der Kurmark Brandenburg. Das hing damit zusammen, daß insbesondere der Adel der Altmark sich als brandenburg-preußischer Adel verstand und die Zugehörigkeit zur Provinz Sachsen als Zurücksetzung empfand.

Mit der ständischen Zugehörigkeit der Altmark zur Provinz Brandenburg war die Provinz Sachsen merkwürdig gespalten. Diese Spaltung endete 1876, als Reichskanzler Otto von Bismarck (1815 – 1898) in seiner Eigenschaft als preußischer Ministerpräsident eine Provinzialreform durchführte. Gleichwohl gab es noch bis 1929 in Gestalt des Kommunallandtages der Altmark eine Verknüpfung mit der Provinz Brandenburg.

Eine weitere Region mit verschiedenen Besonderheiten bildeten innerhalb des Regierungsbezirkes die **Grafschaft Wernigerode** und das Harzgebiet.

Unter den Harzgrafschaften ragt von ihrer Bedeutung und von ihrem zeitlichen Bestand her die Grafschaft Wernigerode heraus. Das Grafengeschlecht von Wernigerode war im Jahre 1429 erloschen. Schon 1268 hatte es die Lehnsoberhoheit der Markgrafen von Brandenburg anerkennen müssen. Nach einem Zwischenspiel Magdeburger Lehnsherrschaft konnten die Brandenburger 1449 ihre Rechte gegenüber Wernigerode durchsetzen. Auf diesem Vorgang basierte die spätere Eingliederung der Grafschaft in den brandenburgisch-preußischen Staat.

Nach dem Verlöschen des Wernigeröder Grafengeschlechtes kam die Grafschaft an das Haus Stolberg. Die Grafschaft konnte bis in die Neuzeit eine gewisse kulturelle und politische Eigenständigkeit erhalten und so nachhaltig den Charakter der Region prägen. 1714 wurde die Territorialhoheit an Preußen übertragen. In der Zeit nach dem Übergang an Preußen hatten die Grafen noch verschiedene Rechte behalten. Nach 1815 war die Grafschaft faktisch ein preußischer Kreis.

Bis 1599 hatte das Haus der Grafen von Blankenburg-Regenstein bestanden, im Mittelalter eine der bedeutendsten Familien des mitteldeutschen Raumes. Ihre Güter kamen nach ihrem Aussterben zu einem größeren Teil an Braunschweig und zu einem kleineren an Halberstadt. Zu den ältesten und traditionsreichsten deutschen Territorien zählte das flächenmäßig kleine Stift Quedlinburg. 936 von der Witwe des ersten deutschen Königs Heinrichs I., Mathilde, gegründet, nahm es einen herausragenden Platz in der deutschen Reichsgeschichte ein. 1803 fiel das Stift infolge des Reichsdeputationshauptschlusses an Preußen, das es ebenso wie Wernigerode nach der Niederlage gegen Napoleon im Jahre 1806 wieder verlor. Von 1807 bis 1813 war Quedlinburg wie seine Nachbarterritorien Bestandteil des Königreiches Westfalen, um dann im Ergebnis des Wiener Kongresses 1815 endgültig zu Preußen zu kommen.

Eine Kuriosität unter den Harzterritorien wie in der deutschen Territorialgeschichte überhaupt stellt das kleine Dorf Schauen dar. Das Dorf mit seiner Flur, die zu keinem Reichskreis zugeteilt war, war „Reichsherrschaft" bzw. „Reichsbaronie"[55] und konnte bis zum Jahre 1808 eine merkwürdige relative Selbständigkeit bewahren, bevor es zum Königreich Westfalen und schließlich zu Preußen kam.

3.2 Die Kreise

In der Organisationsverordnung vom 30. April 1815[56] war festgelegt worden, daß jeder Regierungsbezirk in Kreise eingeteilt werden soll. Dabei sollte nach Möglichkeit die bereits vorhandene Kreiseinteilung beibehalten werden bzw. sollten die früheren altpreußischen Verhältnisse berücksichtigt werden. Die bei der Aufnahme der Amtsgeschäfte der Königlichen Regierung zu Magdeburg noch fehlende Kreiseinteilung sollte schnellstmöglich erfolgen. Diese Aufgabe erfüllte die Regierung zu Magdeburg tatsächlich schnell, denn bereits am 28. Mai 1816 konnte die für den Regierungsbezirk Magdeburg gültige Kreiseinteilung bekanntgegeben werden. Zur Einführung der neuen Territorial-Einteilung des Magdeburger Regierungsbezirkes wurde mitgeteilt:

„Verordnungen und Bekanntmachungen der Königlichen Regierung: Seine Majestät der König haben die Eintheilung des hiesigen Regie-

rungs-Bezirkes in funfzehn landräthliche Kreise, von denen zwei durch die Städte Magdeburg und Halberstadt mit ihren nächsten Umgebungen gebildet werden, zu genehmigen geruht.

Diese Kreiseintheilung selbst ist aus dem anliegenden Bezeichnisse der einem jedem Kreise zugeteilten Ortschaften zu ersehen.

Seit dem 1sten July d.J. treten die neuen Kreisbehörden in Wirksamkeit:

Interimistisch haben wir die landräthliche Verwaltung übertragen:

im Kreise Calbe, dem vormaligen Landrath Herr von Steinäcker auf Brumby;

im Kreise Wanzleben, den Herrn Landrat v. Froreich bisher Wanzleben;

im Kreise Neuhaldensleben, dem Herrn Landrath von der Schulenburg-Bodendorf;

im 1sten Jerichowschen und dem Ziesarschen Kreis, dem Herrn Landrath v. Armin auf Theessen;

unter dem Kreis-Deputierten Herrn von Münchhausen auf Neuhaus-Leitzkau gemeinschaftlich unter dem Namen Officium in Loburg;

im 2ten Jerichowschen Kreise, dem Herrn Landrat von Katte auf Neuenklitsche;

im Kreise Oschersleben, dem Herrn Landrath v. Hünecken auf Dedeleben;

im Kreise Osterwieck, dem Herrn Landrath v. Branconi auf Langenstein;

im Kreise Stendal, dem Herrn Landrath und Domherrn v. Bismark auf Briest und Welle;

im Kreise Salzwedel, dem Herrn Landrath v. Meding auf Deutschhorst;

im Kreise Osterburg, dem Herrn Graf von der Schulenburg auf Priemern und im Kreise Gardelegen, dem Herrn v. Kröcher auf Vinzelberg.

Wegen Besetzung der für Magdeburg und Halberstadt zu bildenden Kreis-Stellen wird das weitere noch erfolgen. Die Kreisstädte gehen aus dem Ortsverzeichnis hervor. In der Regel bleibt in derselben der Sitz der landräthlichen Officii. Die Kreisämter bleiben einstweilen bestehen, und eben so werden die Kreisbeamten vorläufig noch behalten. In dem Fall, daß eine oder mehrere Ortschaften einem Kreisamte abgenommen und der besseren Abrundung wegen einem anderen Kreise zugetheilt sind, hat der Landrath des letzteren dem zunächst gelegenen Kreisamtes seines Kreises zu überweisen.

Der bisher bestandene Gemeindeverband, die Gemeindeverfassung selbst, und die sämtlichen Ortsvorsteher und sonstigen Gemeindebeamten werden bis auf weiteres beibehalten, so wie denn überhaupt durch diese neue Territorial-Eintheilung durch keine Veränderung in den öffentlichen Verhältnissen, als d.s. in den Abgaben, dem Kassenwesen u.f.m., und in den Kommunalverhältnissen, als d.s. in dem Provinzial- und Gemeinde-, Schulwesen und dergl. bewirkt werden soll. Besonders gilt hier von dem 1sten Jerichowschen Kreise und dem

Ziesarschen Kreise, deren eigenthümliche Verfassung ganz unverän-
dert bleibe, deren bisher getrennte landräthlichen Behörden aber vom
1sten July d.J. an, zur Erleichterung der Geschäfte und dem damit im
genauen Zusammenhang stehenden Besten der Unterthanen, in eine
Behörde vereinigt sind. Nicht weniger bleiben die Verhältnisse des
Kreisamtes Gommern, das künftig zu dem 1sten Jerichowschen Kreise
gehört, noch unverändert. Dagegen hören Aschersleben und Quedlin-
burg auf, Inmedialstädte zu seyn und haben daher die dortigen städti-
schen Behörden vom 1sten July d.J. ab, an das landräthliche Officium
des Aschersleber Kreises zu Quedlinburg zu berichten.
Die Einwohner unseres Regierungsbezirkes weisen wir hierdurch an,
sich in allen Angelegenheiten, welche vor die Kreisbehörden nach der
jetzt bestehenden Verfassung gehören, von dem 1. Juli d.J. ab an das
landräthliche Officium zu wenden, zu welchen ihr Wohnort gelegen ist.

Magdeburg, den 28. Mai 1816
Königl. Preußische Regierung
Bülow. Schulenburg. Voigtel. "[57]

3.3 Arbeitsweise der Königlichen Regierung zu Magdeburg in der Anfangszeit

Die Arbeitsweise der Regierung wurde zunächst vorgegeben durch
ihre Stellung im Staatsaufbau und die für sie vorgesehenen Aufgaben.
Aber auch die Selbstorganisation der Behörde und nicht zuletzt die
dort handelnden Menschen, also die Mitarbeiter und Behördenleiter,
verliehen ihr einen besonderen Charakter.

Im Zuge der Umgestaltung des Verwaltungswesens wurden die Ver-
waltungsaufgaben von denen der Rechtspflege in organisatorischer
Sicht getrennt. Diese Trennung war schon durch die Verordnung vom
26. Dezember 1808 erfolgt,[58] die die Zuständigkeiten der Kriegs- und
Domänenkammern (d.h. der Regierungen) neu ordnete und dabei die
Aufgaben der Rechtspflege aus den Kammern sowie aus den anderen
Behörden herauslöste und den „kompetenten Gerichten" zuwies. Im
Prolog der erwähnten Verordnung hieß es: *„die Kriegs- und Domänen-
kammern waren mit Geschäften überladen, die ... zum Teil vor Justiz-
behörden gehörten"*[59].

Die Verordnung führte die **Trennung von Verwaltung und Justiz** konsequent mit ihren §§ 2, 6, 14 und 15 durch. Hervorzuheben ist die zuletzt genannte Regelung, wonach die Aufsicht über die Domänen-Ju-
stizbeamten und anderen Unterrichter sowie die Aufsicht über die Un-
tergerichte ausschließlich (Zitat: „nur") auf die Landesjustizkollegien
(d.h. die Oberlandesgerichte) übertragen wird. Da die Oberlandesge-

richte ausschließlich dem Justizministerium in Berlin untergeordnet waren, wurde die Trennung von Verwaltung und Justiz bis in die Spitze der Reichsverwaltung durchgehalten.

Die organisatorische Trennung von Verwaltung und Justiz verfestigte sich seit 1808 zunehmend. In der Organisationsverordnung von 1815 [60] wird für die Verwaltung der Regierungsbezirke festgelegt, daß „ein Oberlandesgericht für die Verwaltung der Justiz und eine Regierung für die Landespolizei und für die Finanz-Angelegenheiten zuständig" sein solle. Weiterhin heißt es, daß die Oberlandesgerichte auch für die Bekanntmachung „der Gesetze, welche die Ergänzung und Berichtigung des Land- und Provinzialrechts und der Gerichtsordnung betreffen, oder sich auf den Geschäftsbetrieb bei den gerichtlichen Behörden beziehen", zuständig sei.

Mit der Trennung von Verwaltung und Justiz ergingen auch die notwendigen Regelungen über die Zuständigkeiten bei der **Zweck- und Rechtmäßigkeitskontrolle**.

Der von einer behördlichen Maßnahme Betroffene konnte diese Maßnahmen zu einer nochmaligen Überprüfung stellen. Dazu konnte er alternativ die Verwaltungsbehörden oder die Gerichte anrufen, wobei die Verwaltung stets, d.h. unabhängig von Art und Inhalt der angegriffenen Maßnahmen, befaßt werden konnte, während die Gerichte nur angerufen werden konnten, wenn die Maßnahme eine bestimmte Beschwerde überschritt. Im einzelnen:

Der Betroffene konnte bei der nächsthöheren Behörde „Beschwerde" einlegen und damit die Verwaltung erneut mit seinem Fall befassen. Die Verordnung vom 26. Dezember 1808 eröffnete diesen Weg durch seinen § 33, in dem es hieß: In Form einer Beschwerde konnte der „Rekurs"[61] bei den kompetenten, den Regierungen vorgesetzten höheren Behörden in der vorschriftsmäßigen Art beantragt werden. Das dort im § 33 geregelte „Widerspruchsverfahren" konnte unter Einhaltung der Verwaltungsinstanzen sogar bis zum König betrieben werden (heutiger juristischer Terminus: Erschöpfung des Instanzenzuges).

Der Betroffene hatte auch die Möglichkeit, die Gerichte anzurufen. Dabei mußte der Betroffene aber prüfen, ob die von ihm angegriffene Maßnahme überhaupt justiabel war, d.h. überhaupt von den Gerichten überprüft werden konnte.

Die Gerichte konnten mit folgenden Angelegenheiten befaßt werden:
- Polizeiverordnungen
- Polizeiverfügungen
- Polizeiverwaltungszwangs- und Vollstreckungsmaßnahmen, soweit sie über 14 Tage Gefängnis/Strafarbeit oder fünf Taler Geldbuße hinausgingen; Ausnahme administrative Strafbefehle (hier keine Begrenzung der Beschwerden).

Die Überprüfung von Polizeiverfügungen und -verordnungen der Regierungen auf ihre Zweckmäßigkeit verblieb allein – wie das auch in unserer heutigen Rechtsordnung der Fall ist – bei der Behörde selbst. Kein Gericht konnte damals wie heute seine Zweckmäßigkeitsüberlegungen in seine Entscheidung einfließen lassen. Der Rekurs (Widerspruch) des Betroffenen gab den Behörden neben der Rechtmäßigkeitsprüfung auch Anlaß zu überlegen, ob die Verfügung oder die Verordnung überhaupt den von ihnen beabsichtigten Zweck erreichen konnte.

Um die Adressaten der Verfügungen und Verordnungen zur Beachtung anzuhalten, hatten die Behörden die rechtliche Möglichkeit, ihre Maßnahmen auch zwangsweise durchzusetzen. Es handelt sich hier um den **Vorläufer des heutigen Verwaltungsvollstreckungsrechts**, das die Behörden ermächtigt, ihre Maßnahmen zwangsweise bis hin zur Haft durchzusetzen. Damals wurden dem Regierungspräsidenten als Zwangsmittel die Polizeistrafbefugnis bis zu sechs Wochen Gefängnis oder 50 Taler Geldstrafe zugewiesen. Dieser Vollstreckungsrahmen galt auch bei administrativen Strafbefehlen, die bis zu einer Strafhöhe von 100 Taler oder vier Wochen Gefängnis ausgesprochen werden konnten. Mit den administrativen Strafbefehlen sollten Steuern, Schulgelder, Schulden, Pachtsummen oder Abgaben und andere Dienste erzwungen werden. Bei der Verhängung von Haftstrafen waren die Regierungen zu äußerster Verantwortlichkeit und Sorgfalt angehalten. 1825 wurde die Regelung eingeführt, daß die Haftstrafen vom Plenum, also dem im Regierungspräsidium gebildeten Kollegialgremium der hohen Beamten, gefällt werden mußten. Vor der Verhängung einer Haftstrafe mußte geprüft werden, ob diese geeignet war, die Zahlungsunfähigkeit des Betroffenen nicht weiter zu verschärfen.

Die „Regierungen" waren in erster Linie eingerichtet als nachgeordnete Behörden der Ministerien. Darüber hinaus waren sie aber auch dem Oberpräsidenten (in gewisser Weise) nachgeordnet. Allerdings war das Maß der Nachordnung bzw. Selbständigkeit der Regierungen von den Oberpräsidenten nicht eindeutig geregelt. Dies führte in der Regel zu erheblichen Reibungspunkten zwischen den Oberpräsidenten und der Regierung. In Magdeburg hielten sich diese Reibungspunkte jedoch deutlich in Grenzen, weil hier in der Regel die Funktion des Regierungspräsidenten vom jeweiligen Oberpräsidenten wahrgenommen wurde.

Größere Spannungen zwischen den Oberpräsidenten und Regierungspräsidenten entstanden in Magdeburg immer dann, wenn von der Personalunion Oberpräsident der Provinz Sachsen und Regierungspräsident der Königlichen Regierung zu Magdeburg abgewichen worden ist. Dies war in Magdeburg zweimal der Fall: Zunächst von 1816–1821, als der Regierungspräsident Graf von der Schulenburg-Angern dem Oberpräsidenten von Bülow zur Seite stand und dann von 1826–1838, als Regierungspräsident Levin von Bismark auf Welle-Briest selbständig neben den Oberpräsidenten von Motz, von Klewitz und Graf Stolberg zu Wernigerode wirkte.

Ursprünglich, vermutlich zur Entlastung der jeweiligen Oberpräsidenten eingesetzt, ergaben sich besonders bei der Besetzung von hochrangigen Verwaltungsposten innerhalb der Regierung (Abteilungsdirigenten) erhebliche Meinungsunterschiede zwischen Oberpräsident und Regierungspräsident, wenn der letztgenannte anstelle des Oberpräsidenten für sich in Anspruch nahm, Personalentscheidungen zu fällen.

Auch die vorzeitige Beendigung der Personalunion zwischen Oberpräsident und Regierungspräsident im Jahre 1881 läßt darauf schließen, daß es in Magdeburg zu Spannungen zwischen beiden Behörden gekommen ist. In den übrigen Provinzen wurde die Personalunion jedoch erst 1883 abgeschafft.

Bereits durch das Gesetz vom 16. Dezember 1808 [62] wird unter Nummer 33 angeordnet, daß die Minister die Geschäftsverwaltung in den Provinzen durch die Regierungen ausführen. Weiter heißt es dort: *„Diese sind daher auch sowohl den Ministern des Innern und der Finanzen, als den einzelnen Sektionen und Abtheilungen beider Departements in Absicht ihres Ressorts untergeordnet, und müssen darin ihren Anweisungen Folge leisten."* [63] Diese Vorschrift bedeutet, auf heutige Verhältnisse zugeschnitten, daß bereits damals das **Fachaufsichtsverhältnis** zwischen Ministerien und Regierungen begründet wurde.

Mit der Organisationsverordnung von 1815 [64] wurde darüber hinaus das **Dienstaufsichtsverhältnis** geregelt. Ein Teil der Mitarbeiter der Regierungen unterlag der Dienstaufsicht des Ministers des Innern (§ 12), ein anderer Teil unterstand der Dienstaufsicht des Finanzministers.

Ausdruck für die Nachordnung der Regierungen unter die Ministerien war auch die Regelung des **Berichtswesens**. Danach hatten die Regierungen unmittelbar an die Ministerien zu berichten. Lediglich Berichte von grundsätzlicher Bedeutung (z.B. bei Kriegsereignissen) mußten über den Oberpräsidenten an die Ministerien geleitet werden.

Der Oberpräsident war als Ersatz für diejenigen Funktionen der früheren Provinzialminister (bis 1808) gedacht, die durch die in Entstehung begriffenen Fachministerien im Königreich Preußen (in Berlin) nun nicht mehr in vollem Umfange wahrgenommen werden konnten. Insofern waren die Oberpräsidenten als ständige Kommissare vorgesehen, die die Zentralregierung Preußens in der Provinz zu vertreten und im Interesse der ihnen anvertrauten Provinz zu beraten hatten. Über die Regierungen und die anderen Provinzialbehörden übten sie deshalb eine mehr beobachtende als kontrollierende Aufsicht aus. Diese Aufsichtsfunktion hatte den Zweck, die unmittelbare Verwaltungsarbeit in Übereinstimmung mit den Zielen der Staatsführung zu halten und die einheitliche Durchführung der Gesetze und Anordnungen sicherzustellen. Dieses Ziel der Einrichtung der Funktion der Oberpräsidenten war untersetzt durch Regelungen zu den Aufgaben und zur Weisungsbefugnis. Die Oberpräsidenten waren nur in Notfällen befugt, den Regierungen verbindliche Weisungen zu geben. Sie hatten „keinen Anteil an der Detailverwaltung". Den Oberpräsidenten stand ein Informationsrecht zu, aufgrund dessen sie sich jederzeit einen Einblick in den Geschäftsablauf bei den Regierungen ihrer Provinz verschaffen und auf Mängel und Unregelmäßigkeiten aufmerksam machen konnten. Der Oberpräsident sollte in der Lage sein, in der Verwaltung auftretende Einzelprobleme nach überregionalen Gesichtspunkten einzuordnen und zu begutachten. Mit dieser Regelung war ein „lockeres Unterstellungsverhältnis" zum Oberpräsidenten der Provinz geregelt. Durch die Ausgestaltung des Aufsichtsverhältnisses zwischen Oberpräsident und Regierung war der Oberpräsident keine Verwaltungsmittelinstanz zwischen dem Ministerium und der Regierung. Dies galt insbesondere für Magdeburg, weil hier (jedenfalls bis 1881/1883) der Oberpräsident zugleich die Funktion des Regierungspräsidenten innehatte. Die Oberpräsidenten verwalteten zu Beginn ihrer Tätigkeit nur einen geringen Geschäftskreis, was auch zur Folge hatte, daß sie mit keinem eigenen Personal ausgestattet wurden.[65] Der dem Oberpräsidenten übertragene Wirkungskreis bezog sich in erster Linie auf die ständischen Angelegenheiten, die Aufsicht über die Verwaltung der für mehrere Regierungsbezirke eingerichteten Institute, die in dringenden Fällen für mehrere Regierungsbezirke zutreffenden Sicherheits- und Militärmaßregeln. In letztem Falle mußte der Oberpräsident in Abstimmung mit dem kommandierenden General handeln. Schließlich oblag ihm noch die oberste Leitung des Kultus-/ Unterrichts- und Medizinalwesens. Alle anderen Angelegenheiten waren den Regierungen zugewiesen. Diese waren Landeshoheits-, Landespolizei- und Landesfinanzbehörde in einem. Diese Aufgabenbeschreibung hatte die Schwäche, daß sie sich mit den Aufgabenbereichen der „Regierungen" nicht oder nur unzureichend abgrenzen ließ. So waren den Regierungen mit der Organisationsverordnung von 1815 folgende Aufgabenbereiche zugewiesen:

„- *die inneren Angelegenheiten der Landeshoheit, als: ständische, Verfassungs-, Landes-, Grenz-, Huldigungs-, Abfahrts- und Abschoßsachen, Censur, Publikation der Gesetze durch das Amtsblatt.*
- *die Landespolizei, als: die Polizei der allgemeinen Sicherheit, der Lebensmittel und andere Gegenstände; das Armenwesen, die Vorsorge zur Abwendung allgemeiner Beschädigungen, die Besserungshäuser, die milden Stiftungen und ähnliche öffentliche Anstalten, die Aufsicht auf Kommunen und Korporationen, die keinen gewerblichen Zweck haben.*
- *die Militairsachen, bei denen die Einwirkung der Civilverteidigung stattfindet, als: Rekrutirung, Verabschiedung, Mobilmachung, Verpflegung, Märsche, Servis, Festungsbau.*[66]

Die Abgrenzung zwischen den Zuständigkeiten der Regierungen und Oberpräsidien erfolgte mit dem Satz „ausgenommen von der Bearbeitung der Regierung sind die dem Oberpräsidenten zugeteilten Gegenstände."

In der Praxis ergaben sich allerdings nicht selten Streitigkeiten über die Zuständigkeitsbereiche beider Behörden. Dies betraf insbesondere das Verhältnis des Oberpräsidenten zu den beiden Regierungen in Erfurt und Merseburg. Weniger problematisch gestaltete sich das Verhältnis in Magdeburg, weil, wie bereits dargestellt, der Oberpräsident zugleich die Funktion des Regierungspräsidenten in Magdeburg wahrnahm. Allerdings wurde die Aufgabenabgrenzung sehr ernst genommen, so daß es zum Teil zu kurios anmutenden Praktiken kam. So leitete der Oberpräsident Weisungen aus Berlin förmlich an sich als den Regierungspräsidenten weiter, quittierte sodann den Eingang und zeichnete als Regierungspräsident ab. Der Vorgang wurde über den offiziellen Postweg geleitet.[67]

Mit der Organisationsverordnung von 1815[68] bestimmte der König die **Landräte zu Behörden der unteren staatlichen Ebene.** Der Landrat wurde damit der beständige „Kommissarius" der Regierung in seinem Kreis. Sein Amt des Landrates kann wie folgt beschrieben werden:

Der Aufbau einer einheitlichen Landkreisverwaltung erwies sich im Regierungsbezirk Magdeburg als kompliziert, da in ihm Gebiete mit unterschiedlicher Verwaltungstradition zusammengefügt wurden. Dies spiegelt sich auch in der historischen Entwicklung des Amtes des Landrates wider. In altpreußischen Gebieten (z.B. die Altmark) hat sich für die Entwicklung der Lokalverwaltung im absolutistischen Brandenburg-Preußen die charakteristische Institution des Landrates aus ständischen und staatlichen Elementen herausgebildet. Im Laufe des 17. Jahrhunderts verschmolzen die Ämter des im Dreißigjährigen Krieg entstandenen Kriegskommissars und des ständischen Kreisdirektors zu dem des „Landrates", wie er seit 1702 nach dem Vorbild des Herzogtums Magdeburg und Pommern allgemein bezeichnet wurde. Im 18. Jahrhundert wurde das Landratsamt als Institution der preußischen Kreisverfassung weiter ausgebaut. Die Landräte, die vom König auf Vorschlag des die Kreisstände dominierenden Adels ernannt wurden, hatten insbesondere die Verwaltung des Militärwesens, des Steuerwesens, der Polizei und der Landeskultur zu organisieren. In den nach dem Tilsiter Frieden 1807 preußisch gebliebenen ostelbischen Gebieten hatte der Landrat seit 1809 auch die Polizeiaufsicht über die Domänenrentämter und die Städte ohne eigene Polizeiverwaltung. Der preußische Landrat hatte sich damit von einem Organ der ständischen Kreisverwaltung zu einem staatlichen Beamten entwickelt.

Die Landräte waren, wie die damalige Organisationsverordnung von 1815[69] es ausdrückte, die Organe der beiden Abteilungen des Regierungspräsidiums.

Dem Landrat als unterer staatlicher Behörde oblag der Verwaltungsvollzug für seinen Kreis. Er hatte die staatliche Aufsicht über alle Ortschaften und das „platte Land". Seine Zuständigkeiten waren umfassend, allerdings mit Ausnahme der Justiz. Der Landrat war die Entscheidungsebene erster Instanz und konnte die eigenen Verwaltungsmaßnahmen auch selbst vollstrecken. Seine Vollstreckungsbefugnisse gingen jedoch nicht so weit wie die der Regierungen:[70] Er konnte nur zwei Tage Haft und Geldbußen bis zu fünf Talern verhängen. Neben seiner Position als untere staatliche Polizeibehörde war der Landrat der eigentliche „Steuereintreiber". Seine Verantwortung ging so weit, daß allein er das Militär anfordern konnte, wenn Probleme in seinem Kreis nicht mit den wenigen Gendarmen gelöst werden konnten. In personalwirtschaftlicher Sicht führte er für die staatlichen Beamten die Konduitenliste.[71]

Dem Landrat unterstanden vom Gutsherrn bis zum Schützengräber alle Polizeidienststellen. Ausgestattet war er mit einem Sekretär und einem Kassenrendanten, was in der Regel dazu führte, daß der Landrat auf das Personal der Ortschaften und anderen Behörden seines Kreises zurückgreifen mußte. Bei dieser mageren personellen Ausstattung ist es nicht verwunderlich, daß der jeweilige Wohnsitz des adligen und begüterten Landrates auch der Landratssitz war. Einen festen Landratssitz mit einem dazu errichteten Bürogebäude gab es erst viel später.

Die besondere Stellung des Landrates im Staatswesen wurde nach 1850 dadurch unterstrichen, daß er genau wie der Regierungspräsident zu einem politischen Beamten erklärt wurde, der ohne Angabe von Gründen unverzüglich in den einstweiligen Ruhestand versetzt werden konnte.

Während der Befreiungskriege hatte der preußische König wiederholt eine Verfassung für Preußen versprochen. Auch in der Wiener Schlußakte war festgelegt worden, daß in den einzelnen Staaten des deutschen Bundes landständische Vertretungen eingerichtet werden sollten. Die preußische Krone versuchte jedoch, das gegebene Verfassungsversprechen nach 1815 in der Zeit der einsetzenden Reaktionsperiode zu unterlaufen. Erst im Jahre 1823 trat die preußische Staatsführung mit einem Konzept in der Verfassungsfrage an die Öffentlichkeit, das die Einrichtung von Provinzialständevertretungen vorsah. Diese für die preußischen Provinzen im Normalfall auf drei, für die Provinz Sachsen aber auf vier „Ständen" beruhende Vertretung der Provinz („1. Stand": Prälaten, Grafen und Herren; „2. Stand": Ritterschaft; „3. Stand": Städtevertreter; „4. Stand": Vertreter der Landgemeinden) war alles andere als einer demokratischen Einrichtung ähnlich. Immerhin aber existierte erstmals eine Institution, die die gesamte Provinz repräsentierte und die sich nach der Reform von 1875 auch als ausbaufähig erwies. Besonders in den vierziger Jahren des 19. Jahrhunderts gelang es dennoch einzelnen Vertretern des Bürgertums, in der Versammlung der Stände bürgerliche bzw. liberale Forderungen und Vorstellungen zu entwickeln. Zu diesen Vertretern gehörten vor 1848 u.a. der Halberstädter Apotheker Lucanus, Bürgermeister Gier aus Mühlhausen und Bürgermeister Schneider aus Schönebeck. Als Tagungsort dieser Ständevertretung wurde Merseburg festgelegt. Das entsprach dem Bestreben der preußischen Behörden, in einer früher sächsischen Stadt eine solche für die ganze Provinz bedeutende Einrichtung zu etablieren. Dies bedeutete aber gleichzeitig auch, daß ein weiterer Mittelpunkt in der Provinz mit zentraler Bedeutung in Merseburg geschaffen worden war, der langfristig eine Integration der Provinz behinderte.

3.4 Die innere Organisation der Königlichen Regierung

Die innere Organisation einer Behörde ist vor allem durch den Aufgabenbestand geprägt. Erst dieser gibt den Rahmen vor, in dem die Behörde zu organisieren ist, d.h., die Aufgabenerledigung verteilt wird. Unabhängig davon ist die Frage zu betrachten, wie die Behörde zur Entscheidungsfindung kommt.

Die Aufgaben der Regierung umfaßten nahezu alle Bereiche des gesellschaftlichen und staatlichen Lebens im Regierungsbezirk. Ihr Charakter als einheitliche Behörde der staatlichen Verwaltung war klar ausgeprägt. Auf der Grundlage der Organisationsverordnung von 1815[72] wurden der Regierung folgende Aufgabenbereiche zugewiesen:

„1. Die innern Angelegenheiten der Landeshoheit, als: ständische, Verfassungs-, Landes-, Grenz-, Huldigungs-, Abfahrt- und Abschoß-Sachen, Censur, Publikation der Gesetze durch das Amtsblatt.

2. Die Landespolizei, als: die Polizei der allgemeinen Sicherheit, der Lebensmittel und andere Gegenstände; das Armenwesen, die Vorsorge zur Abwendung allgemeiner Beschädigungen, die Besserungshäuser, die milden Stiftungen und ähnliche öffentliche Anstalten, die Aufsicht auf Kommunen und Korporationen, die keinen gewerblichen Zweck haben.

3. Die Militairsachen, bei denen die Einwirkung der Civilverteidigung statt findet, als: Rekrutirung, Verabschiedung, Mobilmachung, Verpflegung, Märsche, Servis, Festungsbau."

Die Erledigung der Aufgaben der Regierung wurde in **zwei Abteilungen** organisiert:

In der ersten Abteilung waren folgende Zuständigkeiten zugewiesen: die inneren Angelegenheiten der Landeshoheit; die Sicherheits- und Ordnungspolizei; die Medizinal- und Gesundheitsangelegenheiten, die landwirtschaftliche Polizei, das Kommunalwesen, insoweit dem Staate an Einfluß vorbehalten worden war; die Aufsicht über alle Korporationen, die öffentlichen Institute und Anstalten, welche nicht bloß einen gewerblichen Zweck haben; die geistlichen Schul-Angelegenheiten, sofern sie nicht zum Ressort des Provinzial-Konsistoriums gehörten; die Angelegenheiten derjenigen Einwohner in ihrer bürgerlichen Beziehung, welche wegen Zugehörigkeit zu anderen Religionsgemeinschaften nicht alle bürgerlichen Rechte und Pflichten hatten; Sammlungen von statistischen Nachrichten; die Militärangelegenheiten, in welche die Zivilverwaltung eingreift, die Aufsicht über die Haupt-, Kommunal- und Institutenkasse.

Die Gesundheits- und Medizinialangelegenheiten sowie die tierarzneilichen Polizeiangelegenheiten, die der ersten Abteilung unterstanden, wurden im Regierungskollegium durch den zuständigen Regierungsmedizinalrat zur Beratung vorgeschlagen und bearbeitet.

Der Regierungsmedizinalrat hatte folglich in diesem Geschäftsbereich alle Rechte und Pflichten auszuüben. Die „Kreisphysiker" und Kreischirurgen wurden auf Vorschlag der Regierung von dem königlichen Ministerium der Medizinalangelegenheiten nach einer besonderen Prüfung angestellt und bezogen ihr Gehalt aus der Regierungshauptkasse.

Die neugegründeten Regierungen widmeten bereits 1816 eine besondere Aufmerksamkeit der Geburtshilfe. Zu diesem Zweck wurde im Regierungsbezirk Magdeburg eine Hebammen-Bezirkseinteilung vorgenommen und sorgfältige Maßnahmen getroffen, daß an jedem Ort gründlich ausgebildete und geprüfte Hebammen vorhanden waren. Zu diesem Zweck wurde die in Magdeburg bestehende Hebammen-Lehranstalt, die unter der Aufsicht und Leitung des Regierungsmedizinalrates stand, erweitert und verbessert.

Der ersten Abteilung gehörten sämtliche Provizialkonsistonalräte an.

Die zweite Abteilung der Regierung war für folgende Aufgabenbereiche zuständig:

Alle sich auf das Staatseinkommen beziehenden Angelegenheiten, nämlich die Verwaltung des Steuer- und Zollwesens, der Domänen und Forsten sowie das gesamte Staats-, Kassen- und Rechnungswesen über die zur Verwaltung der Regierung gehörenden landesherrlichen Einnahmen und Ausgaben; die Gewerbepolizei, wobei die Strom-, Deich-, Brücken- und Fährenbauten, die Anlagen und Instandhaltung der Chausseen, Land- und Wasserstraßen mit begriffen wurden; die Forst- und Jagdpolizei.

Jede Abteilung verwaltete das zu ihrem Ressort gehörige Bauwesen selbst.

Die **Entscheidungsfindung** vollzog sich in der Regierung nach anderen Regeln, als wir sie heute kennen. Maßgebend war das sogenannte **kollegiale System**, das schon seit Jahrzehnten charakteristisch für preußische Behörden war. Danach ergingen Entscheidungen nicht durch einen einzelnen Amtswalter, sondern durch Beschluß der höheren Beamten. Diese bildeten für eine Beschlußfassung ein Kollegium. Dieses Entscheidungsverfahren hatte seine Grundlage im preußischen Menschenbild[73]. Weil es den vollkommenen Menschen nicht gebe, könne es gerechte Entscheidungen nur geben, wenn mehrere Menschen zusammenwirkten und dadurch ihre individuelle Unvollkommenheit ausglichen. Folglich ist zu verstehen, warum in Preußen über einen längeren Zeitraum hinweg – teilweise sogar bis 1932 – an diesem kollegialen System festgehalten wurde. Es sollte angesichts der menschlichen Unvollkommenheit vermieden werden, daß ein Mensch (Beamter) über einen anderen Menschen (Bürger) entscheidet.

Das kollegiale System der Magdeburger Regierung stellte sich wie folgt dar:

Der Regierungspräsident berief die höheren Beamten zum Plenum ein. In dieser gemeinschaftlichen Versammlung von zwei Abteilungsdirigenten, dem Oberforstmeister, den elf Regierungsräten und zahlreichen Assessoren sowie technischen Beamten wurden folgende Angelegenheiten vorgetragen und beraten[74]:

- *alle Gesetzentwürfe und allgemeine neue Einrichtungen, die fälligen Berichte an die Ministerien, die darauf eingehenden Entscheidungen und die wegen Ausführung derselben zu treffenden Maßregeln;*
- *die (noch nicht in Kraft getretenen) Grundsätze, nach welchen allgemeine Auflagen und Landesposten im Regierungsbezirk aufgebracht werden sollten;*
- *Abweichungen und Ausnahmen von bestimmten Vorschriften, wenn Gefahr in Verzuge war, und nicht mehr höhere Genehmigung eingeholt werden konnte;*
- *alle Suspensionen und unfreiwilligen Entlassungen öffentlicher, von der Regierung zugehörigen Beamten;*
- *alle Anstellungen und Beförderungen, von denen bei beiden Abteilungen unmittelbar angestellten Unterbeamten;*
- *alle Gegenstände, bei denen beide Abteilungen interessiert waren und die die Regierungsverwaltung oder die Dienstdisziplin im allgemeinen betraf.*

Diese Gegenstände gelangten in der Regel erst dann in das Plenum, wenn sie zu einem Hauptbeschluß reif waren. Die Vorbereitung dazu sowie die Ausführung des Beschlusses gehörte derjenigen Abteilung an, in deren Ressort die Sache hauptsächlich einschlägig war.

Die Nachteile dieser kollegialen Entscheidungsfindung waren schon 1816 bekannt. Es bedarf keiner weiteren Ausführungen, daß der Geschäftsgang durch das Beschlußverfahren schwerfällig wurde und ziemlich teuer war. In der damaligen Zeit setzten sich konservative wie liberale Kräfte sehr tiefgehend mit dem französischen Präfektensystem auseinander[75]. Nach diesem entschied – so wie wir es heute als selbstverständlich hinnehmen – der sachwaltende Beamte selbst und allein. In Preußen nannte man diese Form der Entscheidungsfindung „Bürokratie". Da sich der Bedeutungsinhalt dieses Begriffes inzwischen gewandelt hat, ist zur Vermeidung von Mißverständnissen eine kurze Erläuterung erforderlich.

Bürokratie und Bürokratisierung waren seinerzeit etwas sehr modernes. Die damalige Bedeutung dieser Begriffe erschöpfte sich darin, daß Tätigkeiten und Entscheidungen im Büro erfolgten. Das bedeutete im Gegensatz zum Kollegium die Amtswaltung durch einen einzelnen. Bei heutiger Betrachtung muß man die Bürokratisierung der preußischen Verwaltung geradezu als Fortschritt ansehen.

Wenn von Behörden heutzutage in Katastrophenfällen unbürokratische Hilfe verlangt wird, ist nach damaligem Begriffsverständnis genau das Gegenteil gefordert: schnelle Entscheidungen durch eine einzelne Amtsperson und nicht – wie heute – ewig dauernde Abstimmungen innerhalb der Behörde und die Beteiligung vorgesetzter Behörden, die wiederum ihre internen Stellen zu Stellungnahmen auffordern.

In den preußischen Behörden war nicht allein die Behördenspitze kollegial verfaßt, sondern jede Organisationseinheit. Damit bildeten auch die Abteilungen jeweils für ihre alleinigen Angelegenheiten ein Kollegium. Wie schon angedeutet, hielt sich das Kollegialsystem hartnäckig. Erst in den achtziger Jahren des letzten Jahrhunderts trat eine spürbare Bürokratisierung ein, als das Kollegialsystem für die erste Abteilung abgeschafft wurde. Die anderen Abteilungen, es kamen später noch eine bzw. zwei hinzu, wurden endgültig 1932 bürokratisiert.

Die allmähliche Bürokratisierung machte den preußischen Beamten zu einem verantwortungsbewußteren und entscheidungsfreudigeren Amtswalter, der sich nicht mehr hinter Beschlüssen verstecken konnte.

3.5 Die Königliche Regierung und ihre Beamten

Entwicklung des Beamtentums vom 18. Jahrhundert bis zum Ende der Monarchie

Die Errichtung der Königlichen Regierung im Jahre 1816 fiel in eine Zeit, als sich ein Beamtentum bereits herausgebildet hatte. Mit der Regelung der Rechtsverhältnisse der Beamten im Allgemeinen Landrecht von 1794 (ALR) und der Einführung eines Ausbildungssystems waren zwei Jahrzehnte zuvor die wesentlichen Grundlagen für die künftige Entwicklung des Beamtentums geschaffen worden. Sie blieben trotz der vielen Ergänzungen und Änderungen prägend, so daß sich die Be-

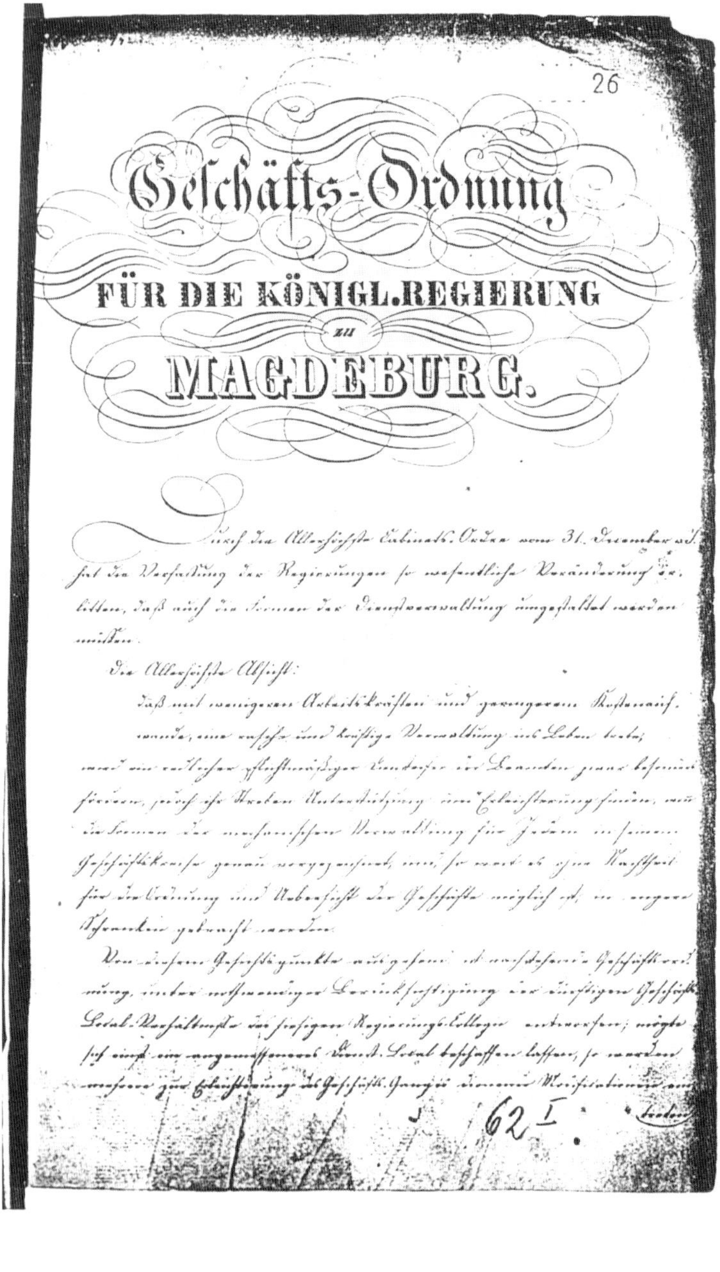

26

Geschäfts-Ordnung

FÜR DIE KÖNIGL. REGIERUNG

zu

MAGDEBURG.

Durch die Allerhöchste Cabinets-Ordre vom 31. December v. J. hat die Verfassung der Regierungen so wesentliche Veränderung erlitten, daß auch die Formen der Dienstverwaltung umgestaltet werden müssen.

Die Allerhöchste Absicht:

daß mit wenigeren Arbeitskräften und geringerem Kostenaufwande, eine rasche und kräftige Verwaltung ins Leben trete, und ein redlicher pflichtmäßiger [illegible] der Beamten zwar [illegible] werden, jedoch ihre [illegible] Unterstützung und Erleichterung finden, und die Formen der mechanischen Verwaltung für Jeden in seinem Geschäftskreise genau vorgezeichnet, und, so weit es ohne Nachtheil für die Ordnung und Uebersicht der Geschäfte möglich ist, in engere Schranken gebracht werden.

Von diesen Gesichtspunkten ausgehend ist nachstehende Geschäftsordnung, unter nothwendiger Berücksichtigung der dürftigen Geschäfts-Lokal-Verhältnisse der hiesigen Regierungs-Collegien entworfen; möchte sich auch ein angemessenes Dienst-Lokal beschaffen lassen, so werden mehrere zur Erleichterung des Geschäftsganges dienende Modificationen an-

62 I.

schäftigten des Regierungspräsidiums noch heute in der Tradition preußischen Beamtentums sehen können.

Den Zeitpunkt, von dem ab von einem Beamten im heutigen Sinne gesprochen werden kann, wird man wohl nicht mehr genau bestimmen können. Ursprünglich beschäftigten die Landesherren Personen zur Erledigung verschiedenster Aufgaben. Dabei konnte zwischen der Ausführung persönlicher und der der Herrschaft zugehörigen Aufgaben nicht getrennt werden. Die Anstellung von Personen zur Wahrnehmung öffentlicher Aufgaben des Staatswesens begann in Preußen unter Friedrich Wilhelm I., dem Soldatenkönig, und seinem Sohn Friedrich II., dem „Alten Fritz". Die Regelung des Beamtenwesens war schon ersterem ein Anliegen, obwohl die von ihm gewünschte Kodifizierung der Beamtenverhältnisse erst mit der Verabschiedung des ALR unter Friedrich Wilhelm II. 1794 gelang. Dort findet sich ein eigener Abschnitt mit 145 Vorschriften. Überschrieben ist er mit „Von den Rechten und Pflichten der Diener des Staates".

Das heutige Leitbild des Beamten wurde maßgeblich durch die Entwicklung in Preußen bestimmt. Was machte den preußischen Beamten aus? Die ihm zugeschriebenen positiven Eigenschaften wie genaue Sachkenntnis, hohe Intelligenz, Fleiß und Ordnungsliebe, Sparsamkeit, Treue und Pflichtbewußtsein (Loyalität) sind Tugenden, die den Grundstein für eine gesetzestreue und zuverlässige Verwaltung in Preußen legten. Diese Tugenden prägten Friedrich-Wilhelm I., der streng gegen sich und andere war, und seinen Sohn Friedrich II.; letzterer sagte von sich selbst, daß er der „erste Bediente seines Volkes" sei. Beide Könige gaben mit ihrer Einstellung und ihrer Lebensweise vor, daß die für das Volk Tätigen dem Gemeinwesen besonders verpflichtet sein und diese Verpflichtung durch Einsatz und Treue auch beweisen sollten.

Friedrich-Wilhelm I. widmete sich frühzeitig nicht nur dem Militärwesen, sondern auch der Stabilität und Effizienz der zivilen Verwaltung. Für ihn waren Stand und Vermögen für eine Tätigkeit im „öffentlichen Dienst" gleichgültig. Es kam ihm allein darauf an, daß der Bediente für die Erfüllung seiner Pflichten befähigt war. Hinzu kam, daß schon damals den zu besetzenden Stellen ein Überangebot an Bewerbern gegenüberstand. Somit sollte und mußte eine besondere Auslese stattfinden. Durch strenge Prüfungen war zu gewährleisten, daß Bewerber „ohne vorhergehendes scharffes Examen, und dadurch, wie auch durch solide Proberelationes, erwiesene Geschicklichkeit nicht angenommen werden sollten"[76]. Die Prüfung erfolgte folglich „ohne Ansehen der Person" und diente dem Nachweis, daß der Kandidat „nebst der Theoria auch ein Judiciumpracticum habe, und in denen Ober-Collegiies sofort gute und nützliche Dienste praestiren[77] könne"[78]. Seinen gesetzlichen Niederschlag fanden diese Worte des Königs in § 70 des 2. Teils und 10. Titels im ALR: „Es solle niemandem ein Amt aufgetragen werden, der sich dazu nicht hinlänglich qualificirt, und Proben seiner Geschicklichkeit abgelegt hat".

Friedrich II. übernahm diese hehren Grundsätze von seinem Vater trotz der sonst bestehenden erheblichen Meinungsverschiedenheiten. Unter seiner Regentschaft nahmen die Bemühungen um eine Kodifizierung des beamtenrechtlichen Status` Formen an. Auch wenn die längst überfälligen Regelungen erst im ALR wirksam wurden, entwickelte sich unter Friedrich II. das Ausbildungssystem fort. Dies galt vornehmlich für die Juristen, die für die Posten der nichttechnischen Räte qualifiziert werden sollten. Im Gegensatz zur heutigen juristischen Ausbildung lag der zeitliche Schwerpunkt in der praktischen Ausbildung. Dem Studium kam eher eine unbedeutende Aufgabe zu. Mit den Coccejischen Justiz-reformen[79] Mitte des 18. Jahrhunderts kam es zu einer Zweiteilung der praktischen Ausbildung. Den ersten Teil bildete die Auskultatur, die ein Alter von mindestens 20 Jahren und das Bestehen der ersten Staats-prüfung voraussetzte. Nach etwa einem Jahr Auskultatur folgte das zweite Staatsexamen, mit dessen Bestehen die Bewerber Referendare wurden. Das Referendariat dauerte etwa vier (!) Jahre. Das dritte und damit letzte Staatsexamen legte der Kandidat schließlich in Berlin ab. Damit war bereits vor über 200 Jahren eine **einheitliche juristische Ausbildung** geschaffen worden, die den Juristen im Interesse des Ge-meinwesens flexibel, mobil und überall verwendbar machte. An der Struktur der Juristenausbildung hat sich bis heute nichts Wesentliches geändert. Auf eine einheitliche Ausbildung legt der Staat auch heute noch viel Wert, obwohl die Kritik an der überkommenen Ausbildung zu-nehmend heftiger und der Abschied vom Leitbild des „Einheitsjuristen" immer eindringlicher gefordert wird.[80] Ein alle Beamten erfassendes Ausbildungssystem sollte die ehrenhaften Tugenden bis in das 20. Jahrhundert festigen.

Über die Beamten in der Königlichen Regierung

Die Beamten ließen sich damals im Hinblick auf Amt und Funktion in zwei Gruppen unterteilen[81]. Zu der ersteren gehörten die (weisungsbe-rechtigten) Titularräte und zur zweiten die der „subalternen" Beamten. Letztere Gruppe gliederte sich in vier Klassen. Zur ersten Klasse gehörten die Subalternen in den Ministerien, unabhängig davon, ob sie das Prädikat „Geheim" im Titel führten, und zwar die expedierenden[82] Sekretäre, Journalisten, Kalkulatoren, Registratoren, Rendanten[83], Kontrolleure und Vorsteher der Kanzleien. In der zweiten Klasse waren die Referendare und Auskultatoren der Landeskollegien zusammenge-faßt. In der dritten Klasse folgten die Subalternen der Landeskollegien sowie die Kanzleisekretäre und Kanzlisten der Ministerien, hinter de-nen in der vierten Klasse die Kanzleisekretäre und Kanzlisten der Lan-deskollegien folgten.

Eine Durchlässigkeit zwischen den Gruppen der Räte und der Subalternen bestand mit wenigen Ausnahmen nicht. Für die Räte sollte ein wissenschaftliches Studium unabdingbare Voraussetzung sein. Im subalternen Bereich waren bestimmte Ämter zur Versorgung ausgedienter Unteroffiziere vorgesehen. So wurden etwa die etatmäßigen Kanzlisten-Stellen ausschließlich für diesen Personenkreis vorgehalten. Schon seit dem 18. Jahrhundert gab es die Gruppe der „Civil-Supernumerare". Dies waren Auszubildende, die ihren Militärdienst abgeleistet hatten oder nicht eingezogen worden waren, Subsistenzmittel[84] für drei Jahre nachweisen konnten und die erste, das heißt die oberste Klasse eines Gymnasiums oder einer höheren Bürgerschule mit dem Zeugnis der Reife und unter guter sittlicher Aufführung verlassen hatten. Je nach ihrer Schulbildung konnten sie Sekretärs-Assistenten oder Sekretäre werden. Sekretäre rekrutierten sich oft aus Referendaren, die nicht zur dritten Staatsprüfung zugelassen wurden oder diese nicht bestanden. Der Name „Supernumerare"[85] wies darauf hin, daß die betroffenen Beschäftigten keine Planstellen einnahmen und folglich auch keine Besoldung erhielten, sondern ihren Lebensunterhalt durch kleinere Nebentätigkeiten und durch Erspartes bestreiten mußten. Im Jahre 1889 stellten die Supernumerare mit 21 Bediensten bei der Magdeburger Regierung die größte Gruppe.

Eine Anstellung im Öffentlichen Dienst war im allgemeinen sehr begehrt. Bis auf die Beschäftigten in den untersten Gehaltsgruppen konnte ein Beamter, der eine Planstelle einnahm, sein Auskommen gut bestreiten. Das traf insbesondere auf die Stellen der Räte zu. Allerdings gab es im 19. Jahrhundert im gesamten Königreich nur 500 bis 600 Stellen. Die Präsidenten- und Ministerposten waren im Vergleich zu den Stellen der Räte mit einer Spitzenbesoldung ausgestattet, jedoch benötigte der Inhaber oft weitere Mittel, um den repräsentativen Aufgaben gerecht zu werden.

Eine Gehaltsübersicht der Beschäftigten einer Kriegs- und Domänen-kammer kurz vor ihrer Umorganisation 1808 in eine Regierung liest sich wie folgt:

Der Präsident	3026	Taler	1. Kanzlist	410	Taler
1. Direktor	1600	"	2. "	410	"
2. "	1360	"	3. "	335	"
Oberforst-			4. "	335	"
meister	1639	"	5. "	260	"
1. Rat	842	"	6. "	235	"
+ Accidenzien			7. "	235	"
2. "	1012	"	8. "	190	"
3. "	1464	"	9. "	140	"
(incl. Nebenamt)			1. Journalist	130	"
4. "	1358	"	1. Registrator	-	
(incl. Nebenamt)			(ist zugl. Kammersekr.)		
5. "	779	"	2. "	506	"
6. "	780	"	3. "	422	"
7. "	1038		1. Assistent	200	"
(incl. Nebenamt)			1. Aktenhelfer		
8. "	850	"	u. Kopist	50	"
9. "	509	"	1. Aktenhelfer		
10. "	509	"	u. Kopist	50	"
11. "	512	"	1. Kalkulator	500	"
1. Sekretär	611	"	2. "	476	"
2. "	557	"	3. "	320	"
3. "	482	"	4. "	-	
4. "	566	"	(hat ein anderes Amt)		
(Nebenamt)			5. "	386	"
5. "	401	"	6. "	238	"
6. "	365	"	7. "	125	"
7. "	222	"	4 Supernumerare erhalten		
8. "	50	"	kein Gehalt		
9. + 10. haben als			1. Botenmeister	442	"
Supernumerare kein Gehalt			2. "	274[86]	"

Zu den Gehältern der Beamten in Magdeburg konnte noch keine Übersicht gefunden werden. Einzig vom ersten Ober- und Regierungspräsidenten von Bülow ist das Gehalt bekannt. Es betrug mit 6.000 Talern sogar 1.000 Taler weniger als das Gehalt anderer Oberpräsidenten. Der Grund für diese Reduzierung ist nicht bekannt.

Die Beamtengehälter blieben im 19. Jahrhundert im wesentlichen unverändert. Die erste Besoldungsreform von 1825, die unter dem preußischen Finanzminister und vormaligen Magdeburger Ober- und Regierungspräsidenten von Motz durchgeführt wurde und die zu einer spürbaren Reduzierung führte, wurde durch spätere Erhöhungen wieder ausgeglichen. Die sonstigen Veränderungen im Besoldungssystem bewirkten im übrigen eine spürbare Anhebung der unteren Besoldungsgruppen. Der Abstand zu den höchsten Besoldungen verringerte sich. Ein im Königreich für alle Gruppen einheitliches Besoldungssystem wurde schließlich 1908/1909 eingeführt.

Ein **umfassendes Versorgungssystem** für die Beamten hat sich erst im 20. Jahrhundert entwickeln können. Eine Pension konnte der Beamte im Königreich Preußen zwar schon aufgrund eines Gesetzes aus dem Jahre 1827 erhalten. Dieses Gesetz gewährte ihm den Pensionsanspruch allerdings nur für den Fall, daß er wegen Dienstuntauglichkeit ausschied. Da es noch keine Altersgrenze für die im Öffentlichen Dienst Beschäftigten gab, war eine Versorgung zunächst nur für den Fall der Not vorgesehen. Dieses Versorgungssystem führte dazu, daß das Durchschnittsalter der etatmäßigen Beamten sehr hoch war und nicht selten Beamte mit 70 und mehr Jahren in den Amtsstuben anzutreffen waren. Nicht ungewöhnlich war folglich auch das hohe Alter mancher Magdeburger Regierungspräsidenten.

Mit der Industrialisierung und dem ungeheuren wirtschaftlichen Aufschwung in der Zeit zwischen 1871 und 1914 eröffneten sich zahlreiche Möglichkeiten, außerhalb des Öffentlichen Dienstes Karriere zu machen. Es ergab sich bald, daß man als Angestellter oder Selbständiger schneller mehr Geld verdienen konnte. Ausschlaggebend waren dafür Fähigkeiten und Leistungen, die wirtschaftlich meßbar waren. Auch ersparte man sich dabei die den Öffentlichen Dienst auszeichnende „Ochsentour". Diese Entwicklung hatte für das Selbstverständnis und das Ansehen der Beamten empfindliche Folgen. Die bereits angesprochenen positiven Beamtentugenden wie Pflichterfüllung, Aufopferung und Bescheidenheit verloren ihren gesellschaftlichen Wert. Es zählte zunehmend der berufliche Erfolg, der in Form höheren Lebensstandards und Vermögensmehrung nach außen erkennbar gepflegt wurde.

Da die **Qualifikation** und nicht der Stand den Ausschlag für die Besetzung einer Beamtenstelle gab, stellte beginnend mit der zweiten Hälfte des 18. Jahrhunderts allmählich das Bürgertum die Mehrzahl der Beamten. Das traf auch auf die Gruppe der Räte zu, wobei der Adel seinen Anteil im Laufe des 19. Jahrhunderts hier wieder steigern konnte. Die Spitzenpositionen, also die Ränge der Minister, Oberpräsidenten, Regierungs- und Regierungsvizepräsidenten sowie die der Landräte verblieben jedoch mehrheitlich beim Adel.

Bei der Regierung zu Magdeburg war der Anteil des Adels am höheren Dienst in der Zeit der Monarchie mit 1/4 bis zu 1/3 jedoch verhältnismäßig gering, wie nachstehende Übersicht zeigt:

Königliche Regierung zu Magdeburg - höherer Dienst[87]

Jahreszahl	insgesamt	Adel	Bürgertum
1818	24	6	18
1820	22	4	18
1831	26	7	19
1841	25	7	18
1845	23	7	16
1848	27	9	18
1852	25	7	18
1901	24	3	21

Wie einer weiteren Übersicht aus dem Handbuch der Provinz Sachsen zu entnehmen ist, waren im Jahre 1889 von den 18 Räten nur vier adlig. Auffällig ist auch, daß der Stellvertreter des Regierungspräsidenten bürgerlich ist und daß von den vier Oberregierungsräten nur der Oberforstmeister dem Adel entstammte.

Selbst, wenn für das Königreich im allgemeinen davon ausgegangen wird, daß die Spitzenpositionen dem Altadel vorbehalten blieben, so traf dies jedenfalls nicht in diesem Maße auf die Königliche Regierung in Magdeburg zu. Von den 18 Regierungspräsidenten, die von 1816 bis 1918 in Magdeburg amtierten, entstammten 2/3 dem Altadel, während das andere Drittel dem Bürgertum zuzurechnen war. Dem Bürgertum war ein Adliger auch zuzurechnen, wenn er nicht adlig geboren, sondern (wegen seiner Verdienste) erst zu Lebzeiten geadelt worden war. Damit stand den Bürgerlichen die Karriere sogar bis zum Ministerposten offen, wie die Lebensläufe der „bürgerlichen" Regierungspräsidenten von Motz und von Klewitz beweisen.

Allgemeines zur Bildung und zum Stand der Magdeburger Regierungspräsidenten (1816 bis 1944)

Im Hinblick auf den beruflichen Ausbildungs- und Werdegang im Staatsdienst bis in die Position des Regierungspräsidenten bzw. Oberpräsidenten in Magdeburg lassen sich verschiedene, durchaus typische Wege feststellen.

Die Zugangsbedingungen für eine Laufbahn im Staatsdienst im Preußen des 19. Jahrhunderts waren **Befähigung und Bildung**. Weil aber die lange Ausbildung insbesondere der späteren Räte nicht vergütet wurde, mußte der Lebensunterhalt nicht selten aus vorhandenem Vermögen, aus Rücklagen oder aus Unterstützungsleistungen von Familie oder Ehefrau bestritten werden. Hatte man im Laufe der Jahre oder Jahrzehnte eine angesehene Position erreicht, konnte das Gehalt nicht immer auch die repräsentativen Ausgaben decken. Die insoweit nicht üppigen Gehälter waren die Folge des damaligen Verständnisses von einem öffentlichen Amt. Zumindest noch in den ersten sieben Jahrzehnten des 19. Jahrhunderts lag dem Amtsverständnis der Gedanke eines Ehrenamtes zugrunde: Der Dienst für das Gemeinwesen war eine ehrenvolle Aufgabe. Folglich war ein gewisses Vermögen förderlich, manchmal aber auch notwendig.

Aber nicht nur das Vermögen eines zukünftigen Regierungsbeamten war für seinen Aufstieg entscheidend. Obwohl die Beamtenschaft bei den Regierungen zunächst eine Domäne des oberen Bürgertums war – dies besetzte um 1820 etwa 3/4 aller Stellen –, war es für das Erreichen von Spitzenpositionen lange Zeit entscheidend, dem Adel anzugehören.

In der Zeit bis 1883 verlief die Karriere eines höheren Beamten, der es schließlich bis zum Regierungs- bzw. zum Oberpräsidenten brachte, in klassischer Weise wie folgt:

Er begann in der Regel nach dem absolvierten Militärdienst, der seit 1814 obligatorisch war und von den jüngeren Beamten meist als Einjährigfreiwilliger während oder nach dem Studium abgeleistet worden ist. Nur bei den bereits sich im fortgeschrittenen Alter befindlichen Präsidentschaftskandidaten wurde von der Militärdienstpflicht abgesehen. Nach dem Militärdienst erfolgte das Studium der Kameralistik[88] bzw. der Rechtswissenschaften, welches seit der Errichtung der Oberexaminationskommissionen im Jahre 1770 zwar nicht ausdrücklich vorgeschrieben war, aber faktisch von den Anwärtern des höheren Verwaltungsdienstes erwartet wurde. Spätestens seit 1817 gab es konkrete Vorschriften für die Ausbildung und Prüfung von höheren Beamten. Danach nahm die mögliche Karriere als Landrat, Tätigkeit bei der Regierung eines Bezirkes, Berufung zum Regierungspräsidenten oder unter Umständen ab 1826 zum Regierungsvizepräsidenten am Sitze des Oberpräsidenten, Übernahme der Doppelfunktion als Ober- und/oder Regierungspräsident mit in Einzelfällen sich anschließendem Aufstieg in ein Ministeramt ihren Lauf.

In Magdeburg verlief nach diesem Muster die Laufbahn folgender Persönlichkeiten:

- von Motz (1821 bis 1825),
- Graf zu Stolberg-Wernigerode
  (1837 bis 1840)
- von Bonin (1845 bis 1850)
- von Witzleben (1850 bis 1872)
- von Wedell (1881 bis 1888)
- Graf von Baudissin (1889 bis 1897)
- von Arnstedt (1897 bis 1903)
- von Baltz (1903 bis 1908)
- von Borries (1908 bis 1909) und
- Miesitscheck von Wischkau
  (1910 bis 1919).

Außer von Motz und von Baltz gehörten die anderen Persönlichkeiten zum Altadel, zu dem alle jene zählten, deren Geschlecht mindestens 100 Jahre vor ihrer Geburt bereits adlig waren. Zum Neuadel zählten alle Personen, die nach der Nobilitierung ihrer Väter geboren wurden. Alle anderen Personen zählten trotz späterer Nobilitierung wie von Motz zum Bürgertum. Die Ober- und Regierungspräsidenten von Motz, von Bonin und der Graf zu Stolberg-Wernigerode gelangten später in Ministerpositionen. Von Bonin kehrte erneut in ein Ober- bzw. Regierungspräsidium zurück.

Mitunter fehlte bei einer zweiten Gruppe der Magdeburger Regierungspräsidenten das Durchlaufen des Amtes als Landrat. Dieses „Defizit" konnte durch eine Tätigkeit in herausgehobener Stellung auf provinzieller oder ministerieller Ebene kompensiert werden. Die Ober- und gleichzeitigen Regierungspräsidenten von Bülow (1816 bis 1821), von Wedel (1844 bis 1845) und von Flottwell (1841 bis 1844) sind Persönlichkeiten, deren Karriere so verlief. Die Erstgenannten zählten zum Altadel und der Letztgenannte zum Bürgertum. Von Flottwell gelangte nach seiner Amtszeit in Magdeburg 1846 an die Spitze des Finanzministeriums und beendete nach mehreren Oberpräsidien seine Laufbahn 1862 als Oberpräsident von Brandenburg.

Schließlich gab es unter den Regierungspräsidenten Persönlichkeiten, die vorher einen Ministerposten bekleideten. Hierzu zählen die Ober- und Regierungspräsidenten von Klewitz (1825 bis 1837) und der Freiherr von Patow (1873 bis 1881). Letztgenannter entstammte dem Neuadel und von Klewitz dem Bürgertum. Der Freiherr von Patow besetzte bereits vor seinem Ministerposten (Minister für Handel und Gewerbe) das Amt des Regierungspräsidenten in Köln, während von Klewitz als Präsident des 1817 neu gegründeten Schatzministeriums in die Position des Finanzministers gelangte, ohne zuvor Regierungspräsident gewesen zu sein.

Nach dem Ende der Monarchie waren die Regierungspräsidenten von den politischen Mehrheitsverhältnissen abhängig und wurden danach eingesetzt. Zu ihnen gehörten in Magdeburg alle vier Regierungspräsidenten, nämlich Pohlmann (1920 bis 1930), Weber (1930 bis 1932), Nicolai (1933) und von Jagow (1934 bis 1944). Auffällig ist dabei der Werdegang Nicolais: Er studierte Rechtswissenschaften, war nach Studium und Promotion zunächst Vertreter des Landrates des Kreises Eder in Bad Wildungen, sodann Regierungsassessor am Landratsamt in Wittenberg und schließlich bei den Regierungen in Münster und Oppeln tätig. Darauf wurde er Regierungspräsident in Magdeburg und danach einer der höchsten Beamten im Reichsinnenministerium in Berlin. Insofern erinnert dieser Werdegang an den „klassischen" Werdegang bis 1883 (siehe oben).

Disziplin und Personalführung

Die Instruktion von 1817 hatte bereits eingehende Richtlinien für die Personalführung enthalten. Diese Richtlinien sind derartig nachhaltig gewesen, daß sie noch lange prägend blieben. Von Anfang an unterlagen bestimmte Punkte einer besonderen Aufmerksamkeit, wie es unter anderem die Einhaltung der Dienstzeit war.

Dem Regierungspräsidenten fiel seit 1816 auch die **Disziplinargewalt** zu. Er konnte damit gegen ihn unterstellte Beamte bis zu 30 Taler Geldstrafe aussprechen und sogar acht Tage Arrest verhängen[89]. Arreststrafen, Geldstrafen und sogar Dienstentlassungen waren auch möglich, wenn die entsprechenden Delikte außerhalb der Dienstzeit und außerhalb des Amtes begangen worden sind. Als solche Delikte wurden beispielsweise angesehen: Trunksucht, Spielleidenschaft, leichtfertige Verschuldung oder Verstöße gegen die Amtsverschwiegenheit.[90]

Der Präsident durfte zudem **Urlaub** bis zu sechs Wochen **bewilligen**.

Das Beurteilungswesen

Der Beamte im Königreich Preußen unterlag einem durchaus ausgeklügelten Beurteilungssystem. Jedes Jahr wurden Leistung und Befähigung, aber auch dienstliches und außerdienstliches Verhalten einer kritischen Betrachtung unterzogen. Schon damals bildeten die Beurteilungen die maßgebende Grundlage für die weitere Verwendung des Beamten. Die Einschätzung eines jeden Beamten wurde in sogenannte Konduitenlisten (Beurteilungslisten) eingetragen. Diese Konduitenlisten wurden nicht nur für jede Behörde angelegt, sondern auch separat für die Gruppe der Spitzenbeamten. Der Regierungspräsident beurteilte neben den Beamten seiner Regierung auch die Landräte. Die Konduitenliste der Landräte des Regierungsbezirkes Magdeburg liest sich teilweise wie das Journal illustrer Persönlichkeiten. Der nachstehende Auszug mag einen solchen Eindruck vermitteln. Wie man sieht, ging der Regierungspräsident nicht selten pingelig mit seinen adeligen „Kommunalfürsten" um. Pünktlichkeit und geordnete Verhältnisse waren für eine positive Beurteilung besonders wichtig.

Conduiten-Liste der Landräte und Oberbürgermeister im Regierungsbezirk Magdeburg - 1831/1832 (Auszug)

Name, Charakter und Wohnort des Beamten:

v. Froreich zu Wolmirstedt, Landrath des Wolmirstedter Kreises

	1831	1832
Lebensalter:	52	53
Dienstalter:	20	21
Jetziges Diensteinkommen und Benennung der Kasse, aus welcher ausgezahlt wird:		
a) Gehalt:	1000 Taler	wie 1831
b) für einen Privatschreiber:	250	
c) Vorspanngelder:	200	
d) Div. Schreibmaterialien:	50	
e) zu kleinen Ausgaben:	30	
	= 530 (Taler)	
Vermögensumstände:	ohne	mittelmäßig
Amtsfähigkeit:	mittelmäßig	mittelmäßig
Buchführung:	gut	gut
Lebenswandel:	gut	gut
Bemerkungen:	keine	keine

Graf von Itzenplitz zu Stendal, Landrat des Stendalschen Kreises

	1831	1832
Lebensalter:	37	38
Dienstalter:	15	16
Jetziges Diensteinkommen und Benennung der Kasse, aus welcher es gezahlt wird:		
a) Gehalt:	800 (Taler)	wie im Vorjahr
b) für einen Privatschreiber:	250	
c) Vorspanngelder:	200	
d) Div. Schreibmaterialien:	80	
e) zu kleinen Ausgaben:	30	
	= 560 (Taler)	
Vermögensumstände:	gut	gut
Amtsfähigkeit:	sehr gering	sehr dürftig
Buchführung:	äuß. tadelhaft	hat zu Tadel Anlaß gegeb.
Lebenswandel:	gut	gut

von der Schulenburg zu Salzwedel, Landrath des Salzwedeler Kreises

	1831	1832
Lebensalter:	25	26
Dienstalter:	4	5
Jetziges Diensteinkommen und Benennung der Kasse, aus welcher ausgezahlt wird:		
a) Gehalt:	1000 (Taler)	1000 (Taler)
b) für einen Privatsekretär:	250	250
c) Vorspanngelder:	200	200
d) zu Schreibmaterialien:	80	80
e) zu kleinen Ausg. wie bei Calbe:	30	30
	= 560 (Thaler)	
f) Mietsentschädigung für Geschäftslokal:	50	
	= 610 (Taler)	
Vermögensumstände:	gut	gut
Amtsfähigkeit:	sehr gut	vorzüglich
Buchführung:	musterhaft	sehr lobenswert
Lebenswandel:	sehr gut	sehr gut

von Jagow, auf Gut Crevese wohnhaft, Landrath des Osterburger Kreises

	1831	1832
Lebensalter:	61	62
Dienstalter:	43	44
Jetziges Diensteinkommen und Benennung der Kasse, aus welcher es gezahlt wird:		
a) Gehalt:	800 (Taler)	wie im Vorjahr
b) für einen Privatschreiber:	250	
c) Vorspanngelder:	200	
d) zu kleineren Ausgaben:	30	
e) zu Schreibmaterialien:	80	
f) Mietsentschädigung für das Geschäftslokal:	50 = 610 (Taler)	
Vermögensumstände:	vorzüglich gut	vorzüglich gut
Amtsfähigkeit:	genügend	genügend
Buchführung:	gut	gut
Lebenswandel:	gut	gut

Graf von der Schulenburg-Altenhausen zu Schwaneberg, Landrath des Oschersleber Kreises

	1831	1832
Lebensalter:	29	30
Dienstalter:	6	7
Jetziges Diensteinkommen und Benennung der Kasse, aus welcher es ausgezahlt wird:		
a) Gehalt:	1000 (Taler)	wie im Vorjahr
b) für einen Privatschreiber:	250	
c) Vorspanngelder:	200	
d) zu kleinen Ausgaben:	30	
e) zu Schreibmaterialien:	50 = 560 (Taler)	560 (Taler)
Vermögensumstände:	ohne Probleme	auskömmlich
Amtsfähigkeit:	mäßig	mittelmäßig
Buchführung:	hat zu keinen Beanstand. Anlaß gegeb.	gut
Lebenswandel:	ohneTadel	gut

von Münchhausen zu Neuhaus-Leitzkau, Landrath des 1. Jerichowschen Kreises

	1831	1832
Lebensalter:	50	51
Dienstalter:	25	26
Jetziges Diensteinkommen und Benennung der Kasse, aus welcher es gezahlt wird:		
a) Gehalt:	800 (Taler)	wie im Vorjahr
b) für einen Privatschreiber:	250	
c) Vorspanngelder:	200	
d) zu kleinen Ausgaben:	30	
e) Bureau-Kosten:	50	
f) Mietsentschädigung für Geschäftslokal:	50 = 610 (Taler)	610 (Taler)
Vermögensumstände:	mittelmäßig	mittelmäßig
Amtsfähigkeit:	sehr gut	vorzüglich
Buchführung:	gut, nur nicht pünktl. genug	gut
Lebenswandel:	gut	gut[92]

4. Die ersten Jahre der Tätigkeit der Regierung: Bewährung, Probleme und erste Reformen (1816–1825) – Bewährungs- und Reformzeit

In den ersten Jahren ihres Bestehens mußte sich die Königliche Regierung zu Magdeburg als neue Behörde in einem neuen Raum etablieren. Es galt, sich Anerkennung zu verschaffen und sich insbesondere im nachgeordneten Behördenbereich durchzusetzen. Dies betraf vornehmlich das Verhältnis des Regierungspräsidenten zu den Landräten, die zu seinen Vollzugsorganen geworden waren.

Beim Auf- und Ausbau der modernisierten Behördenstrukturen im gesamten Königreich hatte die Staatsregierung alsbald die neue Verwaltungsverfassung einer ersten tiefgreifenden Überprüfung unterzogen. Dabei wurde die Dienstinstruktion vom 26. Dezember 1808 „einer genauen Durchsicht und Umarbeitung unterworfen".[93] Hierdurch wurden neben den Regierungen auch den Oberpräsidenten, den Konsistorien und Medizinalkollegien veränderte Anweisungen zum Dienst gegeben. Jedoch wurde dabei festgehalten, daß die Regierungen für alle Gegenstände der inneren Landesverwaltung zuständig sein sollten; sie ressortierten zu den Ministerien mit Ausnahme des Justizressorts. Auf der Grundlage der Instruktionen vom 23. Oktober 1817 kann damit folgende Struktur und Geschäftsverteilung der Regierung festgehalten werden:

Die Einteilung der Regierung in zwei Abteilungen erfolgte zur Vereinfachung, Abkürzung und Erleichterung der Geschäfte. Soweit Angelegenheiten beide Abteilungen betrafen, sollten die Abteilungen ein gemeinschaftliches Kollegium bilden, um gemeinsam über die Angelegenheit zu entscheiden. Dabei ging es um folgende Aufgaben:

„1. alle Gesetzentwürfe und allgemeine neue Einrichtungen, die in Vorschlag gebracht werden sollen;

2. die Aufstellung der Grundsätze, nach welchen allgemeine Auflagen und Landeskosten ausgeschrieben und aufgebracht werden sollen, sofern darüber nicht schon Vorschriften vorhanden sind;

3. alle Berichte an die Ministerien, durch welche allgemeine Verwaltungsgrundsätze oder neue das Allgemeine angehende Einrichtungen in Vorschlag gebracht werden, so wie die darauf eingehenden Entscheidungen;

4. die zu treffenden Einleitungen und Maaßregeln wegen Ausführung neuer Gesetze, Verwaltungsgrundsätze und Normen, sobald sie nicht ganz ausschließlich den Wirkungskreis Einer Abtheilung angehen;

5. Abweichungen und Ausnahmen von bestimmten Vorschriften, wenn dazu wegen Gefahr im Verzuge nicht mehr höhere Genehmigung eingeholt werden kann;

6. alle Suspensionen und unfreiwilligen Entlassungen von öffentlichen Beamten;

7. alle Anstellungen und Beförderungen von bei beiden Abtheilungen unmittelbar angestellten Unterbeamten;

8. alle Gegenstände, bei denen beide Abtheilungen interessirt sind, sofern sie sich darüber nicht haben vereinigen können;

9. alle Sachen, welche von dem Präsidenten oder einem der Direktoren zum Plenum geschrieben wurden;

10. alle Verfügungen der Ober-Präsidenten, sofern sie die Verwaltung der Regierung, oder die Dienstdisziplin im Allgemeinen angehen."[94]

Darüber hinaus legte die Order vom 23. Oktober 1817 detaillierte Vorschriften über den „Geschäftsgang" bei der Regierung fest. Beispielhaft seien herausgegriffen: Jedem Mitglied des Kollegiums wird ein eigener Wirkungskreis zugeordnet; sämtliche Posteingänge sind dem Regierungspräsidenten zuzuleiten, der diese „erbricht". Sind die Angelegenheiten neu, werden sie dem zuständigen Abteilungsdirigenten zugeleitet. Ansonsten erhält der Bearbeiter des Kollegiums die Angelegenheit unmittelbar. Fernerhin wird am kollegialen System festgehalten, damit „die Verwaltungsgegenstände vielseitiger beraten"[95] werden. Die Zeit nach 1815/1816 war die Zeit der politischen Restauration. Die liberalen Forderungen des Bürgertums, die in der Zeit der Befreiungskriege entstanden, wurden weitgehend unterdrückt. Der König erfüllte sein mehrfach gegebenes Verfassungsversprechen nicht. Zunächst aber wurde unter der Leitung des Staatskanzlers Hardenberg eine Politik betrieben, die noch Freiräume für Hoffnungen auf weitere liberale Umgestaltungen der Verfassungs- und Verwaltungssituation zuließ.

Beim Aufbau der Behörde in Magdeburg erwarb sich Friedrich August Wilhelm Werner von Bülow besondere Verdienste. Bülow übernahm als erfahrener Verwaltungsbeamter sein Amt in Magdeburg.

Die Regelung, wonach der Oberpräsident auch zugleich der Präsident der am Orte befindlichen Regierung war, war offensichtlich in Magdeburg nicht konsequent durchgehalten worden[97].

In der Zeit zwischen 1818 und 1821 trat neben dem Oberpräsidenten von Bülow ein Regierungspräsident mit dem Namen Graf von der Schulenburg-Angern auf. Der Grund für die zeitweise Einführung des Regierungspräsidentenamtes in Magdeburg ist bisher nicht bekannt. Zu vermuten ist aber, daß die Erledigung und Erfüllung der Aufgaben der Beschäftigung einer weiteren exponierten Person bedurfte.

Die Regierungspräsidenten:

von Bülow,
Friedrich August Wilhelm Werner [96]

geb.: 23. Februar 1762 in Lüneburg
(Vörden)
gest.: 4. September 1827 in Potsdam
verh.: I. mit Margarethe Helena Sophie
von Hugo
II. mit Henriette Marie Luise
Gräfin zu Rantzau
Vater: Gutsbesitzer, Landschaftsdirektor
Stief-
bruder: Oberpräsident der Provinz
Schlesien 1825

Amtszeit: 1. April 1816 bis 1821

Friedrich August Wilhelm Werner von Bülow kam 14jährig 1776 auf die Ritterakademie zu Lüneburg und besuchte im Anschluß die Universität in Göttingen, wo er Rechtswissenschaften studierte. Nach erfolgreichem Studienabschluß trat er 1790 in den Hannoverschen Justizdienst und wurde Mitglied des Oberappellationsgerichtes Celle. 1805 wechselte von Bülow als Geheimer Regierungsrat in den preußischen Staatsdienst und war in dieser Position in Münster und in Berlin tätig. 1806 wurde er zum Mitglied der Organisationskommission für Hannover berufen, obwohl er zudem noch bis 1807 im Justizministerium in Berlin tätig war. Im Jahre 1809 wurde er zum Direktor des Oberlandesgerichts von Litauen in Insterburg ernannt. Bereits ein Jahr später wurde von Bülow Regierungspräsident der Regierung in Solden. 1812 erfolgte seine Ernennung zum Geheimen Staatsrat und im Januar 1813 seine Berufung zur Regierungskommission unter Hardenberg, in der er bis zum 30. März 1813 tätig war. In der Zeit von 1814 bis 1816 war er als Generalsekretär des Generalgouvernements in Sachsen zunächst in Dresden und danach in Merseburg tätig. Daran schloß sich seine Amtszeit als gleichzeitiger Oberpräsident der Provinz Sachsen und Regierungspräsident in Magdeburg (1816 bis 1821) an. Seit 1817 war von Bülow auch Mitglied des Preußischen Staatsrates und seit 1820 Mitglied des Ministerialausschusses zur Untersuchung staatsgefährdender Umtriebe.

Graf von der Schulenburg-Angern, Friedrich Christoph Daniel [98]

geb.: 10. Februar 1769 zu Angern
gest.: 16. Mai 1821 in Magdeburg
verh.: I. Henriette Christiane Charlotte
     von Rohtt zu Holzschwang
     II. Auguste Luise Adolfine
     von Kramm
Vater: Chefpräsident auf Angern

Amtszeit: 1. April 1816 bis 16. Mai 1821

Graf von der Schulenburg-Angern besuchte von 1785 bis 1789 die Schule zu Kloster Berge bei Magdeburg. Von 1789 bis 1792 studierte er Rechts- und Staatswissenschaften an der Universität in Halle. Im Anschluß an sein Studium war er von 1793 bis 1801 Landrat im II. Holzkreis des damaligen Herzogtums Magdeburg. 1804 wurde Graf von der Schulenburg-Angern Kriegs- und Domänenrat in Magdeburg. Noch im gleichen Jahr wurde er zum Kammerdirektor in Warschau ernannt, wo er bis 1806 blieb. Im Zuge der napoleonischen Befreiungskriege (1813 bis 1815) war er aktiv an der Organisation der preußischen Landwehr beteiligt. Am 1. April 1816 nahm er seine Tätigkeit als Regierungspräsident bei der Regierung in Magdeburg auf.

von Motz, Friedrich Christian Adolf [99]

geb.: 18. November 1775 in Kassel
gest.: 30. Juni 1830 in Berlin
verh.: I. Albertine von Hagen
Vater: Gutsbesitzer, Geheimrat,
       Präsident des kurhessischen Ober-
       appellationsgerichts

Amtszeit: 1821 bis 31. Dezember 1824 kommissarischer Oberpräsident der Provinz Sachen und der Regierung zu Magdeburg, 1. Januar 1825 bis 30. Juni 1825 Ober- und Regierungspräsident der Provinz Sachsen und der Regierung in Magdeburg.

Von Motz studierte von 1792 bis 1794 Rechts- und Staatswissenschaften in Marburg. Er trat 1795 als Auskultator in Halberstadt in den preußischen Staatsdienst ein. 1801 war er Landrat in Halberstadt und von 1803 bis 1807 Landrat im Eichsfeld. Von 1808 bis 1813 stand von Motz im Dienste des Königreiches Westfalen, und zwar als Direktor für Steuern im Harzdepartement mit Sitz in Heiligenstadt.
Ab 1813 war er als Hauptberater des Zivilgouverneurs und Staatsrates von Klewitz beim Zivilgouvernement für die Gebiete zwischen Elbe und Weser mit Sitz in Halberstadt tätig. 1816 wurde er zum Vizepräsidenten der Regierung in Erfurt ernannt, wo er dann in der Zeit von 1818 bis 1821 das Amt des Regierungspräsidenten übernahm. Daran schloß sich bis 1825 seine Tätigkeit als Oberpräsident der Provinz Sachsen und des Regierungspräsidenten in Magdeburg an. Von 1825 bis zu seinem Tode im Jahr 1830 war er preußischer Finanzminister.

5. Die „Königliche Regierung zu Magdeburg" in der ersten Hälfte des 19. Jahrhunderts

5.1 Die Kabinettsorder vom 31. Dezember 1825

Das Spannungsverhältnis zwischen den Ämtern des Oberpräsidenten und des Regierungspräsidenten war der Anlaß zu einer nicht unerheblichen organisatorischen Änderung des Jahres 1825. Noch am letzten Tag desselben Jahres unterschrieben der König und sein Kabinett zwei Ordern: die Instruktion für die Oberpräsidenten [100] und die allerhöchste Kabinettsorder, betreffend eine Abänderung in der bisherigen Organisation der Provinzialverwaltungsbehörden [101]. Diese hatten folgende Wirkungen:

a) Veränderung des Verhältnisses zwischen Oberpräsident und Regierungspräsident:

In der Instruktion für die Oberpräsidenten war der Wirkungskreis der Oberpräsidenten u.a. wie folgt festgelegt:

„Die eigene Verwaltung aller derjenigen Angelegenheiten, welche nicht nur die Gesammtheit der Provinz betreffen, sondern die sich auch nur über den Bereich einer Regierung hinaus erstrecken; die Ober-Aufsicht auf die Verwaltung der Regierungen, der Provinzial-Steuerdirektionen, wo dergleichen bestehen und der General-Kommissionen zur Regulierung der gutsherrlich-bäuerlichen Verhältnisse". [102]

Damit sollten die Regierungen nicht nur zu Organen des Oberpräsidenten werden, sondern auch ihm allgemein untergeordnet werden.

Allerdings bedeutete diese Unterordnung keine unbeschränkte Aufsicht durch den Oberpräsidenten. Vielmehr sollte der Oberpräsident die Verwaltung im Ganzen lediglich beobachten, nicht dagegen an der Detailverwaltung teilnehmen. Selbst als Aufsichtsbehörde durfte der Oberpräsident Berichte der Regierungen an die Ministerien nicht aufhalten. Wollte der Oberpräsident eine Verfügung der Regierung aufheben und eine anderweitige Behandlung der Angelegenheit vorschreiben, so konnte sich die Regierung sogar bei dem sachlich zuständigen Ministerium über den Oberpräsidenten beschweren. [103]

b) Abänderungen in der bisherigen Organisation der Regierungen:

Statt der bisherigen Geschäftsbearbeitung in zwei Abteilungen konnten auf der Grundlage der allerhöchsten Kabinettsorder in den Regierungen des gesamten Königreichs bis zu vier Abteilungen gebildet werden. Dies waren:

1. Abteilung des Innern
2. Abteilung für die Kirchenverwaltung und das Schulwesen
3. Abteilung für die Verwaltung der direkten Steuern und der Domänen und Forsten
4. Abteilung für die Verwaltung der indirekten Steuern.

Für die Kassen-, Etat- und Rechnungsangelegenheiten war ein Regierungskassenrat zuständig, der unmittelbar dem Regierungspräsidenten zugeordnet wurde. Die vierte Abteilung brauchte dann nicht eingerichtet zu werden, wenn für die Provinz bereits Steuerdirektionen bestanden.

c) Die Plenarversammlung als Ausdruck des kollegialen Systems:

Im wesentlichen blieb man bei einem kollegialen System. Die Plenarversammlungen der Regierungen bestanden unter dem Vorsitz des Präsidenten aus folgenden Mitgliedern: [104]

- den Oberregierungsräten mit Einschluß des Oberforstmeisters als Mitdirigenten der Abteilung für Domänen und Forsten;
- den Regierungsräten;
- den technischen Mitgliedern der Regierung und
- den Assessoren.

Die unter den beiden ersten Spiegelstrichen aufgeführten Beamten hatten bei den Plenarversammlungen volles Stimmrecht. Dagegen hatten die technischen Mitglieder, nämlich die geistlichen, Schul-, Medizinal- und Bauräte sowie die technischen Forstbeamten nur in den Angelegenheiten volles Stimmrecht, die zu ihrem Geschäftskreise gehörten. Die Assessoren konnten nur in den von ihnen selbst bearbeiteten Sachen mitstimmen.

d) Einführung des Amtes des Regierungsvizepräsidenten:

Mit der Kabinettsorder wurde für die Regierung, die sich am Sitze des Oberpräsidenten befand, ein Regierungsvizepräsident vorgesehen. Dieser sollte den Oberpräsidenten bei der Erfüllung seiner Geschäfte als Regierungspräsident vertreten und im einzelnen festgelegte Fälle und Sachbereiche eigenverantwortlich verwalten.

5.2 Die Umsetzung der Kabinettsorder bei der Königlichen Regierung zu Magdeburg

Beginnend mit dem 1. Januar 1826 wurde in Magdeburg eine dritte Abteilung eingerichtet. Nach der Geschäftsordnung von 1826 gliederte sich die Magdeburger Regierung nunmehr wie folgt:

• Abteilung des Innern
Die Abteilung des Innern bearbeitete die Verfassungs-, ständischen-, Grenz-, statistischen und Hoheitssachen, das Kommunal-, Armen- und das gesamte Polizeiwesen, die Angelegenheiten der Korporationen, öffentliche Institute, Gefängnisse, Straf- und Korruptionsangelegenheiten, Leihhäuser, Sparkassen, Handels- und Fabriksachen, Land- und Wasserbausachen, das Medizinalwesen und alle Militärangelegenheiten, die nicht dem Oberpräsidenten zugewiesen wurden.
Über die Tätigkeit der Magdeburger Regierung kann für einzelne Sachgebiete folgendes ausgeführt werden:
Das Medizinalwesen
Die Oberaufsicht über das Medizinalwesen im Regierungsbezirk stellte sich als Aufsicht über die Medizinalpolizei dar, die in jedem Landkreis der Kreisphysikus ausführte. Dieser war zum einen Organ der Regierung und zum anderen im Hinblick auf alle medizinal- und sanitätspoli-

zeilichen Angelegenheiten der „technische Gehilfe" des Landrates. Für die wundärztliche Betreuung wurden dem Kreisphysikus ein Kreischirurg, für die tierärztliche Betreuung für je zwei Kreise ein Kreistierarzt beigegeben.

1826 gab es im Regierungsbezirk Magdeburg 105 promovierte Ärzte, 14 aprobierte Wundärzte der ersten Klasse, 196 der zweiten Klasse, 61 Apotheker, 37 Tierärzte und 549 Hebammen.[105]

Bausachen

Der Geschäftskreis der Regierung umfaßte alle fiskalischen Landbauangelegenheiten und Wegebausachen. Seit 1838 war der Regierungsbezirk Magdeburg in acht Baukreise eingeteilt. In diesen Baukreisen war ein Bauinspektor verantwortlich für die Leitung und Beaufsichtigung aller auf Rechnung des Staates auszuführenden öffentlichen Bauten und für alle Bauaufträge der drei Regierungsabteilungen und sonstigen Provinzialbehörden. Der Geschäftskreis des Regierungswasserbaurates umfaßte die Aufsicht und technische Leitung der Wasser- und Chausseebauten und die Aufsicht über das Deichwesen.

Die Wasserbauangelegenheiten waren in drei Inspektionen unterteilt, die jeweils von einem Wasserbauinspektor geleitet wurden.

• *Abteilung für die Kirchenverwaltung und das Schulwesen*

Diese Abteilung bearbeitete die äußeren Angelegenheiten der Kirchen, Pfarren und Schulen (mit Ausnahme der Gymnasien und Seminarien, die dem Oberpräsidenten unterstanden), die Anstellung der Geistlichen und der Schullehrer, das Elementarschulwesen, das Bauwesen der Kirchen, Pfarren, Küstereien und Schulen, die Prüfung der Bürger- und Volksschullehrer, die Vermögensverwaltung der geistlichen Institute, die Stipendiensachen, Kirchenkollekten, die Angelegenheiten der Lehrer- und Schullehrerwitwenkassen und anderer geistlicher Schulstiftungen, den märkischen Ämterkirchen und die Prozesse der geistlichen Institute. Diese Abteilung war mit folgenden Sachgebieten befaßt:

Evangelisches Kirchen- und Schulwesen

Das Kirchen- und Schulwesen stand unter Aufsicht von 35 Superintendenten, die eine Besoldung bezogen. In der Regel besaß jeder Landkreis zwei Diözesen. Das Kirchen- und Schulvisitatorensystem wurde durch die Regierung organisiert und geleitet. Desweiteren wurde die Vermögensverwaltung der geistlichen Institute durch die Landräte und das Kirchenrechnungswesen überwacht.

Kurmärkischer Ämterkirchenfonds

Dieser nur im Regierungsbezirk Magdeburg bestehende Fonds wurde ursprünglich zur besseren Verwaltung des Vermögens der Königlichen Domänenrentämter der Kurmark unter König Friedrich Wilhelm I. 1723 eingeführt. 1806 wurde er durch die Ämterkirchenrevenuendirektionen fortgeführt und 1826 unter alter Bezeichnung wieder eingeführt. Er umfaßte 100 Kirchen.

• Abteilung für die Verwaltung der Rentensteuern und der Domänen und Forsten

Diese Abteilung war zuständig für Angelegenheiten, die sich auf das Staatseinkommen aus den Grund-, Personal- und Gewerbesteuern und auf die Verwaltung der Domänen und Forsten bezogen, sowie die landesherrliche Jagd- und Forstpolizei und des Kassenetats- und Rechnungswesens.

Die innerbehördliche Struktur

Die personelle Ausstattung der Königlichen Regierung zu Magdeburg im Hinblick auf den „höheren Dienst" war wie folgt:

An der Spitze der Regierung stand der Oberpräsident. Ihm war der Regierungsvizepräsident beigeordnet, der die Präsidialgeschäfte besorgte, den Oberpräsidenten vertrat und eine Abteilung leitete. Mit Ausnahme dieser ersten Abteilung war den anderen beiden Abteilungen ein Abteilungsdirigent im Range eines Oberregierungsrates vorgesetzt. Der Regierungsvizepräsident hatte den Rang eines Direktors. Der Oberforstmeister war Mitdirigent der Abteilung für Domänen und Forsten. Das Regierungskollegium (Plenum) bestand daneben aus elf etatmäßigen Regierungsräten, einschließlich der beiden Justitiare, von denen vier Räte in der ersten Abteilung und sieben Räte in der dritten Abteilung dienten. Von den letztgenannten bearbeiteten vier Domänenangelegenheiten, einer die indirekten Steuerangelegenheiten, einer die Kassenangelegenheiten und einer die Rechtssachen (Justitiarius). Der Justitiar der ersten Abteilung fungierte als solcher auch bis 1944 bei der zweiten Abteilung.

Die zweite Abteilung verfügte 1826 nicht über einen etatmäßigen Rat. Deshalb mußten alle nichttechnischen Angelegenheiten, die einen großen Teil des Geschäftsganges der zweiten Abteilung ausmachten, von Assessoren bearbeitet werden. Zum Regierungskollegium gehörten neben den elf ordentlichen Regierungsräten ohne den Oberforstmeister noch acht nichttechnische Räte. Diese waren der Regierungslandbaurat, der Regierungswasserbaurat (beide bearbeiteten die in ihrem Geschäftsbereich anfallenden Angelegenheiten bei allen drei Abteilungen), der Regierungsmedizinalrat der zweiten Abteilung, der Regierungsschulrat der zweiten Abteilung, drei geistliche (Konsistorial-) Räte der zweiten Abteilung und der Regierungsforstrat der dritten Abteilung.

Auf der Grundlage der Geschäftsverteilung und der vorgenannten personellen Ausstattung läßt sich damit folgende Struktur festhalten:

Die Regierungspräsidenten in Magdeburg

Es deutete sich bereits 1825, also einige Monate vor Inkrafttreten der Order vom 31. Januar 1825, die Einführung des Amtes des Königlichen Regierungsvizepräsidenten an. Levin-Friedrich Christoph August von

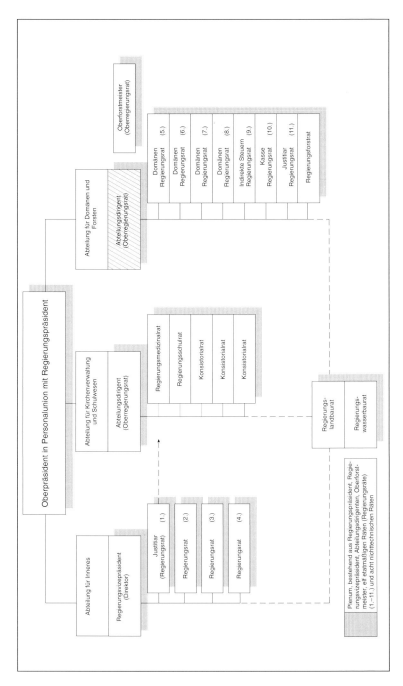

Oberpräsident in Personalunion mit Regierungspräsident

Abteilung für Inneres
Regierungsvizepräsident (Direktor)

Justitiar (Regierungsrat) (1.)
Regierungsrat (2.)
Regierungsrat (3.)
Regierungsrat (4.)

Abteilung für Kirchenverwaltung und Schulwesen
Abteilungsdirigent (Oberregierungsrat)

Regierungsmedizinalrat
Regierungsschulrat
Konsistorialrat
Konsistorialrat
Konsistorialrat

Abteilung für Domänen und Forsten
Abteilungsdirigent (Oberregierungsrat)

Domänen Regierungsrat (5.)
Domänen Regierungsrat (6.)
Domänen Regierungsrat (7.)
Domänen Regierungsrat (8.)
Indirekte Steuern Regierungsrat (9.)
Kasse Regierungsrat (10.)
Justitiar Regierungsrat (11.)
Regierungsforstrat

Oberforstmeister (Oberregierungsrat)

Regierungslandbaurat
Regierungswasserbaurat

Plenum, bestehend aus Regierungspräsident, Regierungsvizepräsident, Abteilungsdirigenten, Oberforstmeister, elf etatmäßigen Räten (Regierungsräte) (1.–11.) und acht nichttechnischen Räten

70

Bismarck auf Welle-Briest wurde 1825 Regierungsvizepräsident, zeichnete aber bereits 1826 die Geschäftsordnung der Regierung als Regierungspräsident ab.

**von Bismarck,
Levin-Friedrich Christoph August** [106]

geb.: 19. Februar 1771 in Birkholz
gest.: 26. August 1847 in Potsdam
verh.: I. Charlotte Amalie Ernestine
 von Rauch
 II. Wilhelmine Charlotte Henriett von
 Bismarck aus dem Hause Döbbelin

Amtszeit: Regierungsvizepräsident der Regierung in Magdeburg ab dem 16. April 1825; 1826 bis 31. Mai 1838 Regierungspräsident der Regierung in Magdeburg

Von Bismarck war Domherr zu Halberstadt und seit 1785 Rechts-Ritter im Johanniterorden. Nach der teilweisen Besetzung Preußens durch französische Truppen im Jahr 1806 wurde sein Gut auf Briest-Welle durch die Franzosen völlig ausgeplündert. Trotzdem trat er 1809 für vier Jahre in den Staatsdienst des Königreiches Westfalen. In dieser Zeit war von Bismarck „Cantonspräfekt", „-maire", in Stendal. Nach dem Ende der Befreiungskriege übernahm er in der Zeit von 1816 bis 1824 den Posten des Landrates im Kreis Stendal, und daneben war er seit 1821 Königlich-Preußischer Generalkommissar der Provinz Sachsen. 1825 wurde er zum Regierungsvizepräsidenten der Regierung in Magdeburg ernannt; daran schloß sich die Zeit als Regierungspräsident (1825 bis 1838) an. Nach seiner Pensionierung 1838 wurde von Bismarck zum Ehrenbürger der Stadt Magdeburg ernannt.

In seiner folgenden Amtszeit als Regierungspräsident ist dann wiederum die Unterschrift eines Regierungsvizepräsidenten nachweisbar. Damit haben in Magdeburg zeitweilig ein Oberpräsident, der gleichzeitig Regierungspräsident war, sowie ein Regierungsvizepräsident amtiert.

5.3 Politische und wirtschaftliche Rahmenbedingungen der Tätigkeit der Regierung

In den ersten Jahren ihrer Tätigkeit sah sich die Königliche Regierung zu Magdeburg mit einer Reihe ungelöster Fragen konfrontiert, die mit der neuen Territorial- und Verfassungssituation in Preußen und im Mittelbegebiet zu tun hatten. Dazu zählte zunächst die Zollfrage. Im Jahre 1818 führte Preußen ein neues Zollgesetz[107] ein, das die innerstaatlichen Zollgrenzen aufhob. Die innerhalb der preußischen Außengrenzen sich befindenden Kleinstaaten bzw. Exklaven anderer Staaten waren mit dieser Maßnahme faktisch zum innerpreußischen Zollgebiet geworden und wurden von den preußischen Behörden auch so behandelt. Im Bereich der Magdeburger Regierung lagen die quasi enklavierten anhaltischen Herzogtümer Anhalt-Dessau, Anhalt-Bernburg und Anhalt-Köthen, braunschweigische Exklaven und noch kleine Restexklaven anderer Staaten. Das ungelöste Problem der Zollverhältnisse führte zum Konflikt vor allem mit Anhalt-Köthen, weil sich dessen Herzog Ferdinand, der mit einer Halbschwester des Königs von Preußen verheiratet war, mit Österreich gegen Preußen und dessen Zollinteressen verbündete.[108]

In der Zollfrage erreichte der spätere Oberpräsident der Provinz Sachsen und Regierungspräsident von Magdeburg, Friedrich Christian Adolf von Motz, zu dieser Zeit Regierungspräsident der Königlichen Regierung in Erfurt, im Jahre 1819 den ersten Erfolg bei der Eingliederung anderer deutscher Staaten in das preußische Zollsystem, indem er mit Schwarzburg-Sondershausen einen Zollvertrag schloß. Von Motz hatte als preußischer Finanzminister später erhebliche Verdienste beim Zustandekommen des Deutschen Zollvereins.

Der „Zollkrieg" mit Anhalt-Köthen dagegen konnte vorerst auch nach dem Abschluß der Elbschiffahrtsakte von 1821 nicht beigelegt werden. So stand vor allem die Magdeburger Regierung etwa ein Jahrzehnt vor dem Problem, den hauptsächlichen Schmuggelströmen in Mitteldeutschland, die von der Köthener Regierung offen oder indirekt begünstigt worden sind, zu begegnen. Sie erzielte dabei nur mäßige Erfolge, da eine lückenlose Kontrolle der Grenzen zu Köthen nicht möglich war. Die Lage entspannte sich erst nach dem Beitritt Anhalt-Köthens zum preußischen Zollgebiet im Jahre 1828.[109]

Vor 1830 war das Leben in einem Regierungsbezirk aus Sicht der Behörde noch gut überschaubar und berechenbar. Nicht nur wegen der Auswirkungen der französischen Julirevolution von 1830, die in einigen preußischen Provinzen und in den mitteldeutschen Nachbarstaaten des Regierungsbezirkes Magdeburg bzw. der Provinz Sachsen zu Auseinandersetzungen und unruhigen Verhältnissen führten, sondern vor allem wegen der beginnenden Industrialisierung mit ihren Folgen wurden die ansonsten lebensnahen Regierungen zunehmend überfordert. Das lag vor allem daran, daß der preußische Gesamtstaat auf die neuen Erfordernisse nicht oder nicht ausreichend reagierte. Namentlich die mit der Industrialisierung auftretenden sozialen Probleme führten dazu, daß die Magdeburger Regierung sich zunehmend mit neuartigen Aufgaben konfrontiert sah. Dazu gehörten zunächst Probleme der Landwirtschaft durch zunehmende Entstehung von Fabrikwirtschaften im Zuckerrübenanbau, die Entstehung von Zuckerfabriken und damit verbunden ein Anschwellen des Problems der Saisonarbeiter, der „Sachsengänger", der Auswirkungen der Elbschiffahrtsakte von 1821 auf die Wirtschaft und die Sozialsituation des Regierungsbezirkes, der beginnende Eisenbahnbau und andere Fragen.

Nach 1830 bildeten sich in den fruchtbaren Landwirtschaftsgebieten der Provinz Sachsen in erster Linie durch den Anbau und die Verarbeitung von Zuckerrüben mit dem Zentrum in der Magdeburger Börde neben stabilen Bauernwirtschaften große landwirtschaftliche Betriebe bürgerlicher, bäuerlicher oder adliger Besitzer heraus, die oft mit Zuckerfabriken, Brennereien und anderen Zweigen industrieller Tätigkeit verbunden waren.[110] Der Anbau und die Verarbeitung von Zuckerrüben löste wirtschaftliche und soziale Prozesse aus, die zum Beginn der Herausbildung eines spezifischen Wirtschaftsraumes und einer veränderten sozialen Situation an Mittelelbe und unterer Saale führten. Die Zuckerrübenkultur und die Produktion von Rübenzucker wurden zum Ausgangspunkt und zentralen Bereich der industriellen Revolution in den landwirtschaftlich fruchtbaren Gebieten Mitteldeutschlands mit dem Zentrum der Magdeburger Börde.[111] Charakterisiert war dieser Wirtschaftsraum in der ersten Phase seiner Herausbildung bis zur Revolution von 1848/1849 weiterhin durch die Entstehung einer Maschinenbauindustrie. Diese war vor allem auf die Zuckerindustrie, die Landwirtschaft, den industriellen Braunkohlenabbau, der die Energiebasis für die angedeutete Entwicklung darstellte, ausgerichtet. Hinzu kam noch die Herstellung von Maschinen bzw. Teilen für den modernen Verkehrsbereich, für die Dampfschiffahrt zuerst und später für den Eisenbahnbau.
Die Maschinenbauindustrie hatte ihr Zentrum vor allem im Raum Magdeburg. Hier war eine erste Maschinenfabrik schon früh durch den englischen Mechaniker Samuel Aston gegründet worden, die 1840 von den Grafen von Stolberg-Wernigerode übernommen wurde und zu dieser Zeit der bedeutendste Hersteller für Zuckerfabrikausrüstungen war.[112]
Die wichtigste Gründung der Frühzeit der mitteldeutschen Maschinenbauindustrie war aber die 1838 entstandene Buckauer Maschinenfabrik. Sie war vor 1848 nach der Maschinenfabrik Borsig in Berlin die zweitgrößte Fabrik in ganz Deutschland.[113] Die Buckauer Maschinenfabrik hat sich als eine Werkstätte der Magdeburger Dampfschiffahrtsgesellschaft entwickelt. Bereits 1837 wurde noch auf einem Floß auf der Elbe das erste Dampfschiff hergestellt. Allerdings verwendete man dazu anderswo hergestellte Teile. Die Maschinenfabrik selbst wurde an der Mündung des Flüßchens Sülze in die Elbe in Buckau als Unterneh-

men der Dampfschiffahrts-Compagnie errichtet. Das erste vollständig in Magdeburg gebaute Schiff, dessen Dampfmaschine auch bereits in Buckau gebaut wurde, war die 1839 vom Stapel gelaufene „Stadt Magdeburg". Von vornherein aber umfaßte das Produktionsprogramm der Maschinenfabrik auch Dampfkessel, Gußteile, später Vakuumpfannen und andere Geräte, die zur Ausrüstung von Zuckerfabriken gehörten. Im Jahre 1849 waren in der Provinz Sachsen 326 Dampfmaschinen in Betrieb, davon 249 im Regierungsbezirk Magdeburg.[114]

Die preußischen Behörden hatten die sich in der ersten Hälfte des 19. Jahrhunderts entwickelnden sozialen Probleme durchaus wahrgenommen, obwohl sie diesem neuen Phänomen insgesamt hilflos gegenüberstanden. Es gab dennoch eine Reihe von Ansätzen, um dem Sozialproblem zu begegnen. Einer der Lösungsansätze schien die Einrichtung von **Sparkassen** zu sein. Von der Magdeburger Regierung wurde in der ersten Hälfte der vierziger Jahre deshalb auf die Städte des Regierungsbezirkes massiver Druck ausgeübt, um diese zu veranlassen, Sparkassen einzurichten. In der Stadt Magdeburg war schon im Jahre 1823 eine kommunale Sparkasse eingerichtet worden, die als Modell für andere Institute im Regierungsbezirk galt. Gegen den Widerstand ihres Magistrats wurde unter anderen die Stadt Burg, damals eine ansehnliche Stadt mit etwa 15.000 Einwohnern, im Jahre 1844 dazu gedrängt, eine kommunale Sparkasse ins Leben zu rufen. Der Widerstand der Burger Behörden gegen die Einrichtung einer Sparkasse war dadurch erklärbar, daß man in Burg um 1844 (noch) gar kein Sozialproblem verspürte.[115]

Die Sparkasse in Burg trat schließlich mit folgender Anzeige ins Leben: „Um den hiesigen Einwohnern Gelegenheit zu geben, ihre kleinen Ersparnisse zinsbar und sicher unterzubringen, und sich ein kleines Kapital zu sammeln, welches sie beim Anfange eines Geschäftes, im Alter oder in Fällen der Noth benutzen können, ist für die Stadt Burg und deren Stadtbezirk eine Sparkasse errichtet worden, von welcher Einlagen von 10 Sgr.[116] an bis zu 99 Thalern für eine Person angenommen und jährlich mit 2 1/2 % oder 9 Pfg. pro Thaler verzinst werden. Das Local derselben ist auf dem hiesigen Rathhause, woselbst im Conferenzsaale vom 7. d. Mts. ab jeden Montag von 2 bis 6 Uhr die bestellten Beamten gegenwärtig seyn werden, die etwaigen Einlagen anzunehmen.
Indem wir das Publicum hiervon in Kenntnis setzen, können wir es nicht unterlassen, dasselbe zur fleißigen Benutzung dieses von Staats wegen und überall als höchst wohltätig anerkannten Instituts kräftigst zu ermuntern.
Burg, den 1. Oktober 1844
Der Magistrat" [117]

Nach den Karlsbader Beschlüssen von 1819 [118] und der einsetzenden „Demagogenverfolgung" oblag der Regierung wegen ihrer „höheren" (politischen) Polizeigewalt die Überwachung „demagogischer Umtriebe". Der Regierungsbezirk war zwar vor 1840 kein Zentrum der politischen Opposition in Preußen, dennoch wurden hier unnachsichtig die Weisungen aus Berlin umgesetzt. Ober- und Regierungspräsident von Bülow war in dieser Zeit seit 1820 Mitglied des Ministerialausschusses zur Untersuchung staatsgefährdender Umtriebe. Nicht direkt mit den Handlungen in der Verantwortung der Magdeburger Regierung, aber wegen der Verfolgungen in Preußen und im Deutschen Bund verbüßte unter anderem der mecklenburgische Volksdichter Fritz Reuter in der Festung Magdeburg seine Strafe, die er in seinem Werk („Ut mine Festungstid") literarisch verarbeitete. Die Regierung hatte die verschärfte Zensur der Presse auszuführen, was zu einer Vergiftung der politischen Atmosphäre in ihrem Zuständigkeitsbereich führte.

Im Regierungsbezirk Magdeburg kamen nach 1840 noch besondere kirchliche und politische Probleme hinzu, die die Zeit bis zur Revolution von 1848 bestimmten. Es handelte sich einmal um eine innerhalb der preußischen Staatskirche sich entwickelnde kirchliche Oppositionsbewegung der „protestantischen Freunde" oder „Lichtfreunde", die in der Provinz Sachsen und insbesondere im Regierungsbezirk Magdeburg ihren Ausgangspunkt und auch Mittelpunkt hatte. Die führende Persönlichkeit der **Lichtfreundebewegung** war der Magdeburger Pfarrer Leberecht Uhlich, späterer Ehrenbürger der Elbestadt.

Kern der Bewegung war zunächst der Protest gegen frömmelnde Tendenzen der Staatskirche und ihrer führenden Repräsentanten, die das Verlangen nach Demokratisierung der Kirche einschlossen. Aus dem Verlangen nach Demokratisierung der Staatskirche erwuchs nicht zuletzt wegen des Widerstandes der kirchlichen Orthodoxie und der Aufsichtsbehörden immer mehr eine demokratische Protestbewegung, die Forderungen nach Liberalisierung bzw. Demokratisierung des Staatswesens sowie soziale Forderungen stellte und somit unmittelbar nach gesellschaftlichen Veränderungen strebte. Die kirchlichen Dissidenten zeigten mit ihrem Protest sehr bald, daß dies angesichts der äußerst repressiven politischen Verhältnisse in Preußen eine mögliche Form der Opposition darstellte. In der Provinz Sachsen und in Anhalt entstand so eine Massenbewegung, an deren Zusammenkünften oft mehrere tausend Menschen teilnahmen und von der Regierung als zunehmende Bedrohung der bestehenden Ordnung begriffen wurde. Zwar waren die kirchlichen Angelegenheiten formal zunächst eine Angelegenheit des Oberpräsidenten, bereits die Tatsache der Personalunion brachte aber denselben Repräsentanten des Staates als Regierungspräsident in Bedrängnis. Er war für die Polizei zuständig, die diese Bewegung nicht nur überwachte, sondern mitunter auch gegen sie vorging.

Infolge der durch Mißernten im Jahre 1846 ausgelösten und noch bis 1847 eskalierenden sozialen Notlage der Unterschichten kam die Regierung in Magdeburg erstmals ganz praktisch mit dem Problem der sozialen Frage in Berührung. Sie mußte sich jetzt wegen der spontanen Übergriffe und Revolten ernsthaft mit dem Sozialproblem beschäftigen. In den meisten Städten, aber auch in einigen ländlichen Gegenden kam es zu Aufläufen, Tumulten und Übergriffen wegen der großen Notlage bzw. Hungersituation. Hungerunruhen gab es auch in den Städten Magdeburg und Halberstadt, obwohl gerade diese beiden Städte Zentren der fruchtbarsten Gebiete in Preußen waren. Zu den bekanntesten spontanen Volksaktionen des Jahres 1847 gehörten Übergriffe hungernder Menschen auf Kartoffeltransporte in die Brennereien in der Altmark, besonders in Salzwedel.

Die wirtschaftlichen Schwierigkeiten und die sozialen Unruhen im Regierungsbezirk Magdeburg unmittelbar vor der Revolution von 1848 fanden ihre Ergänzung in politischen Forderungen nach bürgerlichen Rechten und Freiheiten sowie nach einer Verfassung in Preußen. Politische Forderungen wurden zunehmend in öffentlichen Versammlungen, Vereinen und Klubs artikuliert. Ganz besonders richtete sich die Opposition gegen die Einrichtung der Zensur und gegen die „höhere" Polizei. Allerdings war dabei charakteristisch, daß sich die Opposition weniger gegen das Regierungspräsidium richtete, weil dessen Tätigkeit zwar für die Ausübung beispielsweise der Zensur und der Polizei maßgebend war, jedoch in der Praxis für die Betroffenen nicht sichtbar gewesen ist. Es waren vielmehr konkrete Persönlichkeiten auf der Ebene der Stadt- bzw. Landkreise, die solche Repressalien direkt exekutierten und sich dabei der Kritik aussetzten. Ein charakteristisches Beispiel war hierfür der Magdeburger Polizeidirektor Kamptz, der für die Oppositionsbewegung geradezu als Symbolfigur der Reaktion galt. Andererseits richtete sich die Opposition gegen das politische System in Preußen insgesamt, für das der engere Kreis um den König, die Militärführung und die Staatsregierung verantwortlich gemacht wurden. Eine erhebliche Rolle spielten in den Auseinandersetzungen auch die Staatskirche bzw. deren bestimmte führende Vertreter, gegen die sich eine zunehmende Kritik seitens der „Lichtfreunde" und weiterer Kreise richtete. In der Stadt und im Regierungsbezirk Magdeburg war das vor allem der Konsistorialpräsident Karl Friedrich Göschel. Göschel besaß das Vertrauen des Königs und wurde wegen der als außerordentlich gefährlich aufgefaßten kirchlichen Zustände in der Provinz nach Magdeburg entsandt. Er war 1845 sowohl in den Staatsrat berufen als auch Konsistorialpräsident in Magdeburg geworden. Die Einsetzung Göschels und seine Mission in Magdeburg war eine außerordentliche Maßnahme der Krone. Um Göschels besondere Stellung zu unterstreichen, erhielt er vom König den Rang eines Oberpräsidenten, ein Vorgang, der einmalig blieb. Göschel und weitere Vertreter der Kirchenführung, die zumeist zum Kreis der neupietistischen „Erweckungsbewegung" zu rechnen waren, bildeten in Magdeburg zusammen mit dem Oberappellationsgerichtspräsidenten Ernst Ludwig von Gerlach einen konservativen Kreis, dem sich auch der Gutsherr Otto von Bismarck verbunden fühlte. Otto von Bismarck, der im Jahre 1815 in Schönhausen an der Elbe geboren worden war, kam 1846 in den Regierungsbezirk Magdeburg zurück und übernahm das Stammgut seiner Familie in Schönhausen.

Otto von Bismarck um 1848

Im gleichen Jahr wurde Otto von Bismarck Deichhauptmann eines Deichabschnitts im Bereich des Stammgutes. In dieser Funktion war er unmittelbar der Regierung in Magdeburg unterstellt und dieser berichts- und rechenschaftspflichtig. So hatte Bismarck regelmäßig Deichschauen durchzuführen und darüber ausführliche Berichte zu erstatten.[119]

Als Abgeordneter der Provinzialständevertretung der Provinz Sachsen zog Bismarck in den 1847 einberufenen Vereinigten Landtag in Berlin ein und begann seine Karriere in der preußischen Politik im Regierungsbezirk Magdeburg.

Hier hatte sich im Vorfeld der Revolution reichlich Konfliktstoff angehäuft. In der Zeit des Vormärz bestand nach 1840 also keineswegs eine Zone ruhiger Verwaltungsarbeit. Der Regierungsbezirk bildete im Gegenteil einen der Brennpunkte der Auseinandersetzungen um Veränderungen des preußischen Staatswesens mit spezifischer Problemschichtung.

Dagegen war der Geschäftsgang „normaler" Tätigkeiten der Königlichen Regierung in Magdeburg von den Zeitereignissen kaum betroffen. Hierfür sind folgende Beispiele charakteristisch, die die Praxis der Regierung in dieser Zeit illustrieren:

Im Königreich Preußen genoß das **Apothekenwesen** eine besondere Bedeutung. Unterstrichen wurde dies dadurch, daß nicht die Königlichen Regierungen, sondern der Oberpräsident als Stellvertreter der obersten Staatsbehörden (siehe § 11 des Gesetzes vom 31. Dezember 1825[120]) Zulassungsbehörde war. Nicht selten behielt sich aber der zuständige Minister in Berlin die letzte Entscheidung vor. Gleichwohl wurden die Königlichen Regierungen für den Verwaltungsvollzug eingesetzt. Die Regierungen nahmen die Anträge an und prüften die Zulassungsvoraussetzungen. Ebenso wie heute wurde eine Bedürfnisprüfung durchgeführt.

Erst nach positivem Ergebnis legte die Regierung das Zulassungsgesuch dem Minister mit einem Votum vor. Ein solches Zulassungsverfahren betrieb Ende der zwanziger Jahre des letzten Jahrhunderts der Apotheker Carl August Allardt, der seinem Zulassungsgesuch besonderen Nachdruck verleihen wollte, indem er sich direkt an den Minister wandte.

„Hochwohlgeborener Herr, Hochgebietender Herr Staatsminister, Gnädiger Herr!
Ew. Excellenz bitte ich gütigst zu entschuldigen, daß ich mir die Freiheit nehme, Ihnen nachstehende Bitte ganz gehorsamst vorzutragen. Ich bin Apotheker, aus Jerichow im Magdeburgischen, wo mein Vater Prediger war, gebürtig, und wünsche in der Sudenburg bei Magdeburg eine Apotheke anzulegen. Es findet sich daselbst noch keine Apotheke, und gewiß würde eine solche Anlage dort sehr nützlich sein. Bei Eurer königlich hochlöbl. Regierung zu Magdeburg habe ich deshalb eine Vorstellung, ultimo September v.J. eingereicht. Da die Ertheilung der hierzu erforderlichen Erlaubnis nur von Ew. Excellenz abhängt, so wage ich es dieselben unterthänigst zu bitten:
Mir Ihre gewogentliche Erlaubnis zur Anlegung einer Apotheke in der Sudenburg geneigtest erteilen zu wollen wodurch Ew. Exzellenz mein Glück befördern würden. Nachdem ich das Examen gemacht, habe ich mehrere Jahr hindurch Apotheken als Provisor administrirt, worüber ich gute Zeugnisse besitze, von denen ich auch einige der Eingabe an die königliche Regierung beigefügt habe. Das Approbations-Attest als Apotheker beehre ich mich Ihnen hierbei abschriftlich vorzulegen. Da gegenwärtig zum Ankauf einer Apotheke bedeutendes eigenes Vermögen erforderlich ist, so habe ich außer der gewogentlichen Erfüllung meines gehorsamsten Gefühls, wenig Aussicht zum eigenen Etablissement; jedoch habe ich nun schon einen Theil meiner besten Jahre ausschließlich diesem Geschäft gewidmet, weshalb ich ein Etablissement in demselben sehnlich wünsche, und ich werde mich deshalb auch gern mit einem kleinen Geschäft, daß mir geringes Einkommen verspricht, begnügen.
Zu Ew. Excellenz Güte nehme ich daher meine Zuflucht und hege die Hoffnung, daß dieselben mich gütigst berücksichtigen und mir zu meinem Fortkommen beförderlich sein werden. Daß mir dadurch von Ew. Excellenz zu Theil werdende außerordentliche Güte und Gewogenheit wird mich zu lebenslanger Dankbarkeit gegen dieselben verpflichten, und ich werde mich derselben würdig zu machen gewiß bestreben.
Hoffnungsvoll der Erfüllung meines Wunsches entgegensehend habe ich die Ehre mich zu unterzeichnen

> *Ew. Excellenz*
> *ganz unterthäniger*
> *gez. Carl August Christ. Allardt*
> *Aprob. Apotheker"* [121]

Nach Vorlage dieses Schreibens beim Königlichen Medizinal Kollegio der Provinz Sachsen über die Zulässigkeit der Anlage einer Apotheke in der Sudenburg schrieb am 17. Dezember 1829 die Königliche Regierung, Abteilung des Inneren (Journal Nr. 3419):

„Magdeburg, den 17ten Dez 1829
Betreffend die Anlage einer Apotheke in der Sudenburg.
Der Apotheker Allardt ist mit der Bitte bei mir eingekommen, eine Apotheke in der Sudenburg anlegen zu dürfen. Den bestehenden Verordnungen gemäß haben wir zuvörderst den Landrath Franke[122] aufgefordert, unter Zuziehung des Landrathes von Alemann und des Kreis-Physikers Dr. Niemeyer sich gutachtlich hierüber zu äußern. Der Kreisphysikus Dr. N. erkennt unter besonderer Berücksichtigung des Umstandes, daß die Thore Magdeburgs zur Nachtzeit geschlossen sind, die Nützlichkeit der Anlegung einer Apotheke i. d. Sudenburg an, zweifelt indes, daß der Allardt die von ihm neu anzulegende Apotheke i. d. S. in einem den Anforderungen entsprechenden Zustande werden erhalten können, wenn bei einer dieserhalb anzustellenden Berechnung das Verhältnis der Seelenzahl zu dieser Apotheke sich ungünstig gestalten sollte. Der Landrath von Alemann hegt diesen Zweifel, indem er nachweist, daß von den hierbei interessierten, zum Theil wohlhabenden Ortschaften ohne Einschluß der Sudenburg selber, auf eine Bevölkerung von 6 – 7000 Seelen zu rechnen sei, und gibt in vollkommener Übereinstimmung mit dem Landrath Franke sein Gutachten dafür ab, daß die Anlegung einer neuen Apotheke in der Sud. für die dabei beteiligten Ortschaften sehr wohltätig sei und eine daselbst angelegte Apotheke auch sehr wohl werde bestehen können. Wir haben hiergegen nicht zu erinnern, zumal da zu erwarten steht, daß die Anlegung einer neuen Apotheke in der Sudenburg sehr bald auch die Niederlassung eines Arztes daselbst werde zur Folge haben, und erlauben uns daher unter Überreichung der hierfür gepflegenen Verhandlungen und Originale und der von dem Apotheker Allardt bei uns eingereichten Zeugnisse, Euer Exzellenz ehrerbietigst zu bitten:

Dem p. Allardt zur Anlegung einer neuen Apotheke i. d. Sud. die Concession hochgeneigtest erteilen zu wollen.

Regierung Abteilung des Inneren
gez. v. Bismarck
An den Königlichen und Wirklichen
Geheimen Staatsminister
Herrn von Klewitz"[122a]

Am 6. März 1830 erhielt Allardt schließlich die Konzession:

„Concession für den Apotheker Carl August Allardt in der Sudenburg
Dem Apotheker Carl August Allardt wird hierdurch die Erlaubnis ertheilt
in der Sudenburg bei Magdeburg eine neue Apotheke anlegen und
darin das pharmazeutische Gewerbe für seine Person betreiben zu
dürfen".[122b]

Nach krankheitsbedingten Verzögerungen wurde die Apotheke am 18. September 1831 eröffnet. Allardt führte sie jedoch nur sieben Jahre, dann verkaufte er sie an Jakob Dankwortt. Dieser und später sein Sohn leiteten die Apotheke fast siebzig Jahre (1838 bis 1906).

Die Apotheke („Alte Apotheke") befindet sich heute noch am selben Ort im selben Haus unter der unverändert gebliebenen Adresse „Halberstädter Straße 141".

Durch die Nachrichten der Revolution in Frankreich ausgelöst, kam es Anfang März 1848 in den meisten Städten und einer Reihe von kleineren Orten des Regierungsbezirkes Magdeburg zu Sympathiebekundungen, politischen Debatten und zur Aufstellung von politischen Forderungen vor allem in Vereinen, Klubs und in freikirchlichen Vereinigungen. Am 1. März 1848 erhob die öffentliche Magdeburger Stadtverordnetenversammlung die Forderung nach einer Verfassung für das Königreich Preußen und nach Gewährung bürgerlicher Rechte und Freiheiten. Es blieb aber nicht bei der Erhebung von Forderungen und Petitionen an die Krone. Die Stadt Magdeburg wurde zum Mittelpunkt der Ereignisse der Revolution im Regierungsbezirk. In Magdeburg richteten sich schon bald Demonstrationen und Aufläufe vor allem gegen den erwähnten Polizeipräsidenten Kamptz und gegen den Konsistorialpräsidenten Göschel und deren Politik. Noch vor den Berliner Ereignissen vom 18. und 19. März griff eine empörte Volksmenge die Wohnungen der beiden Exponenten der Reaktion in unmittelbarer Nähe des Gebäudes der Regierung und des Gebäudes des Generalkommandos des IV. Armeekorps am Magdeburger Domplatz an. Durch das rücksichtslose Einschreiten des Militärs kam es zu Toten und mehreren Dutzend zum Teil schwer Verletzter. Der Sitz der Magdeburger Regierung oder deren Repräsentanten wurde jedoch nicht Ziel von Volksaktionen. Die Einsetzung von „Märzbehörden" wurde im Bereich der Magdeburger Regierung lediglich durch Demokraten in konkreten Fällen verlangt, jedoch in keinem Falle tatsächlich durchgesetzt. Volksaktionen erzwangen aber nicht nur die Vertreibung von Göschel und Kamptz aus Magdeburg, sondern auch beispielsweise die Absetzung des Landrates von Wanzleben. Ober- und Regierungspräsident von Bonin arbeitete in Magdeburg angesichts der explosiven Lage mit Bürgervertretern zusammen und erreichte auf diese Weise, daß in der Stadt und im Regierungsbezirk Magdeburg weitere Eskalationen der Auseinandersetzungen weitgehend vermieden werden konnten. Die Autorität des obersten Beamten der

Magdeburger Regierung hatte damit immerhin dazu geführt, daß sowohl die revolutionäre Bewegung als auch die erzkonservative Militärführung von extremen Handlungen zurückgehalten worden sind. Vergleichbare Konfrontationen sind später nicht mehr vorgekommen.

Es kann hinsichtlich des Ansehens und der Stellung der Beamten des Regierungspräsidiums als durchaus bemerkenswert angesehen werden, daß der frühere Ober- und Regierungspräsident von Magdeburg und nunmehrige Ober- und Regierungspräsident von Münster (Provinz Westfalen), Eduard Heinrich Flottwell, im Wahlkreis Oschersleben in die Frankfurter Nationalversammlung gewählt wurde.

Auf die Tätigkeit, den Aufbau und die Zuständigkeit der Regierung in Magdeburg hatte schließlich die Revolution von 1848/49 kaum Auswirkungen. Es zeigte sich vielmehr, daß die Königliche Regierung als Behörde von den Revolutionären nicht in Frage gestellt wurde. Sie wirkte in dieser für Staat und Gesellschaft Preußens und Deutschlands stürmischen Zeit als stabilisierendes Element für die Erhaltung der bestehenden Staatsordnung. Ihre Beamten jedoch haben sehr lebhaft Anteil an den Auseinandersetzungen der Revolution genommen. Dabei ist festzustellen, daß sie zumeist konservativ und königstreu gesinnt waren und sich gegenüber den „revolutionären" Strömungen skeptisch bis ablehnend verhielten.

Während der Revolutionszeit gab es in Preußen umfangreiche Debatten über eine Reform des Regierungs- und Verwaltungssystems. Ein Entwurf für eine Kreis-, Bezirks- und Provinzialordnung war von den liberalen preußischen Regierungen erarbeitet worden, die aber vor dem Übergang der Regierungsgewalt in die Hände konservativer Kräfte nicht mehr in die preußische Nationalversammlung eingebracht werden konnte. Es kam schließlich erst am 11. März 1850 zum Erlaß einer Gemeindeordnung sowie einer Kreis-, Bezirks- und Provinzialordnung, die unter anderem für die Regierungen die Einführung eines Bezirksrates als Vertretungskörperschaft des Volkes vorsah. Im Zuge der reaktionären Politik der Staatsregierung Manteuffel wurde jedoch die Realisierung der Verordnungen unterbunden. Eine Verfassungsänderung von 1853 schloß für die Regierungsbezirke die Bildung von Vertretungskörperschaften aus und beschränkte deren Befugnisse weiter auf die staatliche Verwaltung. Nach einigen Übergangsregelungen kam es schließlich nach der Revolution im Jahre 1853 wieder zur Einführung der vor der Revolution geltenden Bestimmungen. Obwohl besonders die Provinzialeinrichtungen, und hier wiederum vor allem die nach dem Ständeprinzip organisierten Provinzialvertretungen, von liberalen und demokratischen Kräften während der Revolutionszeit heftig angegriffen worden sind, haben auch diese offensichtlich anachronistischen Einrichtungen die Stürme der Revolution überlebt. Allerdings ist ihnen in der Provinz Sachsen bis zur Bismarckschen Provinzialreform des Jahres 1875 keine Bedeutung mehr zugefallen.

Die Regierungspräsidenten:

von Klewitz, Wilhelm Anton, Dr. phil.[123]

geb.: 1. August 1760 in Magdeburg
gest.: 26. Juli 1838 in Magdeburg
verh.: I. Karoline Henriette Auguste Rumpff
Vater: Kriminalrat und Gerichtsadvokat

Amtszeit: 1. Juli 1825 bis 30. Juni 1837

Von Klewitz studierte von 1779 bis 1781 Rechtswissenschaften an den Universitäten in Halle und Göttingen. Daneben studierte er Mathematik, Technologie und Chemie. Seit 1783 war er Referendar bei der Kriegs- und Domänenkammer in Magdeburg und bei dieser Behörde von 1786 bis 1790 auch Assessor. Im Anschluß daran war er wiederum dort bis 1793 Kriegs- und Domänenrat. Anschließend wechselte von Klewitz für zwei Jahre bis 1795 als Vortragender Rat zum südpreußischen Departement in Berlin. Danach wirkte er wieder für drei Jahre bis 1798 in der Magdeburger Kriegs- und Domänenkammer als II. Kammerdirektor. Bis 1807 schloß sich sein Einsatz als Geheimer Ober-Finanzrat in Berlin an. In Berlin wurde er auch 1803 in den Adelsstand erhoben. Seit 1807 war von Klewitz Vorsitzender der Immediatskommission für Finanzen und Armeeverpflegung und ab 1810 Staatssekretär im preußischen Staatsrat. In der Zeit von 1813 bis 1816 hatte er das Amt des Zivilgouverneurs der Länder zwischen Elbe und Weser mit Sitz in Halberstadt inne. Die anschließenden sieben Jahre (1817 bis 1824) war er Präsident des neugegründeten preußischen Schatzministeriums und zugleich Finanzminister. Schließlich wirkte er von 1825 bis 1837 als Oberpräsident der Provinz Sachsen und Regierungspräsident in Magdeburg.
Bereits 1814 wurde er in seiner Eigenschaft als Wirklicher Geheimer Rat und Zivilgouverneur erster Ehrenbürger der Stadt Magdeburg.

Graf zu Stolberg-Wernigerode, Anton [124]

geb.: 23. Oktober 1785 in Wernigerode
gest.: 11. Februar 1854 in Berlin
verh.: I. Luise von Reche
Vater: Gutsbesitzer
Sohn: Eberhard Graf zu
Stolberg-Wernigerode,
Oberpräsident der Provinz
Schlesien von 1869 bis 1872

Amtszeit: 11. September 1837 bis
30. Dezember 1840

Graf Anton zu Stolberg-Wernigerode nahm nach dem Ende der Befreiungskriege seinen Abschied vom Militär. Von 1824 bis 1834 war er
Landrat in Landshut und ab 1830 zugleich Adjutant des Prinzen Wilhelm [125] in Köln. Bereits 1833 wurde er Kommissarius beim rheinischen
Provinziallandtag. Im Anschluß an seine Tätigkeit als Landrat in Landshut war Graf zu Stolberg-Wernigerode von 1834 bis 1837 Regierungspräsident in Düsseldorf und von 1837 bis 1840 Oberpräsident der Provinz Sachsen sowie gleichzeitiger Regierungspräsident in Magdeburg.
Bereits 1840 war er Berater von Friedrich Wilhelm IV. und wurde 1841
zum Generalmajor ernannt. Von 1842 bis 1848 war Graf zu Stolberg-
Wernigerode Staatsminister bzw. Minister des Königlichen Hauses.
1850 wurde er zum Generaladjutanten des Königs befördert, 1851 zum
Oberstkämmerer und Minister des Königlichen Hauses ernannt.

von Flottwell,
Eduard Heinrich (Dr. Jur. h. c.) [126]

geb.:   27. Juli 1786 in Insterburg
gest.: 25. Mai 1865 in Berlin
verh.: I. Frederike Kozlowski
      II. Auguste Henriette Schultz
Vater: Kriminaldirektor und
      Justizkommissar

Amtszeit: 30. Dezember 1840
      bis 3. Mai 1844

Flottwell studierte Rechtswissenschaften in Königsberg. Danach war er ab 1805 Auskultator in Insterburg und von 1808 bis 1812 Gerichtsassessor in Königsberg, wo er anschließend zum Oberlandesgerichtsrat ernannt wurde. Nach seinem Wechsel in den Verwaltungsdienst erfolgte seine erste Anstellung als Regierungsrat und Präsidialrat in Gumbinnen. Von 1816 bis 1825 war von Flottwell Ober-Regierungsrat in Danzig. Anschließend bekleidete er von 1825 bis 1830 das Amt des Regierungspräsidenten in Marienwerder. In den folgenden zehn Jahren stand er der Provinz Posen als Oberpräsident vor und war von 1840 bis 1844 selbiges in der Provinz Sachsen. In den Jahren 1844 bis 1846 war er preußischer Finanzminister und von 1846 bis 1850 Mitglied des preußischen Staatsrates und Oberpräsident der Provinz Westfalen. In den Jahren 1849 und 1850 übernahm er auch kommissarisch das Amt des Oberpräsidenten der Provinz Preußen. Es schloß sich eine Oberpräsidentenzeit in Brandenburg an. 1858 und 1859 war er zeitweilig Innenminister in Preußen. 1848 wurde er Mitglied der Frankfurter Nationalversammlung und 1849 Mitglied deren Erster Kammer. Seit 1840 trug von Flottwell den Titel „Wirklich Geheimer Rat mit dem Prädikat Exzellenz". 1861 wurde Eduard Heinrich Flottwell in den Adelsstand aufgenommen. Im letzten Jahr seiner Amtszeit in Magdeburg verlieh ihm die Stadt Magdeburg die Ehrenbürgerwürde (1844).

von Wedell (Wedel), Wilhelm Felix Heinrich Magnus [127]

geb.:   16. März 1801 in Piesdorf
gest.: 22. Juli 1866 in Piesdorf
verh.: I. Elisabeth von Möller
Vater: Gutsbesitzer und Landrat

Amtszeit: 7. Juni 1844 bis 24. Mai 1845

Von Wedell war vor seiner Amtszeit in Magdeburg Regierungsrat in Minden und sodann Ministerialdirektor im Innenministerium Preußens. In den Jahren 1844 und 1845 übte er das Amt des Oberpräsidenten der Provinz Sachsen als gleichzeitiger Regierungspräsident der Königlichen Regierung in Magdeburg aus. Anschließend war er bis 1848 Oberpräsident in der Provinz Schlesien.

von Bonin, Gustav Carl Giesbert Heinrich Wilhelm Gebhard [128]

geb.: 23. November 1797 in Heeren (Grafschaft Mark)
gest.: 2. Dezember 1878 in Berlin
verh.: I. Maria Keller
Vater: Großgrundbesitzer und Major

Amtszeit: 27. August 1845 bis 31. August 1850

Von Bonin studierte nach Ableistung seines Militärdienstes Rechtswissenschaften an den Universitäten in Berlin und Göttingen. Anschließend schlug er die Verwaltungslaufbahn ein. Von 1820 bis 1824 war er Regierungs-Referendar in Stettin und sodann bei derselben Behörde Assessor. 1825 übernahm er das Amt des Verwalters der Landratsstelle in Stolp und war danach bis 1828 Regierungsrat in Köslin. Die nachfolgenden vier Jahre war er bei der Königlichen Regierung in Magdeburg tätig. 1832 wurde er Kammerherr. Drei Jahre später übernahm von Bonin die Generalkommission der Provinz Sachsen und erhielt 1839 den Titel Präsident verliehen. 1842 wurde er Regierungsvizepräsident in Magdeburg. In den Jahren 1844 und 1845 war er Regierungspräsident in Köln und im Anschluß daran fünf Jahre lang Oberpräsident der Provinz Sachsen und Regierungspräsident in Magdeburg. Von September bis November 1848 amtierte er als preußischer Finanzminister. In den Jahren 1850 und 1851 übernahm er das Amt des Oberpräsidenten in Posen, wurde aber bereits am 30. Juni 1851 zur Disposition gestellt. 1860 erfolgte seine Rückberufung als Oberpräsident der Provinz Posen. Diese Tätigkeit übte er bis 1862 aus. Er war Mitglied des Abgeordnetenhauses und seit 1861 Wirklicher Geheimer Rat mit dem Prädikat Exzellenz.

6. Die Umgestaltung der inneren Verwaltung im Zusammenhang mit der Bismarckschen Reichsgründung von 1871

6.1 Die Behörde im Prozeß der Gründung und Ausgestaltung des Deutschen Kaiserreiches bis zur Provinzialreform in Preußen (1871–1875)

Die Königliche Regierung zu Magdeburg hatte am Prozeß der Bismarckschen Reichseinigung tatkräftig Anteil genommen. Die Behörde war in vielfältige Aufgaben zur Vorbereitung der Kriege 1866 und 1870/1871 einbezogen. Truppenteile aus dem Gebiet des Regierungsbezirkes waren auf allen Kriegsschauplätzen von 1866 zugegen und nahmen an den bekannten großen Schlachten des Krieges teil. Zu Beginn des Krieges mußte die Festung Magdeburg als nach wie vor stärkste preußische Festung gegen einen vermuteten Angriff von Sachsen armiert[129] werden. Der Magdeburger Regierung wurde die Aufgabe zugewiesen, das Generalkommando des IV. Armeekorps darin zu unterstützen, das Mittelelbegebiet und die stärkste preußische Festung Magdeburg gegenüber dem erwarteten Angriff der sächsischen Armee zu verteidigen. An der für die Situation in Mitteldeutschland bedeutenden Schlacht bei Langensalza in Thüringen gegen das Heer des Königreiches Hannover waren Reserveeinheiten aus dem Regierungsbezirk Magdeburg beteiligt. Die schnellen Siege der preußischen Truppen verhinderten aber ein Vordringen gegnerischer Einheiten in den Regierungsbezirk und damit vor die Festung Magdeburg, so daß Stadt und Festung unbehelligt blieben.

Nach der Annexion des Königreiches Hannover und dessen Umwandlung in eine preußische Provinz im Jahre 1866 war die nahegelegene Magdeburger Regierung erheblich mit Aufgaben des Neuaufbaus einer preußischen Verwaltung in Hannover befaßt, die sogar die Entsendung von Beamten nach Hannover einschlossen. Graf Otto zu Stolberg-Wernigerode war der von Bismarck in Hannover eingesetzte Oberpräsident, der die „Verpreußung" Hannovers leitete.

Die einschneidenden innen- und außenpolitischen Veränderungen, die mit der Bismarckschen Reichsgründung von 1871 verbunden waren, hatten auch für den Verwaltungsaufbau tiefgehende Folgen. Seit der Aufhebung der preußischen Kreis-, Bezirks- und Kommunalordnung vom März 1850 im Jahre 1853 hörte die Debatte um die preußische Kommunalverfassung nicht mehr auf. Das Hauptproblem bestand vor allem darin, daß die Kreisordnungen in den östlichen („altpreußischen") preußischen Provinzen eine anachronistische gesellschaftliche Dominanz des Adels sicherten. In dieser Zeit kam es zu heftigen Auseinandersetzungen zwischen konservativen preußischen Adelskreisen und dem Innenminister Friedrich zu Eulenburg (1815 – 1881) bzw. dem Reichskanzler Otto von Bismarck, deren Hintergrund der Gegensatz zwischen dem aufstrebenden liberalen Bürgertum und dem seine überkommenen Rechte und Privilegien verteidigenden preußischen Adel bildete. Für die Ausgestaltung und die Funktion des Bismarckschen Regierungssystems war es wichtig, bürgerlichen Kräften einen größeren Anteil an der Staatsverwaltung zu ermöglichen und die Verwaltung zu modernisieren. Dies bedeutete die partielle Einschränkung der Dominanz des Adels, wogegen dieser sich heftig zur Wehr setzte.

Die Hauptzielstellungen der Reformbestrebungen nach 1871 waren vor allem auf zwei Punkte gerichtet: Ausbau der kommunalen Selbstverwaltung durch Übertragung von Aufgaben des Staates auf kommunale Gebietskörperschaften und die Beteiligung gewählter Vertreter an der Landesverwaltung. Dies bedeutete zunächst die Überwindung der bisherigen ständischen Kreisverwaltungen und die Beschränkung der Dominanz der großen Grundbesitzer.

Die erste wichtige Reform war die nur mühsam gegen den heftigen Widerstand konservativer Adelskreise durchgesetzte **Kreisreform** von 1872. Die neue Kreisordnung trat 1873 in der Provinz Sachsen in Kraft. Der Kreis war sowohl staatlicher Verwaltungsbezirk, der vom Landrat verantwortlich geleitet wurde, als auch Kreisverband als Gebietskörperschaft der Selbstverwaltung mit den Hauptorganen Kreistag und Kreisausschuß. Durch die Kreisordnungen der Kreise von 1872 bis 1874 erhielten die Landräte neben der gesamten inneren und äußeren allgemeinen Verwaltung auf der Kreisebene auch die Funktion der Kreispolizeibehörde. Der Landrat war jetzt auch Vorsitzender des von ihm einzuberufenden Kreistages und auch des Kreisausschusses, dessen Geschäfte er zwischen den Sitzungen führte. Somit stand er als Staatsbeamter über der Selbstverwaltung des Kreiskommunalverbandes. In dieser Eigenschaft lautete seine Behördenbezeichnung „Der Landrat als Vorsitzender des Kreisausschusses".

Zu den Polizeiangelegenheiten gehörte auch die **Baupolizei**. Für den Vollzug der einschlägigen Vorschriften bediente sich die Regierung der Landräte und in den kreisfreien Städten der Polizeipräsidenten[130].

In einer Reihe von Fällen erteilte aber nicht der Polizeipräsident als Baupolizeiverwaltung die „Concession" (Baugenehmigung), sondern die Regierung durch ihre erste Abteilung. Wie der Bauherr zu seiner „Concession" kam, veranschaulicht die Bausache des Herrn Lakenmacher, der im Jahre 1874 die Genehmigung für die Errichtung eines Schlachthofes begehrte. Er stellte folgenden Antrag:

„Auf dem von mir erkauften Gehöfte, Haldensleber Straße No. 14 hier, beabsichtige ich, Baulichkeiten, namentlich ein Schlachthaus, zu

errichten. Ich überreiche hierzu Bauzeichnung, nebst Erläuterungs-Bericht, in duplo, und ersuche um geneigte Ertheilung des Consenses dazu.
Achtungsvoll
gez. Moritz Lakenmacher" [131]

Dem Antrag war ein Erläuterungsbericht des Maurermeister Bernstorff, von Lakenmacher unterschrieben, beigefügt:

Der Materialist, Herr Lakenmacher hier, hat obiges Gehöft angekauft, beabsichtigt, in demselben Fleischerei betreiben zu lassen, und will zu diesem Behufe in der Verlängerung des Vorderhauses einen Verkaufsladen einrichten, und auf dem Hofe ein Schlachthaus erbauen.
Das Gehöft liegt an der Ecke der Haldensleber und Umfassungsstraße, hat den Eingang in das Wohnhaus in der ersteren Straße, und von der Umfassungsstraße aus eine Auffahrt. Vermöge der letzteren, und einer im Giebel des Stallgebäudes noch einzurichtenden Thür, sowie der auf dem Hof zu errichtenden, in der Zeichnung angegebenen Barriere läßt sich leicht der gesetzlichen Bestimmung genügen, das Schlachtvieh nach dem Stallgebäude und dem Schlachthause so zu führen, daß es den, den Hausbewohnern nöthigen Hofraum nicht betritt.
Das Schlachthaus selbst wird geräumig, 3,45 m im Lichten hoch, mit massiven Umfassungswänden aufgeführt, die innerhalb, nebst der Deckenfläche, glatt geputzt, und mit Oelfarbe gestrichen werden. Die Ventilation derselben wird durch in den 2 freien Umfassungswänden unterhalb der Decke anzulegende Zuglöcher, und in den beiden anderen Wänden aufzuführende Abzugsschornsteine bewirkt. Der Fußboden wird gepflastert, mit Cement glatt abgeputzt, und hat das nöthige Gefälle nach einem außerhalb des Gebäudes anzulegenden, wasserdicht auszumauernden Bassin, in dem sich das aus dem Schlachthause ablaufende Wasser klärt, um möglichst rein durch eine auf dem Hof befindliche Gosse nach der Straße abzufließen - (späterer Zusatz) das zum Geschäft nöthige Wasser wird dem nächsten Wasserkunststollen, an der Haldensleber - Grünstraßen-Ecke, einstweilen entnommen werden". [132]

Nach Vervollständigung der Unterlagen wurde am 13. Oktober 1874 von der Baupolizeiverwaltung folgende Aktenverfügung erlassen:

1. Inserat:

a. *dem Amtsblatte*
b. *der Magdeburger Zeitung*
c. *dem Königlichen Anzeiger*

Der Materialist Lakenmacher beabsichtigt auf seinem Haldensleber Straße 14 belegenen Grundstücke ein neues Schlachthaus zu erbauen.

Dies Vorhaben bringen wir gemäß 17 der Gewerbeordnung vom 20.6.1869 mit dem Bemerken zur öffentlichen Kenntnis, daß Widersprüche dagegen binnen einer 14tägigen Präclusivfrist bei und angebracht werden müssen und daß die betroffenen Zeichnungen u. Beschreibungen in unserem Secretariate zur Einsicht bereit liegen.

Die Pol. Verw.
gez. Mußbach"

Gleichzeitig erging ein Schreiben an die

„Königliche Regierung – Abtheilung des Inneren zu Magdeburg:
Der Materialist Lakenmacher beabsichtigt auf seinem Haldensleber Straße 14 hier belegenen Grundstücke ein neues Schlachthaus zu erbauen. Dies Vorhaben ist gemäß § 17 der Gewerbeordnung vom 21.2.69 in dreifacher Weise zur öffentlichen Kenntnis gebracht, u. da Widersprüche dagegen nicht erhoben sind, überreichen wir die betreffenden Zeichnungen, Beschreibungen u. die Belegsblätter zur hochgeneigten weiteren Verfügung u. mit dem gehorsamsten Bemerken, daß Bedenken gegen diese Anlage nicht entgegenstehen".

Die Königliche Regierung (Abteilung I) erteilte auf dieses Schreiben hin die Konzession und schrieb an die Polizeiverwaltung zu Neustadt-Magdeburg zurück:

„In Folge des Berichts vom 31. v. Monats betreffend die von dem Materialisten Lakenmacher zu Neustadt beabsichtigte Anlage eines neuen Schlachthauses auf seinem Haldensleber Straße No. 14 daselbst belegenen Grundstücke haben wir dem Unternehmer zu dieser Anlage heute die Concession ertheilt. Ausfertigung derselben lassen wir der Polizei-Verwaltung behufs der Aushändigung an den q. Lakenmacher gegen Erlegung des an unsere Stempelkasse binnen 14 Tagen abzuführenden Betrages von 15 Sgr für den verwendeten Stempel nebst einer zweiten Ausfertigung zur Kenntnisnahme anliegend zugehen.
Die Kosten der Bekanntmachungen fallen dem Unternehmer nach 22 der Gewerbe-Ordnung für den Norddeutschen Bund vom 21. Juni 1869 zur Last.
Vor der Aushändigung der Concession ist der Unternehmer jedoch darüber zu vernehmen, ob er gegen die derselben hinzugefügten Maßgaben Einwendungen zu erheben habe. Zutreffendenfalls ist die Concession nebst Akten an uns zurückzuschicken und werden wir dann einen Termin zur mündlichen Verhandlung der Sache anberaumen.

Die eingereichten Akten nebst Unterlagen werden hier wieder beigefügt."

Die Konzession des Schlachthauses war an folgende Auflagen gebunden:

"Dem Materialisten Lakenmacher zu Neustadt wird zu der beabsichtigten Anlage einer Schlachterei auf seinem Haldensleber Straße No 14 daselbst belegenen Grundstücke gemäß den Paragraphen 16 und 18 der Gewerbe-Ordnung für den Norddeutschen Bund vom 21. Juni 1869 unter Vorbehalt der Rechte eines jeden Dritten die nachgesuchte Genehmigung hiermit unter der Bedingung ertheilt, daß die Anlage nach

1. *der Situation und Zeichnung zur Verlängerung des Vordergebäudes, so wie zum Bau eines Schlachthauses und Abtrittes auf dem, vom Materialisten Herrn Lakenmacher zu Neustadt erkauften Grundstücke, Neuhaldenslebener Straße No 14 angefertigt von dem Maurermeister Bernstorf zu Neustadt den 30. September 1874 fol: 14 der Akten der Polizei-Verwaltung zu Neustadt und*
2. *den Erläuterungen zum Bau eines Schlachthauses auf dem Gehöfte, Neuhaldenslebener Straße No 14 zu Neustadt No. 14 Band 6 Bl. 354 Grundacten 486 im Hypothekenbuche zu Neustadt verzeichnet - angefertigt werden z. Bernsdorf den 30. September 1874 fol: 1 und 2 ibid. mit den Maaßgaben in Ausführung kommen, daß*

a. *in der Schlächterei an zwei einander entgegengesetzten Wänden große Fenster angebracht werden oder auf andere Weise für die nothwendige Ventilation gesorgt wird;*
b. *die Schlächterei nicht gedielt, sondern der Fußboden entweder von Asphalt gefertigt oder gepflastert und unterhalb des Pflasters mit einer Schicht versehen wird, so daß das Eindringen organischer Stoffe verhindert wird und Blut und andere Stoffe leicht mit Wasser fortgespült werden können;*
c. *der Fußboden außerdem einen starken Fall und einen Abzugscanal haben, welcher ebenso wie der Fußboden selbst beschaffen ist und nach einer Sinkgrube führt;*
d. *die Wände der Schlächterei entweder mit Oelfarbe gestrichen oder anderweit so hergestellt werden, daß sie durch Abwaschung vollständig gereinigt und fortdauernd in reinlichem Zustande erhalten werden können;*
e. *die Sinkgrube, welche wöchentlich mindestens zweimal und im Sommer nach jedem Schlachttage zu reinigen ist, nicht zu entfernt von der Schlächterei angelegt und ausgemauert und fest überdeckt wird;*
f. *von dem Hofe in der Nähe der Schlächterei ein Bunnen mit hinreichendem Wasser sich befinde oder die Schlächterei mit einer Wasserkunst versehen wird, wenn die Benutzung der öffentlichen Wasserleitung solches gestattet und*

g. Unternehmer verpflichtet ist, sobald in Gemäßheit des Gesetzes vom 18. März 1868 (Ges. S. S. 277) die Errichtung eines öffentlichen Schlachthauses in Neustadt beschlossen werden sollte, die Schlächterei wieder eingehen zu lassen, event. bei Benutzung derselben sich denjenigen Beschränkungen zu unterwerfen, die in Gemäßheit des angezogenen Gesetzes in Beziehung auf die Benutzung von Privat-Schlächtereien bestimmt werden.

Magdeburg, den 19. November 1874

(Stempel)
Königliche Regierung, Abtheilung des Inneren
(Unterschrift)

Nach dem Vorbild der Kreisverfassung wurde 1875 auch eine neue Provinzialverfassung mit der Provinzialordnung[133] in Preußen beschlossen und eingeführt. Im Unterschied zu der neuen Kreisverfassung berührte die Provinzialreform die eigentliche Staatsverwaltung nicht, sondern sie begründete eine provinzielle **Selbstverwaltung neben der Staatsverwaltung**. Das hatte die eigenartige Folge, daß die Tätigkeit der Königlichen Regierungen nicht oder nur unwesentlich mit der Tätigkeit der neu geschaffenen Provinzialverbände verzahnt oder koordiniert war. Die Provinzialverbände der Selbstverwaltung mit bestimmten Zuständigkeiten traten somit als dritter Träger der staatlichen Verwaltung auf der Mittelinstanz ins Leben. Mit dem Landeshauptmann oder Landesdirektor an der Spitze des Provinzialverbandes wurde neben dem Oberpräsidenten und den Regierungspräsidenten ein dritter Repräsentant der Mittelinstanz eingesetzt. Die Provinzialverbände waren in der Folgezeit ziemlich erfolgreich wirksam und förderten vor allem das Zusammenwachsen der Provinzen und deren Identität innerhalb Preußens.

Für die Provinz Sachsen erwies es sich als besonders problematisch, daß sich der Sitz des Provinzialverbandes nicht in der Provinzhauptstadt, sondern in Merseburg befand. Dies hatte den Effekt, daß mit Merseburg ein weiteres Zentrum entstand, das zunehmend für die Provinz an Bedeutung gewann und die eigentliche Provinzhauptstadt Magdeburg dadurch weiter als Mittelpunkt der Provinz an Boden verlor. Eine solche problematische und für die Provinz folgenreiche Trennung zwischen Provinzhauptstadt und dem Sitz des Provinzialverbandes gab es nur noch in der Rheinprovinz, wo der Provinzialverband in Düsseldorf seinen Sitz erhielt, während der Oberpräsident in Koblenz verblieb. Dagegen war wenig problematisch, daß in der Provinz Brandenburg eine derartige Aufteilung zwischen Potsdam und Berlin erfolgte. In allen anderen Provinzen hatten beide Einrichtungen ihren Sitz in der Provinzhauptstadt.

Durch die Provinzialreform von 1875 blieb die Existenz der Regierungsbezirke und der Regierungen unangetastet. Trotz aller Reformtätigkeit blieben die Königlichen Regierungen nach wie vor die eigentlichen Träger der Staatsverwaltung auf der Mittelinstanz. Sie waren weiterhin in einem ganz allgemeinen Sinne für die innere Verwaltung zuständig und damit für alles, wofür es keine andere ausdrücklich festgestellte spezielle Zuständigkeit gab. Auch in der Zeit des Kaiserreiches blieb das alte Problem der Abgrenzung der Zuständigkeiten zwischen Oberpräsident und Regierungspräsident an der Spitze der Regierungen ungelöst. In gewisser Weise wurde es durch die Existenz des Provinzialverbandes mit einem Landeshauptmann an der Spitze noch verschärft. Der Dualismus von Oberpräsident und Regierungspräsident hatte im Zuge der Debatten zur Provinzialreform zu scharfen Angriffen der Liberalen auf die Einrichtung der Regierungen geführt, deren Abschaffung sie verlangten. Die konservativen Kräfte jedoch verteidigten die Regierungsbezirke und ihre Regierungen und hätten sich eher mit der Beseitigung der Provinzen angefreundet. Die (Reichs-) Regierung Bismarck hatte niemals die Absicht, die Regierungen abzuschaffen. Die Provinzialordnung blieb daher ein Kompromiß, der allerdings dazu führte, daß die Debatten zu dieser Frage bis zum Ende Preußens niemals aufhörten.

6.2 Die Reorganisation der Behörde 1883

Mit dem „Gesetz über die Organisation der allgemeinen Landesverwaltung" vom 26. Juli 1880 wurden Reformen hinsichtlich der Regierungen eingeleitet. Von den Reorganisationsgesetzen hatten das „Gesetz über die allgemeine Landesverwaltung" vom 30. Juli 1883[134] und das „Gesetz über die Zuständigkeit der Verwaltungs- und Verwaltungsgerichtsbehörden" vom 1. August 1883[135] Auswirkungen auf die Umgestaltung der Organisation der Geschäftsbereiche bei den Regierungen. Sie führten zu einer endgültigen Trennung des Amtes des Oberpräsidenten einer Provinz und des Amtes des Regierungspräsidenten.

Auch im Zuge dieser Reform wurde jedoch kein Vorgesetztenverhältnis des Oberpräsidenten gegenüber den Regierungspräsidenten begründet. Wichtig war die Ablösung der Kollegialverfassung bei der Abteilung des Inneren der Regierung durch das büromäßige Prinzip und die Schaffung des Bezirksausschusses. Der **Bezirksausschuß** jedoch war wiederum eine kollegiale Einrichtung. Sie war Verwaltungsbeschlußbehörde und Verwaltungsgericht in einem. Vorsitzender des Bezirksausschusses war der Regierungspräsident. Dazu kamen zwei vom König ernannte Berufsbeamte mit Befähigung zum Richteramt bzw. mit Befähigung zum höheren Verwaltungsdienst sowie vier aus der Einwohnerschaft des Regierungsbezirkes gewählte Mitglieder, die den Status von Ehrenbeamten erhielten.

Der Bezirksausschuß war ein Schritt sowohl zur Weiterentwicklung der Verwaltungsgerichtsbarkeit als auch ein – allerdings ein sehr kleiner – Schritt zur Einbeziehung der Bevölkerung in die Staatsverwaltung und deren Kontrolle.

Zu einer Auflösung der Abteilung des Inneren kam es damals nicht. Sie erfüllte nun unter dem Namen „Präsidialabteilung" weiter den ihr zugewiesenen Aufgabenbereich. Der Regierungspräsident wurde nach der Einführung der genannten Gesetze immer mehr zu einem verantwortlichen Einzelbeamten mit einem ihm persönlich zugewiesenen Tätigkeitsfeld, für das ihm ein Oberregierungsrat, Räte und sonstige Mitarbeiter zur Verfügung standen. Das Amt des Regierungsvizepräsidenten wurde wieder abgeschafft. An seine Stelle trat ein Stellvertreter des Regierungspräsidenten in Verhinderungsfällen.

Der Regierungspräsident führte nun zunehmend dominanter, aber noch mit dem Regierungskollegium gemeinsam, die staatliche Verwaltung innerhalb des Regierungsbezirkes. In der Praxis zeigte sich, daß die Stellung des Plenums immer geringer wurde und auch immer seltener zur Beschlußfassung zusammengerufen worden ist. Die Stellung des Regierungspräsidenten innerhalb der Regierung wurde auch durch das Recht gestärkt, Beschlüsse des Plenums oder der Regierungsabteilungen außer Kraft zu setzen und im Notfalle unter persönlicher Verantwortlichkeit nach seiner Ansicht zu verfahren.

Diese Veränderungen infolge der Reichseinigung blieben für die nächsten Jahrzehnte ohne weitere Schritte der Umgestaltung der Verwaltung. Allerdings hörten die Debatten über Reformen nicht auf. Sie nahmen angesichts der Existenz und der erfolgreichen Entwicklung der Provinzialverbände sogar zu.

Die Regierungen hatten nach 1883 auch neue Aufgaben zugewiesen erhalten, darunter die Aufsicht über das neu begründete Sozialversicherungswesen in Form des Oberversicherungsamtes und die Gewerbeaufsicht. Hinsichtlich der Gewerbeaufsicht war es nicht so sehr die Aufgabe der Regierung, die Ansiedlung von neuen Gewerben zu fördern, sondern vorhandene Gewerbe auf die Einhaltung der gesetzlichen Bestimmungen bezüglich der Kinderarbeit, Frauenarbeit, Arbeitszeitregelungen und Lohnzahlungen zu kontrollieren.

Das weiter bestehende unklare und problematische Verhältnis vor allem zwischen den Verantwortungsbereichen des Regierungspräsidenten und des Oberpräsidenten führte am Ende des 19. Jahrhunderts zu mehreren Reformversuchen, die jedoch alle steckenblieben. Eine Modernisierung der preußischen Staatsverwaltung im Sinne einer klaren Dezentralisierung und Vereinfachung durch eine Verlagerung der Aufgaben nach unten zeichnete sich zwar ab, konnte aber trotz zahlreicher Vorschläge nicht realisiert werden.

Schon im Jahre 1880 deuteten sich mit dem Gesetz vom 26. Juli 1880 wesentliche Änderungen in der Verwaltungsstruktur an.

Der entscheidende organisatorische Einschnitt erfolgte drei Jahre später mit dem bereits zu Beginn dieses Abschnitts genannten Gesetz über die allgemeine Landesverwaltung vom 30. Juli 1883[136], das in einem inneren Zusammenhang mit dem zwei Tage später verabschiedeten Gesetz über die Zuständigkeit der Verwaltungs- und Verwaltungsgerichtsbehörden[137] zu sehen ist. Diese Gesetze hatten folgende Auswirkungen auf die Organisation der Regierungen:

a) Ämtertrennung Oberpräsident - Regierungspräsident

An der Spitze der Königlichen Regierung am Sitze des Oberpräsidenten stand fortan ein gesonderter Regierungspräsident. Das Amt des Regierungsvizepräsidenten fiel fort und der Oberpräsident war nicht mehr Regierungspräsident.

Damit erhielt die Regierung am Sitze des Oberpräsidenten ein größeres Maß an Selbständigkeit. Die Eingriffe des Oberpräsidenten in die Verwaltung der Regierung reduzierten sich dadurch, daß der Oberpräsident nunmehr seinen eigenen (kleinen) Verwaltungsapparat bekam[138]. Der Oberpräsident wurde mit einem Oberpräsidialrat und einer erforderlichen Anzahl von Räten und Hilfsarbeitern ausgestattet.

Die Position des Regierungspräsidenten, gleich ob er der Regierung in der Provinzhauptstadt oder der Regierung eines anderen Provinzortes vorstand, wurde daneben durch eine Reihe organisatorischer Änderungen gestärkt.

Obwohl die Ämtertrennung von Oberpräsident und Regierungspräsident de jure erst 1883 wirksam wurde, sind die Ämter in Magdeburg bereits zwei Jahre zuvor getrennt worden.

Der erste „richtige" Regierungspräsident war Wilhelm Carl Heinrich Magnus von Wedell.

b) Stärkung der Position des Regierungspräsidenten

Die Abteilung des Innern wurde aufgehoben. Die Geschäfte dieser Abteilung wurden nunmehr vom Regierungspräsidenten selbst wahrgenommen, dem zur Erfüllung dieser Aufgaben ein Oberregierungsrat (Stellvertreter des Regierungspräsidenten), Räte und Hilfsarbeiter[139] zugeordnet wurden. Damit hatte der Regierungspräsident in Hinsicht auf die inneren Angelegenheiten ein eigenes Entscheidungsrecht. Im Hinblick auf die Angelegenheiten der anderen Abteilungen wurden seine Befugnisse ebenfalls gestärkt. Er hatte nunmehr die Befugnis, Beschlüsse des Plenums oder einer Abteilung außer Kraft zu setzen und – wenn die Sache eine schnelle Erledigung forderte – selbst zu entscheiden. Ansonsten war „höhere Entscheidung" einzuholen. Daneben erhielt der Regierungspräsident auch eine Eil- und Vorortzuständigkeit, d.h. er konnte bei Gefahr im Verzug oder bei Anwesenheit an Ort und Stelle in den der Regierung zugewiesenen Angelegenheiten Verfügungen treffen.

c) Die Einrichtung des Bezirksausschusses

Als neue Einrichtungen im Verwaltungsgefüge wurden sogenannte Bezirksausschüsse gebildet, die jeweils für ein Regierungspräsidium und seinen Bezirk zuständig waren. Die Bezirksausschüsse übernahmen die Aufgaben der Verwaltungsgerichtsbarkeit und hatten damit die Funktion von Verwaltungsgerichten. Der Bezirksausschuß bestand aus dem Regierungspräsidenten als Vorsitzendem und sechs Mitgliedern. Zwei dieser sechs Mitglieder wurden vom König auf Lebenszeit ernannt. Einer von ihnen mußte die Befähigung zum Richteramte, der andere die Befähigung zur Bekleidung von höheren Verwaltungsämtern haben. Einer der beiden wurde zum Stellvertreter des Regierungspräsidenten im Bezirksausschuß bestimmt. Die weiteren vier Mitglieder des Bezirksausschusses wurden aus den Einwohnern des Bezirkes durch den Provinzialausschuß gewählt. Damit war die Beteiligung des Volkes an Verwaltungsentscheidungen realisiert.

d) Neue Aufgaben

Wesentliche Veränderungen in den Zuständigkeiten der Regierung hat es nicht gegeben. Das Regierungspräsidium erhielt noch die Aufsicht über das Sozialversicherungswesen und fungierte dabei als Oberversicherungsamt. Weitere Aufgaben betrafen den Bereich der Gewerbeaufsicht. Nunmehr hatten die Regierungen eine neue Aufsichtsfunktion über die Einhaltung der gewerberechtlichen Schutzbestimmungen erhalten.

6.3   Reformversuche am Ende des Kaiserreiches

Trotz der vorbeschriebenen Verwaltungsreformen des 19. Jahrhunderts hörten die Debatten über weitere Umgestaltungen nicht auf. Die Kritik von Verwaltungsfachleuten, Parlamentariern und schließlich auch Vertretern der Wissenschaft richtete sich vor allem gegen den „Bürokratismus", „Assessorismus" und unübersichtliche Kompetenzverteilung.[140] Hinzu kamen Bestrebungen nach mehr Dezentralisation und größere Berücksichtigung wirtschaftlicher Interessen in der Verwaltungstätigkeit. Nach wie vor galt das Verhältnis von Oberpräsident und Regierungspräsident als problematisch.

Weniger als die Geschäftsgänge, Kompetenzen und Arbeitsweisen wurde die bestehende territoriale Gliederung der Verwaltung kritisiert. Für die Regierung in Magdeburg sind Vorschläge für eine territoriale Neugliederung ihres Regierungsbezirkes nicht nachweisbar. Wohl aber hat es zu dieser Zeit bereits erhebliche Bedenken gegen den territorialen Zuschnitt der Provinz Sachsen gegeben, die nach wie vor in der Gestalt von 1815 bestand und ein besonders krasses Beispiel für diese die Verwaltung behindernde Zerrissenheit darstellte. Solche Kritiken gingen vor allem von dem sich erfolgreich entwickelnden Provinzialverband aus, dessen Tätigkeit immer öfter zu Problemen gegenüber der Tätigkeit der Regierungen auf Bezirksebene führten.

Infolge dieser Debatten wurde im Jahr 1909 eine „Immediatkommission zur Vorbereitung der Verwaltungsreform" berufen. Diese Kommission legte mehrere Entwürfe für eine Reform vor, die jedoch vor dem ersten Weltkrieg nicht mehr zur Umsetzung kamen. Der bekannte Berliner Staatsrechtler Hugo Preuß hatte um 1910 eine Reform der Verwaltung gefordert, die eine verstärkte politische Anteilnahme der Bürger vorsah.

Der Ausbruch des ersten Weltkrieges im Jahre 1914 und die Novemberrevolution 1918 hatten keinen Einfluß auf Organisation und Struktur der Regierungen. Dabei gab es in dieser Zeit sehr wohl eine Reihe umwälzender Vorstellungen, darunter die von Bill Drews, der von 1903 bis 1905 Landrat in Oschersleben war und 1917 als preußischer Innenminister zum Staatskommissar für die Vorbereitung der Verwaltungsreform ernannt wurde. Dieser plädierte für die Auflösung der Regierungen [141].

Nach dem Ende der preußischen Monarchie hielt auch die neue Staatsregierung des nunmehrigen Freistaates Preußen an der bestehenden Verwaltungsstruktur fest. In den Wirren der Novemberrevolution und der nachfolgenden Krisenzeit hatten sich nämlich die Regierungen als zuverlässig tätige und stabile Verwaltungseinrichtungen bewährt. So hatten in der Folgezeit auch die zahlreichen Gesetzesvorhaben der Weimarer Republik wie das neue Polizeiverwaltungsgesetz, die Beamtendienststrafordnung und andere nur geringfügige Auswirkungen auf Organisation und Arbeitsweise der Regierungen.

Die Regierungspräsidenten:

von Witzleben, Hartmann Erasmus[142]

geb.: 9. Dezember 1805 in Weißenfels
gest.: 12. Oktober 1878 in Merseburg
verh.: I. Maria Gräfin zu Solms-Baruth
Vater: Gutsbesitzer, Geheimer
Regierungsrat

Amtszeit: 2. September 1850
bis 9. November 1872

Hartmann Erasmus von Witzleben legte im September 1824 die Reifeprüfung an der Klosterschule in Rossleben ab. Im Anschluß daran studierte er zwei Jahre an der Universität in Göttingen und ein Jahr lang an der Universität in Halle Rechts- und Staatswissenschaften. Die erste juristische Staatsprüfung bestand er 1827 mit dem Prädikat „sehr gut". Anschließend war er Auskultator beim Stadtgericht Berlin und bestand dort die zweite juristische Prüfung ebenfalls mit dem Prädikat „sehr gut". Von November 1830 bis Dezember 1833 war er Referendar bei der Regierung in Merseburg und bestand die höhere Staatsprüfung für Verwaltungsbeamte mit sehr gutem Zeugnis. Im Anschluß daran war er als Regierungs-Assessor bei der Regierung in Minden tätig. 1835 wurde von Witzleben Hülfsarbeiter bei der Etatsabteilung des preußischen Finanzministeriums. 1837 erhielt er die Ernennung zum Regierungsrat und wirkte sodann bei der Regierung in Potsdam. Von 1838 bis 1840 war er Landrat des Niederbarnimschen Kreises und anschließend Vortragender Rat beim Prinzen von Preußen. 1841 wurde er Hülfsarbeiter im Staatsrat und 1842 Geheimer Referendarius. Am 17. Mai 1844 übernahm von Witzleben das Amt des Regierungspräsidenten in Liegnitz und danach in Merseburg (bis Oktober 1848). Von 1850 bis 1872 war er Oberpräsident der Provinz Sachsen und gleichzeitiger Regierungspräsident in Magdeburg. 1861 erhielt er den Titel „Wirklicher Geheimer Rat" mit dem Prädikat Exzellenz.

Freiherr von Patow,
Erasmus Robert Artur Paul, Dr. jur.[143]

geb.: 10. September 1804 in Mallenchen
gest.: 5. Januar 1890 in Berlin
verh.: I. Amalie von Endell
Vater: Gutsbesitzer

Amtszeit: 23. Februar 1873
                bis 31. März 1881

Freiherr von Patow studierte Rechtswissenschaften an den Universitäten in Berlin, Heidelberg und Leipzig. Anschließend war er als Auskultator in Frankfurt/Oder tätig. Ab 1829 befand er sich im Verwaltungsdienst, zunächst als Referendar und dann bis 1833 als Assessor bei der Regierung in Potsdam. Im Anschluß daran wirkte er im preußischen Finanzministerium. 1835 wurde er Geheimer Finanzrat, 1837 Vortragender Rat, 1840 Geheimer Oberfinanzrat und Mitglied des Staatsrates. 1844 übernahm er den Posten eines Direktors im preußischen Innenministerium und danach war er bis 1845 Regierungspräsident in Köln. 1845 wurde er Ministerialdirektor im preußischen Außenministerium. Vom 17. April 1848 bis zum 25. Juni 1848 war er Minister für Handel und Gewerbe, anschließend bis 1849 Oberpräsident der Provinz Brandenburg. In der Zeit von 1859 bis 1862 übte er das Amt des Finanzministers aus. Schließlich wurde er 1866 zum Zivilgouverneur für Frankfurt/Main, Oberhausen und Nassau ernannt. Mit Wirkung zum 23. Februar 1873 übernahm er die Aufgaben des Oberpräsidenten der Provinz Sachsen und gleichzeitigen Regierungspräsidenten in Magdeburg. Seine Amtszeit ging bis zum 31. März 1881.
Von Patow war seit 1833 Mitglied des Landtages der Niederlausitz, 1847 bis 1848 Mitglied des Vereinigten Landtages, 1849 Mitglied der Zweiten Kammer, 1871 Mitglied des Reichstages und 1872 Mitglied des Herrenhauses.

von Wedell,
Wilhelm Carl Heinrich Magnus [144, 145]

geb.:   1837 in Piesdorf
gest.: 11. Juli 1915 in Berlin
verh.: ja
Vater: Gutsbesitzer, Regierungspräsident
        in Aachen, Stralsund und
        Merseburg, Direktor der
        Hauptverwaltung der
        preußischen Staatsschulden

Amtszeit: 1881 bis 1888

Von Wedell absolvierte die Klosterschule in Roßleben und studierte danach Rechtswissenschaften in Heidelberg. Nach den Stationen eines Regierungsreferendars und Regierungsassessors war er in den Jahren 1870 und 1871 Landrat im Kreis Wolmirstedt und von 1871 bis 1876 Landrat im Mansfelder Seekreis. 1879 wurde er Abgeordneter im preußischen Abgeordnetenhaus.

Ein Jahr später wurde er zum Königlichen Kammerherrn ernannt. Von 1884 bis 1886 war er Präsident des Deutschen Reichstages. 1881 bis 1888 übernahm er zugleich das Amt des Regierungspräsidenten bei der königlichen Regierung in Magdeburg.

Graf von Baudissin, Traugot Adalbert Ernst [146]

geb.: 16. Juni 1831 in Pojensdorf
gest.: 2. Mai 1905 in Eberswalde
verh.: I. Adelaide Gräfin von Reventeloe
Vater: Gutsbesitzer

Amtszeit: 1889 bis 1897

Graf von Baudissin absolvierte in den Jahren 1850 und 1851 seinen Militärdienst als Leutnant der Infanterie im Herzogtum Schleswig-Holstein. Im Anschluß daran studierte er bis 1854 Rechtswissenschaften in Berlin. Seine weitere Ausbildung erfolgte von 1854 bis 1857 am Polizeipräsidium Berlin und bei den Appellationsgerichten in Frankfurt/Oder und Guben. 1858 war er Gerichtsassessor in Berlin. 1865 wurde er Amtmann/Landrat in Flensburg. Noch im gleichen Jahr übernahm er für vier Jahre das Amt des Landrates in Eckernförde. 1871 war er bei der Regierung in Koblenz tätig. Vier Jahre später wurde er zum Regierungspräsidenten bei der Regierung in Düsseldorf ernannt. In der Zeit vom 5. August 1878 bis 1889 war er Abteilungsdirigent der ersten Abteilung (ab 1883 Präsidialabteilung) bei der Königlichen Regierung in Magdeburg. Anschließend war er bis 1897 Regierungspräsident in Magdeburg.

Regierungspräsident von Arnstedt, Friedrich Wilhelm Oskar [147]

geb.: 8. Mai 1840 in Brumby
(Kreis Neuhaldensleben)
gest.: nicht bekannt
verh.: nicht bekannt
Vater: nicht bekannt

Amtszeit: 1897 bis 1. April 1903

Friedrich Wilhelm Oskar von Arnstedt war von 1874 bis 1885 Landrat im Kreis Zeitz. Anschließend wurde er zum Oberpräsidialrat, dem Stellvertreter des Oberpräsidenten, ernannt. Im selben Jahr wurde er noch am 4. September zum Mitglied des Provinzialrates der Provinz Sachsen ernannt. In der Zeit von 1897 bis zum 1. April 1903 übte er das Amt des Regierungspräsidenten bei der Königlichen Regierung in Magdeburg aus.

von Baltz,
Constanz Maximilian Friedrich, Dr. jur.[148]

geb.: 9. August 1855 in Berlin
gest.: 16. Juni 1918 in Trier
verh.: nicht bekannt
Vater: nicht bekannt

Amtszeit: 1903 bis 1908

Dr. von Baltz war von 1885 bis 1903 Landrat in Gelsenkirchen und anschließend bis 1908 Regierungspräsident in Magdeburg. Es schloß sich eine zehnjährige Amtszeit als Regierungspräsident bei der Regierung in Trier an.

von Borries, Georg Hermann
Julius Bodo Fritz, Dr. jur.[149]

geb.: 9. März 1857 in Herford
gest.: 19. Dezember 1922 in Bad Oeynhausen
verh.: I. Martha Luise Margarethe
        von Kryger
Vater.: nicht bekannt

Amtszeit: 1. Februar 1908 bis
          30. Oktober 1909

Von Borries studierte von 1875 bis 1878 in Heidelberg und in Berlin Rechtswissenschaften. 1878 wurde er Gerichtsreferendar, 1881 Regierungsreferendar und 1883 Regierungsassessor. Vom 1. Oktober 1876 bis zum 30. September 1877 war er Einjährig-Freiwilliger im 2. Garde-Ulanen-Regiment. Vom 10. August 1885 bis zum 20. März 1891 übte er das Amt des Landrates des Kreises Norden aus. Anschließend wurde er Landrat des Kreises Herford. 1903 übernahm er für fünf Jahre den Posten des Polizeipräsidenten in Berlin. Anschließend war er vom 1. Februar 1908 bis zum 30. Oktober 1909 Regierungspräsident in Magdeburg. Es schloß sich eine Regierungspräsidentenzeit bis zu seiner Pensionierung am 1. Juli 1917 in Minden an.
Von 1896 bis 1903 war er auch stellvertretender Vorsitzender der Landwirtschaftskammer für Westfalen. Desweiteren war er Mitglied des Deutschen Landwirtschaftsrates und des Preußischen Landesökonomiekollegiums, Wirklicher Geheimer Oberregierungsrat und Rittergutsbesitzer zu Ulenburg.

**Miesitschek von Wischkau,
Karl, Dr. jur.** [150]

geb.: 29. Juni 1859
gest.: 26. März 1937 in Liegnitz
verh.: I. Jenny von Goßler
Vater: Karl, Gustav Miesitschek von
      Wischkau, Oberstleutnant

Amtszeit: 1910 bis 1919

Dr. Karl Miesitschek von Wischkau wurde 1882 Regierungsassessor, 1889 Landrat in Wongrowitz, 1895 in Thorn und kam 1896 als Regierungsrat an das Oberpräsidium in Danzig. Vom Grafregenten Ernst zur Lippe-Biesterfeld zum lippischen Staatsminister berufen, hatte er als Vertreter des Fürstentums im Bundesrat dessen Konflikt mit Lippe-Schaumburg auszufechten. Es gelang ihm indes nur, die landesgesetzliche Regelung der Frage insoweit durchzusetzen, als für die Nachfolge in der Regentschaft an Stelle der Wahl des Regenten durch den Landtag die Primogeniturerbfolge im Biesterfelder Hause gesetzlich festgelegt wurde. Nachdem Miesitschek 1900 seine Entlassung als Minister erhalten hatte, trat er 1902 wieder in den preußischen Dienst und wurde Regierungsrat in Marienwerder. 1905 wurde er versetzt nach Posen, 1907 nach Düsseldorf, wo er zum Oberregierungsrat ernannt wurde. Daran schloß sich seine Tätigkeit als Regierungspräsident in Magdeburg an.

Gebäude der Königlichen Regierung zu Magdeburg am Domplatz um 1918

7   Novemberrevolution und Weimarer Republik

Der Ausbruch des Ersten Weltkrieges im Jahre 1914 und die Novemberrevolution 1918 hatten zwar keinen Einfluß auf die Struktur der Behördenorganisation der Regierung, sie hatte jedoch sowohl bei der Mobilmachung als auch während des Krieges ihre Tätigkeit stark auf die Kriegssituation einzurichten.

Aber auch nach der Novemberrevolution hielt die neue Regierung des nunmehrigen Freistaates Preußen an der Einrichtung der ehemals „Königlichen" Regierungen fest, die sich über alle Stürme des Weltkrieges und der Revolution als zuverlässige Träger der Staatsverwaltung erwiesen hatten. Es zeigte sich bei den Umbrüchen infolge der Novemberrevolution, daß auch diese Umwälzung der Gesellschaft zwar grundlegenden Einfluß auf die Verfassungsebene, kaum aber auf den Aufbau und Struktur der Regierungen hatte.

Im Regierungsbezirk Magdeburg verlief die Novemberrevolution relativ unblutig und auch relativ undramatisch bei politischer Dominanz der Mehrheitssozialdemokratie. Die revolutionären Aktionen im Regierungsbezirk bzw. am Sitz der Regierung in Magdeburg richteten sich nicht gegen die Behörde des Regierungspräsidiums oder gegen Persönlichkeiten der Regierung. Dies war nicht selbstverständlich, da der Domplatz, an dem sich das Gebäude der Regierung befand, der wichtigste Ort für Demonstrationen und Kundgebungen in Magdeburg war.

Anfang April 1919 waren auf und um den Domplatz herum infolge des bewaffneten Einschreitens der Landjäger des Generals Maercker gegen Demonstranten sogar Tote und viele Verletzte zu beklagen. Dennoch konnte Regierungspräsident Karl Miesitschek von Wischkau mit seiner Behörde weitgehend unbehelligt von revolutionären Erruptionen die Tätigkeit der Regierung fortsetzen. Nicht einmal die Abdankung der kaisertreuen Regierung selbst wurde verlangt. Der letzte kaiserliche Regierungspräsident stellte 1919 sein Amt zur Verfügung, da er sich mit den neuen gesellschaftlichen Verhältnissen nicht abfinden konnte und die Konsequenz des Rücktritts daraus zog. Bis auf Ausnahmen verhielt sich die Beamtenschaft der Regierung Magdeburg wie die in ganz Preußen und Deutschland loyal gegenüber der neuen Republik.

In Preußen gab es sogar eine Verordnung aus dem Jahre 1919, die die Versetzung von Beamten in den einstweiligen Ruhestand wegen „Umgestaltung des Staatswesens" ermöglichte, die aber weder in Magdeburg noch bei den übrigen preußischen Regierungen nennenswert in Anspruch genommen worden ist.

Allerdings blieben in weiten Kreisen der früher kaiserlichen Beamten mehr oder minder große Vorbehalte gegen die Republik und den demokratischen Staat lebendig.

Mit der preußischen Verfassung von 1920 trat eine Demokratisierung des Staatswesens ein, das die Rahmenbedingungen der Verwaltung grundlegend veränderte. Die Dominanz des Adels in der Besetzung der führenden Positionen, besonders des Regierungspräsidenten, wurde aufgehoben. Die deutsche Republik förderte die bevorzugte Einstellung republikanischer und demokratisch gesinnter Beamter vor allem in Spitzenpositionen. Dies schloß auch den Aspekt eines gewissen Nachholbedarfs in der Besetzung von Beamtenstellen durch Sozialdemokraten und andere in der Zeit des Kaiserreiches ausgeschlossene Gruppen ein.

Allerdings waren unter den Bedingungen der finanziellen Notlage des Staates der Neubesetzung enge Grenzen gesetzt. An die Spitze der Regierungen gelangten jetzt die Regierungsparteien, vor allem der SPD nahestehende Beamte, die nicht die bisher vorgesehene Beamtenlaufbahn durchschritten hatten.

Insofern hatte das Ende der Monarchie eine kleine, aber wesentliche Veränderung des Beamtenwesens zur Folge gehabt. Es war nunmehr unter Bruch mit der Preußischen Beamtentradition möglich, Personen in Ämter zu berufen, die die laufbahnrechtlichen Voraussetzungen nicht erfüllten. Bis 1918 hatten die Spitzenbeamten die sogenannte „Ochsentour" zu durchlaufen, die mit einer herausragenden Position auch nur dann abgeschlossen wurde, wenn man sich durch Leistungen und Fähigkeiten im Dienst für das Gemeinwesen ausgezeichnet hatte. Dies belegen eindrucksvoll die Lebensläufe der Magdeburger Regierungspräsidenten. Mit Alexander Pohlmann (SPD) wurde im Jahre 1920 ein Mann Regierungspräsident in Magdeburg, der zwar ein juristisches Studium absolviert, jedoch zuvor kein Amt in der Preußischen Landesverwaltung inne gehabt hatte. Ihm folgte im Jahre 1930 der Halberstädter Oberbürgermeister Paul Weber (SPD), der ebenfalls aus der Kommunalverwaltung kam und zudem über kein (juristisches) Studium verfügte.

Dieser Regierungspräsident war es auch, der im Zuge des „Preußenschlages" am 20. Juli 1932 durch den Reichskanzler Franz von Papen als Parteibuchbeamter sein Amt verlor. An diesem und den folgenden Tagen entließ von Papen im Freistaat Preußen eine Vielzahl hoher Beamter, die den deutschen nationalen Kräften nicht mehr genehm waren. Neben Weber verloren in Magdeburg auch der Oberpräsident Dr. Falck und der Polizeipräsident Dr. Baerensprung ihre Ämter. Die Magdeburger Presse nahm die Amtsenthebung Webers unterschiedlich auf. Während die Magdeburgische Tageszeitung vom 23. Juli 1932 dieses Ereignis begrüßte, äußerte die Sozialdemokratische Volksstimme ihr Unverständnis. Weber selbst quittierte seine Amtsenthebung mit der Bemerkung, daß er sich nun unbelastet dem Wahlkampf widmen könne.

Was der Regierungspräsident als eher unbedeutenden Akt einer ständig wechselnden Reichsregierung auffaßte, war der Anfang einer folgenschweren Entwicklung für das Beamtentum.

Nach Einführung der Verfassung des Freistaates Preußen waren die Landräte Vertreter der demokratisch gewählten Parteien. Dies begründete einen völlig anderen Charakter der Landräte und ihrer Ämter als Repräsentanten des demokratischen Staatswesens auf der Ebene der Kreise. Eine Folge dieser Veränderungen war, daß während der Zeit der Weimarer Republik keine adligen Personen das Amt eines Landrates im Regierungsbezirk bekleideten.

Für die Tätigkeit und die Struktur der Regierung hatte die Einrichtung der Reichsfinanzverwaltung bedeutende Veränderungen für die dritte Abteilung zur Folge, da ihre Zuständigkeit danach nur noch auf die Domänen und Forsten beschränkt blieb.

In der Zeit der Weimarer Republik fielen den Regierungen auch eine Reihe von neuen Aufgaben zu. Dazu gehörten die Mitwirkung bei der Aufwertung von Anleihen der Gemeinden und Gemeindeverbände, die Neuordnung des Arbeitsrechts und die Beteiligung an Schlichtungsausschüssen und anderes. Die Demokratisierung des öffentlichen Lebens und der Gesellschaft hatten zur Folge, daß die Regierungen ihre Tätigkeit an die neuen Bedingungen anpassen mußten. Dazu gehörten auch Rechtsvorschriften, die für die unmittelbare Regierungsarbeit von Bedeutung waren wie Änderungen des Polizeiverwaltungsgesetzes, der Beamtendienststrafordnung u.a.

Der Regierungsbezirk Magdeburg spielte in den Reformbemühungen der Regierungstätigkeit insofern eine besondere Rolle, als in seinem Bereich Modellversuche hinsichtlich der Dezentralisierung der Polizeiverwaltung stattfanden, die eine Übertragung von Dienstgeschäften der Regierung auf die nachgeordneten Behörden einschlossen. Die Magdeburger Modellversuche führten aber nicht zu einer flächendeckenden Einführung dieses Prinzips in Preußen.

Eine ernsthafte und tiefgreifende Reform der preußischen Verwaltung wurde in der Zeit der Weimarer Republik zwar wiederholt diskutiert, sie kam aber nicht zustande. Reformen der Verwaltung wurden noch dadurch kompliziert, daß Mitte der zwanziger Jahre zunehmend eine Neugliederung des Reiches insgesamt diskutiert wurde. Dabei spielte gerade das Gebiet der Regierung in Magdeburg im Zusammenhang mit der „Mitteldeutschlandfrage" eine besondere Rolle. Das Problem bestand darin, daß die staatliche Zersplitterung in Mitteldeutschland besonders groß war, während sich gerade in diesem Gebiet ein starker, weltweit ausgreifender Wirtschaftsraum gebildet hatte, der durch die bestehenden Verwaltungsgrenzen in seiner Tätigkeit erheblich behindert wurde. In dieser Debatte entstand schließlich unter anderem ein Plan zur Schaffung des Landes Sachsen-Anhalt, der stark von den Repräsentanten des Provinzialverbandes der Provinz Sachsen ausging.

In den zwanziger Jahren erzwang die angespannte Finanzlage des Staates einen Personalabbau, der per Verordnung aus dem Jahre

1924 ein Viertel der Beamten einsparen sollte. Dieses Ziel wurde nicht erreicht, dafür kam es aber im Bereich der Angestellten und Arbeiter zu wesentlichen Verringerungen. Wegen der zu zahlenden Beamtenpensionen war der finanzielle Einsparungseffekt jedoch gering.

Die extreme Notlage, die durch die Weltwirtschaftskrise von 1929 und den Folgejahren ausgelöst worden war, bewirkte, daß nunmehr bislang undurchführbare Reformen der Verwaltung in Angriff genommen wurden.
Die Verordnung zur Vereinfachung und Verbilligung der Verwaltung vom 3. September 1932 [151] und die dazu ergangenen Ausführungsbestimmungen führten zu tiefgreifenden Änderungen in der Verwaltungsstruktur der Mittelbehörden. Diese betrafen insbesondere Oberpräsident und Regierungspräsident. Das Verhältnis des Oberpräsidenten zum Regierungspräsidenten wurde erstmals klar abgegrenzt. Der Oberpräsident wurde zum ständigen Vertreter der Staatsregierung in der Provinz bestimmt. Darüber hinaus wurden ihm besondere Zuständigkeiten zugewiesen. Die allgemeine Landesverwaltung innerhalb des Regierungsbezirkes übernahm allein der Regierungspräsident. Ein Weisungsverhältnis zwischen Oberpräsident und Regierungspräsident wurde dabei nicht begründet; auch war der Oberpräsident nicht sein Dienstvorgesetzter. Die Aufsicht über den Regierungspräsidenten übten die Minister aus. Beschwerden über den Regierungspräsidenten waren unmittelbar an den zuständigen Minister zu leiten.
Die innerbehördliche Struktur wurde ebenfalls geändert. Die Aufgaben der zweiten und dritten Abteilung wurden dem Regierungspräsidenten als eigenverantwortliche Angelegenheiten zugeordnet. Dies bedeutete eine endgültige Abkehr vom kollegialen Prinzip. Nunmehr war die Behörde des Regierungspräsidenten nahezu völlig bürokratisiert. Die vorhandenen drei Abteilungen wurden um eine Abteilung ergänzt. Damit sollten die Regierungspräsidien im Freistaat Preußen grundsätzlich wie folgt gegliedert sein:

1. Allgemeine Abteilung (früher Präsidialabteilung)
2. Abteilung für Kirchen und Schulen
3. Landwirtschaftliche Abteilung
4. Forstabteilung.

Zur Erledigung seiner Geschäfte wurden dem Regierungspräsidenten erneut ein Regierungsvizepräsident, Regierungsdirektoren, ein Oberforstmeister und Räte entsprechend der Geschäftsordnung beigegeben.
Diese Aufwertung des Regierungspräsidenten und seiner Behörde im Herbst 1932 erfolgte, als in Magdeburg kein Regierungspräsident vorhanden war. Paul Weber war am 20. Juli von seinem Amte enthoben

worden. Erst im Juni 1933 wurde der Posten mit Dr. Helmut Nicolai wieder besetzt.

Gegenstand der Reformen in der Krisenzeit war außerdem eine große Kreisreform. Sie vereinigte noch vor der Machtübernahme durch die Nationalsozialisten die Kreise Grafschaft Wernigerode und Halberstadt zum Kreis Wernigerode, wobei die Stadt Halberstadt selbst bereits seit 1891 einen eigenen Stadtkreis bildete. Dieser neue Kreis Wernigerode wurde noch um mehrere Ortschaften aus dem Bestand der Provinz Hannover vergrößert.

Die Regierungspräsidenten:

Pohlmann, Alexander [152]

geb.: 10. September 1865 in Graudenz
gest.: 5. Oktober 1952 in Freiburg/Breisgau
verh.: nicht bekannt
Vater: Oberbürgermeister in Graudenz

Amtszeit: 1920 bis 1930

Alexander Pohlmann besuchte das Gymnasium in Graudenz. Im Anschluß daran studierte er Rechts- und Verwaltungswissenschaften in Freiburg, Breslau, Leipzig und Berlin. Von 1896 bis 1899 war er Magistratsassessor in Frankfurt/Main und von 1899 bis 1903 Stadtrat in Posen. Er hatte von 1903 bis 1920 das Amt des Ersten (Ober-)Bürgermeisters in Kattowitz inne und war von 1904 bis 1920 Mitglied des schlesischen Provinziallandtages. Von 1915 bis 1918 war Pohlmann zugleich Mitglied des preußischen Abgeordnetenhauses. 1920 übernahm er für zehn Jahre das Amt des Regierungspräsidenten in Magdeburg.
Er war zudem Mitglied des Deutschen Reichstages in der Zeit von 1919 bis Dezember 1922.

Weber, Paul [153]

geb.: 30. Dezember 1875 in Zeitz
gest.: 1958
verh.: nicht bekannt
Vater: nicht bekannt

Amtszeit: 1930 bis 21. Juli 1932

Paul Weber erlernte den Beruf eines Hand-
schuhmachers und wurde Beamter der So-
zialdemokratischen Partei Deutschlands.
Nach mehrjähriger Stadtverordnetentätigkeit
wurde er am 13. März 1919 zum besoldeten
Stadtrat der Stadt Halberstadt gewählt. Am 27. April 1920 erfolgte seine Wahl zum Ersten Oberbürgermeister der Stadt. Paul Weber war
Provinziallandtagsabgeordneter und Vorsitzender des Provinzialausschusses. Es war von 1930 bis 1932 Regierungspräsident in Magdeburg. Die Beendigung seiner Amtszeit als Regierungspräsident in Magdeburg erfolgte durch den sogenannten „Preußenschlag" des Reichs-
ministers von Papen am 21. Juli 1932.

8 Die Verwaltung unter der NS-Diktatur (1933–1944)

Die im Januar 1933 beginnende Errichtung der nationalsozialistischen Diktatur in Deutschland hatte auch erhebliche Auswirkungen auf die Staatsverwaltung. Deren Aufbau und Organisation wurde zwar kaum verändert, da die Nationalsozialisten kein spezifisches Verwaltungskonzept entwickelten und die vorhandenen Strukturen beibehielten. Allerdings ging es ihnen um die Durchsetzung ihrer Macht und Ideologie – darunter die bekannten rassistischen Anschauungen – auch in der Verwaltung sowie um die Ausschaltung der politischen Gegner. Personen, die solchermaßen durch das NS-Regime gebrandmarkt waren, wurden durch Entlassungen, psychischen Druck oder Gewalt aus dem Amt gedrängt wie beispielsweise der Magdeburger Oberbürgermeister Ernst Reuter. Nicht selten war das der Beginn einer langen Leidensgeschichte dieser Personengruppen, die auch mit deren physischer Vernichtung endete.

Die Mehrheit der demokratisch gewählten Landräte der Kreise des Regierungsbezirkes waren wie der Regierungspräsident Weber selbst bereits infolge des „Preußenschlages" der Regierung Papen aus dem Amt gedrängt worden.

Nach dem Machtantritt der Nationalsozialisten wurden die Kreistage bereits im Februar 1933 aufgelöst. Ihre Aufgaben wurden vorübergehend den Kreisausschüssen übertragen. Im Dezember 1933 verloren diese den Hauptteil ihrer Aufgaben an die Landräte. Noch im Jahre 1933 erhielten die Landräte auch das Aufsichtsrecht über die übrigen staatlichen Behörden im Kreis und als Vorsitzende der Kreisausschüsse ebenfalls über die Städte mit mehr als 10.000 Einwohnern, die bis dahin der Kommunalaufsicht der Regierung in Magdeburg unterstanden. Infolge weiterer Maßnahmen der Nationalsozialisten erweiterte sich der Geschäftsbereich der Landräte und damit der Personalbestand der Behörde bedeutend. Neben der Eingliederung der Kreiskommunalverwaltung (1933/1939) erfolgten die Einrichtung und Angliederung der Schulämter (1933), die Verstaatlichung der Fleischbeschauung, die Übertragung der Verkehrs- und der gesamten Baupolizei (1933), der Mobilmachungsvorbereitungen (1935) sowie weiterer Aufgaben auf dem Gebiet des Luftschutzes und der Polizei (1937).

Das „Gesetz zur Wiederherstellung des Berufsbeamtentums" vom 7. April 1933[154] lieferte die Rechtfertigung und war weitere Basis für eine personelle Umgestaltung des Verwaltungsapparates. An den Vorarbeiten zu diesem Gesetz hatte Dr. Helmut Nicolai mitgewirkt, der im Mai 1931 für ein Jahr von der Regierung Oppeln beurlaubt wurde und in dieser Zeit als Leiter der innenpolitischen Abteilung in der Rechtsleitung der NSDAP Gesetzesvorschläge und andere Entwürfe zur juristischen Verankerung nationalsozialistischer Ideen verfaßte.[155] Nicolai kehrte im Sommer 1932 in den Preußischen Staatsdienst zurück:

N. S. D. A. P.
Gau Magdeburg-Anhalt
Der Gauleiter.

Dessau,den 6.November 1936.

10846

An

die Herren

1.) Oberpräsidenten der Provinz Sachsen in Magdeburg,
2.) Anhaltischen Staatsminister in Dessau,
3.) Regierungspräsidenten in Magdeburg,
4.) Oberlandesgerichtspräsidenten in Naumburg (Saale),
5.) Präsidenten des Landesfinanzamtes in Magdeburg,
6.) Präsidenten des Landesarbeitsamtes in Erfurt,
7.) Präsidenten der Oberpostdirektion in Magdeburg,
8.) Präsidenten der Reichsbahndirektion in Hannover.

R u n d s c h r e i b e n .

Betr.: Politische Zuverlässigkeitszeugnisse.

Der Reichs- und Preuß.Minister des Innern hat unter dem 8.10.36
durch Erlaß -II S.B.6403/3801- angeordnet,daß politische Zuverläs-
sigkeitsbescheinigungen von Behörden und Verwaltungen nur von den
Hoheitsträgern bis zum Kreisleiter abwärts eingeholt werden sollen.
Diese Regelung deckt sich insofern mit einer Anordnung des Stellver-
treters des Führers,als politische Zuverlässigkeitszeugnisse nur von
den Hoheitsträgern und zwar bis zu den Kreisleitern einschließlich
abgegeben werden dürfen. Um eine einheitliche Regelung im Gau Magdeburg-Anhalt herbeizuführen und überflüssige Büroarbeit zu vermeiden,
bitte ich Sie,für den Bereich meines Gaues in folgender Weise zu verfahren:

1. Das politische Zuverlässigkeitszeugnis wird von den untersten
   Behörden (Gemeindeverwaltungen,Landratsämtern,Amtsgerichten)
   angefordert,deren Geschäftsbereich kleiner als ein Kreis ist
   oder sich mit einem Kreise der NSDAP deckt:
       Die Anträge auf Erteilung der Bescheinigung werden von
   dem Leiter der Behörde an den für den Behördensitz zuständigen Kreisleiter gerichtet.

2. Das politische Führungszeugnis wird von den Mittelbehörden
   (Anhaltisches Staatsministerium,Oberpräsidium,Regierungs-
   präsidium),deren Zuständigkeitsbereich über das Gebiet eines
   Kreises hinausgeht,angefordert:
       In diesem Fall ist der Antrag zu richten an den Beauf-

tragten des Gauleiters und zwar:

a) bei Personen, die ihrer Stellung nach für den NSRB zuständig sind, also Rechtsanwälte, Notare, Richter, Rechtspfleger usw., an den Gau-Rechtsamtsleiter Dr. K u h l m e y in Magdeburg, Breiter Weg 232 a,

b) Bei Erziehern, die für den NS.-Lehrerbund zuständig sind, an den Gauamtsleiter für Erzieher Dr. D o n a t h in Magdeburg, Große Münzstraße 12,

c) bei Ärzten und Apothekern, die für den NS.-Ärztebund zuständig sind, an den Gauamtsleiter für Volksgesundheit Dr. S c h m i s c h k e in Dessau, Hauptmann-Loeper-Platz 6

d) bei Landräten, Bürgermeistern, Beigeordneten, Amtsvorstehern sowie den Ehrenbeamten der Kommunen und Kommunalverbände an den Gauamtsleiter für Kommunalpolitik T r a u t m a n n in Dessau, Seminarstraße 10 (Hitlerhaus),

e) bei den übrigen Beamten an den Gauamtsleiter für Beamte B a r t h e l in Dessau, Zerbsterstraße 10/11,

f) in allen übrigen Fällen an den Gau-Personalamtsleiter J a n d e r in Dessau, Seminarstraße 10 (Hitlerhaus).

Die zu a bis f genannten Gauamtsleiter sind von mir allgemein ermächtigt, in meinem Auftrage das politische Führungszeugnis auszustellen gegebenenfalls, nachdem sie mir Vortrag gehalten haben.

3. Da für die politische Beurteilung von wesentlicher Bedeutung ist, für welche Stellen die Volksgenossen bestimmt sind, über deren politische Zuverlässigkeit angefragt wird, bitte ich bei den Anfragen von vornherein mitzuteilen, aus welchem Grunde das politische Führungszeugnis verlangt wird; denn es ist ein Unterschied, ob die Partei einen Volksgenossen oder Parteigenossen für politisch zuverlässig hält, das Amt z.B. eines Amtsgerichtsrats oder eines Regierungspräsidenten zu bekleiden. Ferner bitte ich die genaue Anschrift und Personalien der Volksgenossen, über die angefragt wird, mitzuteilen, da sonst Rückfragen notwendig sind.

Jch bitte, die Jhnen unterstellten Behörden und Dienststellen entsprechend anzuweisen.

Heil Hitler!
gez. E g g e l i n g
Stellvertr. Gauleiter.

F. d. R.

l a t h .

Im April 1933 wurde er zum kommissarischen Regierungspräsidenten, im Juni 1933 zum Regierungspräsidenten in Magdeburg ernannt.

Nach dem zuvor genannten Gesetz wurden vor allem drei Gruppen von Beamten entfernt: „Parteibuchbeamte", die in der Zeit der Weimarer Republik wegen ihrer Parteizugehörigkeit in ihr Amt kamen, politisch unzuverlässige Beamte, deren Definition weitgehend offen blieb, und Nichtarier, vor allem jüdische Beamte und Mitarbeiter. Der NS-Staat griff nicht nur durch die Entfernung von Beamten nach den dargestellten Kriterien in das Personal auch der Regierungen ein, nachhaltig wirkte auch der Einschüchterungseffekt auf die verbleibenden Beamten, die zumeist keine Alternative zu ihrer Tätigkeit hatten. Sehr bald drangen in die Verwaltungen auf allen Ebenen Nationalsozialisten ein, die meist führende Stellungen einnahmen. Von der Beamtenschaft wurde ein positives Bekenntnis zum NS-Staat erwartet.[156] Am 16. Juni 1934 wies der Oberpräsident der Provinz Sachsen auf der Grundlage eines Schreibens des Reichsinnenministeriums die nachgeordneten Dienststellen an, „... Beamte, die sich im Kampf um die nationale Erhebung besonders verdient gemacht haben und die Gewähr bieten, daß sie auch fernerhin vorbildlich und erzieherisch im Sinne der nationalsozialistischen Bewegung wirken werden, nach Maßgabe verfügbarer Stellen außer der Reihe zu befördern."[157]

Die Überprüfung des positiven Bekenntnisses, also der Zuverlässigkeit, blieb ein ständiger Prozeß. Die NSDAP, als Partei kein Bestandteil der öffentlichen Verwaltung, widmete der Eignung der Beamten besondere Aufmerksamkeit. Bei ihr waren politische Führungszeugnisse einzuholen, wenn es um die Besetzung von Stellen ging. Das galt folglich auch für die Regierung in Magdeburg, die in dieses Überprüfungsverfahren wie eine Vielzahl anderer Behörden mit einbezogen wurde. Ein Beleg hierfür ist das Schreiben der Gauleitung Magdeburg-Anhalt vom 6. November 1936, das an den Regierungspräsidenten von Jagow gerichtet war.

Das „Gesetz über die Anpassung der Landesverwaltung an die Grundsätze des nationalsozialistischen Staates" vom 15. Dezember 1933[158] beseitigte die Bezirksausschüsse als kollegiale Behörden. Sie wurden durch das „Führerprinzip" ersetzt. Als Verwaltungsgerichte blieben sie zwar bestehen, verloren aber mit dem Rückgang der Bedeutung der Verwaltungsgerichtsbarkeit im NS-Staat an Einfluß.

Nach der Gleichschaltung der Länder mit dem Reiche am 7. April 1933 ging die Ernennung und Entlassung von unmittelbaren Staatsbeamten auf die für die Befolgung der Reichspolitik verantwortlichen Reichsstatthalter in den einzelnen deutschen Ländern über. In Preußen, und damit auch in der Provinz Sachsen, übte Reichskanzler Adolf Hitler die Befugnisse eines Reichsstatthalters und in dessen ständiger Vertretung Hermann Göring aus. Dieser hatte wiederum das Recht der Ernennung und Entlassung von Staatsbeamten auf den preußischen Ministerpräsidenten – auch Hermann Göring – mit der Ermächtigung zur weiteren Delegierung übertragen. Dadurch hatte der preußische Ministerpräsident bei der Ernennung der Regierungspräsidenten völlig freie Hand, da der Provinzialausschuß, der bis dahin bei der Ernennung desselben mitbestimmte, nicht mehr existierte.

Dennoch war auch in der Zeit des Nationalsozialismus der Regierungspräsident Träger der Staatsverwaltung in der Mittelinstanz. **Die dominante Stellung des Regierungspräsidenten** drückte sich auch darin aus, daß nun nicht mehr von der Regierung als Behörde, sondern vom Regierungspräsidenten gesprochen wurde.

Das Staatsministerium hatte nunmehr auch die Möglichkeit, dem Regierungspräsidenten die Verwaltung einzelner Zweige der allgemeinen Landesverwaltung in anderen Regierungsbezirken zu übertragen. So übernahm das Dezernat 8 des Präsidialbüros des Regierungspräsidenten in Magdeburg die Prüfung und Vorprüfung der Belege und Rechnungen der höheren staatlichen Lehranstalten in den Regierungsbezirken Magdeburg, Erfurt und Merseburg, oder das Dezernat I Pü der Präsidial- oder ersten Abteilung (Angelegenheiten der Preisüberwachung), die Preisüberwachung in der Holzverarbeitung für die Bereiche Magdeburg, Dessau und Braunschweig.

Die allgemeine Dienstaufsicht über den Regierungspräsidenten führten die Minister des Inneren und der Finanzen, während die Fachaufsicht bei dem jeweiligen Ressortminister lag.

Zur Erledigung der dem Regierungspräsidenten übertragenen Geschäfte waren ihm während der NS-Zeit erneut ein Regierungsvizepräsident, Regierungsdirektoren, ein Oberforstmeister und Räte entsprechend der Geschäftsordnung beigegeben. Die seit 1932 geltende Behördenstruktur wurde in Magdeburg in dieser Weise nicht eingehalten. Tatsächlich wies der Geschäftsverteilungsplan der Regierung zu Magdeburg im Januar 1943 folgende Struktur auf:

1. Abteilung A: Präsidialabteilung
          (Leitung: Vorsteher des Präsidialbüros)
       B: Allgemeine Abteilung
          (Leitung: Regierungsvizepräsident)
2. Abteilung   Kirchen und Schulen (Leitung: Regierungsdirektor)
3. Abteilung   Landwirtschaftliche- und Domänenverwaltung
          (Leitung: Regierungsdirektor)

Die bis dahin vorhandene Stellung des Oberforstmeisters als Mitabteilungsdirigent der früheren dritten Abteilung wurde aufgehoben.

Während der Zeit der NS-Diktatur wurde für das Ressort der politischen Polizei am Sitz der Regierung eine Gestapostelle errichtet, die sich zunehmend verselbständigte und deren Leiter jeweils der politische Sachbearbeiter des Regierungspräsidenten war.

Während der Zeit der NS-Diktatur und des Zweiten Weltkrieges veränderte sich noch wiederholt die nach wie vor problematische Stellung von Oberpräsident und Regierungspräsident in Preußen. Nach dem „Gesetz über die Erweiterung der Befugnisse der Oberpräsidenten" vom 15. Dezember 1933[159] hatte der Oberpräsident auch darüber zu wachen, daß die Provinzialverwaltung in Übereinstimmung mit den nun nationalsozialistisch geprägten Staatszielen geführt wurde. Der Oberpräsident konnte jetzt nach dem „Führerprinzip" über Notfälle hinaus den Regierungspräsidenten Weisungen erteilen. Allerdings mußten diese im Rahmen der ministeriellen Befugnisse verbleiben. Der Oberpräsident war aber trotzdem weiterhin nicht der direkte Dienstvorgesetzte des Regierungspräsidenten.

Vom Jahr 1935 an erhielt der Oberpräsident die Stellung eines ständigen Vertreters der Reichsregierung in der Provinz. Er wurde zur Klammer zwischen Reichs- und Landesregierung und wurde durch die Übertragung von Verwaltungszuständigkeiten im Verlauf des Zweiten Weltkrieges wiederum zu einer eigenen Instanz erhoben.

Im Verlauf des Zweiten Weltkrieges änderte sich die Stellung des Oberpräsidenten noch einmal. Nach der Bestellung von Reichsverteidigungskommissaren, deren Amtsbereich sich zunächst mit den Wehrkreisen und dann mit den Parteigauen der NSDAP deckte, waren diese für eine einheitliche Steuerung der zivilen Verteidigung zuständig. In der Praxis wurde gewöhnlich der Oberpräsident, der ohnehin gleichartige Aufgaben zu versehen hatte, zum Reichsverteidigungskommissar ernannt. Mit fortschreitendem Kriegsgeschehen erhielt der Oberpräsident diese Stellung aber nur, wenn er bereits Gauleiter der NSDAP war. Als Organ des Ministerrates für die Reichsverteidigung in der Mittelstufe der Verwaltung besaß der Reichsverteidigungskommissar ein uneingeschränktes Weisungsrecht gegenüber allen zivilen Stellen seines Wirkungsbereiches, also auch gegenüber den Regierungspräsidenten.

Mit zunehmender Kriegsdauer und den damit verbundenen vielschichtigen Problemen und Änderungen des gesamten gesellschaftlichen Lebens wurden die Oberpräsidenten und die Regierungen durch die Reichsverteidigungskommissare in den Hintergrund gedrängt.

Für den Regierungsbezirk Magdeburg trat im Jahre 1944 eine einschneidende Veränderung ein, indem durch Erlaß Adolf Hitlers vom 1. April 1944 mit Wirkung zum 1. Juli 1944 aus Gründen der Reichsverteidigung die Provinz Sachsen aufgelöst wurde. Der Regierungsbezirk Erfurt wurde dem thüringischen Reichsstatthalter Sauckel zugeordnet und verblieb durch diese Maßnahme auch nach dem Kriege bei Thüringen. Die beiden anderen **Regierungsbezirke erhielten den Rang von Provinzen**. Damit war der Regierungsbezirk Magdeburg zur „Provinz Magdeburg" geworden mit einem Oberpräsidenten an der Spitze.

Regierungspräsident von Jagow verlor sein Amt. Letzter Oberpräsident der Provinz Magdeburg bis 1945 war Carl Lothar von Bonin.
Obwohl jetzt „Provinz"verwaltung, war die Behörde am Ende des Krieges im wesentlichen noch vorhanden und funktionsfähig.

Das Amt des Regierungspräsidenten hatte von April 1933 kommissarisch und von Juni 1933 an der Verwaltungsjurist Dr. Helmut Alphons Gottfried Nicolai inne. Ihm folgte 1934 General Hans-Georg von Jagow nach. Jagow behielt dieses Amt bis zur Auflösung der Regierungsbezirke in der Provinz Sachsen 1944.

Die Regierungspräsidenten:

Nicolai, Helmut Alphons Gottfried, Karl, Eduard, Hans, Ulrich, Wilhelm, Dr. jur.[160]

geb.: 8. September 1895 in
Berlin-Charlottenburg
gest.: 11. Dezember 1955 in
Marburg/Lahn
verh.: Ise, Elisabeth, Therese Hoepke
Vater: Alphons, Friedrich, Ernst, August, Karl, Emil Nicolai, geb. am 14. Juli 1863 in Greußen/Thüringen, gestorben am 9. März 1914 in Heidelberg, Königlich Preußischer Major

Amtszeit: April – Dezember 1933

Dr. Helmut Nicolai schloß die Schule 1914 mit dem Abitur in Elberfeld ab. Zu Kriegsbeginn wurde er als Fahnenjunker in das Feldatellerie-Regiment 58 in Minden eingezogen. Er studierte in Berlin und Marburg Rechtswissenschaften. Ab 1919 war er Gerichtsreferendar, ab 1921 Regierungsreferendar in Kassel. 1920 promovierte er über „Die Anleihen der Aktiengesellschaft" in Marburg. Vom 1. Mai 1992 bis 1. März 1923 war er Vertreter des Landrates des Kreises Eder in Bad Wildungen. 1924 wechselte er zum Landkreis Wittenberg und anschließend ab 1925 zur Regierung in Münster. Von 1928 bis Mai 1931 war er bei der Regierung Oppeln beschäftigt. Von 1931 bis 1932 verfaßte er in der Reichsleitung der NSDAP, deren innenpolitische Abteilung er leitete, Gesetzesvorschläge und andere Entwürfe zur juristischen Verankerung nationalsozialistischer Ideen. Er kehrte in Sommer 1932 in den Preußischen Staatsdienst zurück. Im April 1933 wurde Dr. Nicolai zum kommissarischen Regierungspräsidenten und im Juni 1933 zum Regierungspräsidenten in Magdeburg ernannt. Er war Mitglied des Preußischen Landtages und ab Herbst 1933 Mitglied der Akademie für Deutsches Recht. In diese Zeit fällt auch seine Schrift „Grundlagen der kommunalen Verfassung". Im Februar 1934 wurde er zum Ministerialdirektor im Reichsinnenministerium in Berlin benannt. Diese Tätigkeit übte er bis 1935 aus. Nach seiner Entlassung gründete er in Berlin eine Wirtschafts- und Steuerberaterkanzlei. Er war als Kriegsteilnehmer 1939/1940 in Frankreich und 1943/1945 an der Front eingesetzt. Er geriet verwundet in russische Kriegsgefangenschaft. Seit 1945 lebte er mit seiner Familie in Marburg. Dort und in Wiesbaden war er als Steuerberater tätig.

Dr. Nicolai war vielseitig begabt. Er verfaßte nicht nur Schriften zu juristisch-wirtschaftlichen Themen, sondern auch zu solchen aus den Bereichen der Genealogie und Heraldik. Dreißig Jahre nach seinem Tod gab der Waldeckische Geschichtsverein in Arolsen das Werk „Waldeckische Wappen" (1985, 1987, 1993) heraus.

von Jagow,
Hans Georg Eduard Ewald[160]

geb.: 19. Dezember 1880 in Hannover
gest.: 24. Oktober 1945 in Quedlinburg
verh.: Elisabeth von Tschirschky und
      Boegendorff

Amtszeit:1934 bis 1944

Hans Georg Eduard Ewald von Jagow besuchte die Ritterakademie in Brandenburg und legte dort die Reifeprüfung ab. Er trat in das 1. Garderegiment zu Fuß in Potsdam ein und kam in den Generalsstab.
1927 war er Oberstleutnant und Bataillonskommandeur im Infanterie-Regiment 12 in Quedlinburg. 1929 war er Oberst und Kommandant von Oberschlesien in Oppeln. 1932 wurde er Generalmajor und Infanterieführer IV in Magdeburg. Nach seiner Ernennung zum Generalleutnant a.D. übernahm er von 1934 bis 1944 das Amt des Regierungspräsidenten in Magdeburg.

9 Das Regierungspräsidium Magdeburg zwischen 1945 und 1947

Die Mittellage des Regierungsbezirkes Magdeburg in Deutschland brachte es mit sich, daß sein Gebiet zu den deutschen Territorien gehörte, auf denen die letzten Kämpfe des Zweiten Weltkrieges stattfanden. Im Frühjahr 1945 wurde der Regierungsbezirk bzw. die „Provinz" Magdeburg Frontgebiet.

Den Harz ohne nennenswerten deutschen Widerstand umgehend, erreichten am 12. April erste amerikanische Einheiten von Westen kommend die Elbe. Am 13. April bildeten sie einen Brückenkopf bei Barby. Im Buch „Brückenkopf Zerbst", herausgegeben in Dessau 1998, wurden neueste Erkenntnisse zu dieser Thematik veröffentlicht.

Doch ein weiterer Vormarsch der amerikanischen Truppen unterblieb, und man erwartete an der Elblinie die von Osten heran einrückenden sowjetischen Truppen. Im benachbarten Regierungsbezirk Merseburg fand bei Torgau am 25. April die historische Begegnung der amerikanischen Truppen mit sowjetischen Einheiten statt.

Im Zuge des amerikanischen Vormarsches kam es noch zu beträchtlichen Zerstörungen im Gebiet des Regierungsbezirkes, da – wie in Magdeburg – die militärischen Führungen den aussichtslosen Kampf weiterführten und so zerstörende Schläge der Amerikaner herausforderten.

Andererseits kam es in den letzten Kriegstagen noch zu verheerenden Luftangriffen auf eine Reihe von Städten, von denen im Regierungsbezirk die Stadt Magdeburg und das bis dahin weitgehend erhaltene Halberstadt am 8. April betroffen wurde.

Der Regierungsbezirk gehörte in den letzten Kriegstagen auch zum Operationsgebiet der Armee Wenck, die zu den letzten Hoffnungen der NS-Führung zählte. Trotz teilweise unter den gegebenen Bedingungen erstaunlicher militärischer Leistungen mußte die Armee Wenck am 4. Mai 1945 in Stendal gegenüber den Amerikanern kapitulieren. Es war ihr aber gelungen, den größten Teil ihrer Truppen und auch der Verwundeten sowie beträchtliche Gruppen von Zivilisten auf das amerikanisch besetzte Westufer der Elbe zu überführen.

In der Folge der militärischen Situation in Mitteldeutschland am Ende des Krieges war der Regierungsbezirk bzw. die „Provinz" Magdeburg[162] in einen größeren westelbischen, amerikanisch besetzten Teil und einen kleineren ostelbischen, sowjetisch besetzten Teil gespalten. Symbolisch für diese Lage war die Spaltung der Stadt Magdeburg an der Elbe. Die durch die kämpfenden Truppen der Alliierten eingenommenen Gebiete entsprachen jedoch nicht den zwischen ihnen getroffenen Vereinbarungen über die Aufteilung Deutschlands und seiner Hauptstadt Berlin in Besatzungszonen bzw. Sektoren der Hauptstadt.

In den von ihnen befreiten Gebieten richteten die Amerikaner deutsche Verwaltungen ein. Dabei stützten sie sich auf bestehende Strukturen, die sie schon bei ihrem Vorrücken in den deutschen Westteilen kennengelernt und für tauglich befunden hatten, nämlich die Regierungen. Auch in Magdeburg war die Behörde trotz Einberufungen, der Kriegswirkungen und schließlich der Kapitulation noch einigermaßen funktionstüchtig. Die unmittelbare NS-Spitze war zwar geflohen, aber ein Stamm erfahrener Beamter war noch vorhanden. Bevor sich die Behörde in den Wirren des Zusammenbruchs auflöste, wurde sie von der amerikanischen Besatzungsmacht revitalisiert. Der Regierungsrat Götz von Götz, einer der führenden Beamten, wurde beauftragt, die Leitung des Regierungsbezirkes Magdeburg zu übernehmen und gleichzeitig die Funktion des Oberpräsidenten vorerst auszuüben.

Es war eine der Merkwürdigkeiten und Ungereimtheiten der unmittelbaren Nachkriegszeit, daß damit faktisch der Regierungsbezirk Magdeburg wieder ins Leben gerufen wurde, gleichzeitig aber die deckungsgleiche „Provinz" Magdeburg mit einem Oberpräsidenten an der Spitze weiterbestand. Dazu kam noch, daß der ebenfalls von den Amerikanern eingesetzte Magdeburger Oberbürgermeister Otto Baer eine Aufsichtsfunktion über alle in der Stadt ansässigen Behörden, also auch über die Regierung, erhielt.[163]

Unter der Leitung des Regierungsrates von Götz erfolgte die Reorganisation der Regierung, die sich jetzt „Bezirksverwaltung" nannte. Ein damals ausgearbeiteter Geschäftsverteilungsplan sah den folgenden Aufbau der Behörde vor:

I. Abteilung – Allgemeine Verwaltung und Soziales
   Dezernate: Behördenorganisation, Kommunalaufsicht, Kassen- und Haushaltswesen, Personenstandswesen, Kulturpflege, Kirchensachen, Verwaltungsgerichtsbarkeit und Sozialwesen
II. Abteilung – Personalien, Polizei, Volksbildung
   Dezernate: Personalien, Allgemeine Polizei, Bauwesen, Vermessungswesen, Gesundheitswesen, Veterinärwesen, Volksbildung
III. Abteilung – Wirtschaft
   Dezernate: Landwirtschaft, Wirtschaft, Preisüberwachung, Wasserwirtschaft, Verkehrswesen[164]

Ende Mai räumten die amerikanischen Truppen den von ihnen besetzten linkselbischen Teil des Regierungsbezirkes Magdeburg, und die Engländer zogen als Besatzungsmacht ein. Diese veränderten jedoch nichts an den von den Amerikanern getroffenen Vorkehrungen zum Neuaufbau bzw. zur Fortführung der Verwaltung.

Für die von Mitte April bis Ende Juni 1945 während Zeit amerikanischer bzw. britischer Besetzung kann prinzipiell von Fortexistenz bzw. Wiedereinrichtung der Regierung Magdeburg gesprochen werden, die obendrein mit einem Großteil der hier traditionell tätigen Beamten weiterarbeitete. Erneut schien die fachliche Kompetenz der Verwaltung der ausschlaggebende Faktor für die Fortexistenz der Behörde auch unter den gänzlich neuen Bedingungen zu sein.

Ende Juni 1945 verließen die britischen Besatzungstruppen Magdeburg und den von ihnen besetzten Teil des Regierungsbezirkes. Anfang Juli rückten die sowjetischen Truppen ein und übernahmen vereinbarungsgemäß das ihnen zuerkannte Besatzungsterritorium.

Da damals die deutsche Bevölkerung mit den Gründen dieser Bewegungen der Besatzungsmächte nicht vertraut gemacht wurde, kam das Gerücht auf, die Westmächte hätten die von ihnen eroberten Gebiete Mitteldeutschlands gegen bestimmte Sektoren in Berlin „ausgetauscht". Dieses Gerücht hat sich lange in der Bevölkerung trotz aller Richtigstellungen gehalten und Hoffnungen genährt, daß der im Frühjahr 1945 eingetretene Zustand im Zusammenhang mit einer Lösung des Berlin-Problems wiederhergestellt werden könne.

Nach dem Einmarsch der sowjetischen Truppen und der Errichtung der Zuständigkeit der Sowjetischen Militäradministration in Deutschland (SMAD) wurde am 9. Juli 1945 festgelegt, u.a. für die „Provinz Sachsen" eine Militärverwaltung einzurichten. Damit war faktisch die Entscheidung getroffen, an der Mittelelbe im Rahmen der Sowjetischen Besatzungszone (SBZ) eine neue Gliederung ins Leben zu rufen. Die neue „Provinz Sachsen" umfaßte die Regierungsbezirke Magdeburg und Merseburg der früheren preußischen Provinz Sachsen und das frühere Land Anhalt ohne jegliche Ex- und Enklaven. Dies bedeutete, daß zur „Provinz Sachsen" nunmehr auch die früheren braunschweigischen Territorien Calvörde und der größte Teil des Kreises Blankenburg kamen, die später Bestandteil des Regierungsbezirkes Magdeburg geworden sind.

Den Militärorganen der „Sowjetischen Militäradministration" in der Provinz Sachsen (SMA) bzw. dem sowjetischen Modell der Verwaltungsorganisation waren Regierungspräsidien fremd. Sie ließen sie aber vorerst bestehen. Daneben bauten sie in Anlehnung an den früheren Provinzialverband eine neue Verwaltung für die ganze Provinz auf.

Der von den Nationalsozialisten aus dem Amt entfernte frühere Landeshauptmann der preußischen Provinz Sachsen, Erhard Hübener, wurde an die Spitze der neuen Verwaltung gestellt. Hübener hatte 1929 den Plan der Gründung von „Sachsen-Anhalt" als deutsches Land bzw. Reichsprovinz entworfen, der jetzt von den Sowjets weitgehend realisiert wurde.[165]

Hübener als preußischer Verwaltungsfachmann war von der Notwendigkeit von Bezirksregierungen überzeugt und setzte deren **Fortexistenz auch bei der SMA** durch. Dies war die Hauptsache dafür, daß in der „Provinz Sachsen" als dem einzigen Land der SBZ Regierungspräsidien bestanden haben.

Nach der Übernahme der Besatzung durch die SMA wurde in Magdeburg Götz von Götz an der Spitze der Behörde durch Otto Baer, früherer Vorsteher der Magdeburger Stadtverordnetenversammlung und bekannter Sozialdemokrat, ersetzt. Baer wurde dann im Jahre 1946 selbst wegen Differenzen mit den örtlichen Besatzungsbehörden abgesetzt und durch Werner Bruschke (SPD/SED) ersetzt, der die Bezirksverwaltung bis zu ihrer Auflösung leitete.

Die Bezirksverwaltungen, deren Organisation und vor allem deren Beamte aus der Sicht der SED der Errichtung ihrer Herrschaft im Wege standen, da sie politisch nicht von ihr abhängig waren, sollten nach dem Willen der SED und der mit ihr verbündeten Besatzungsmacht beseitigt werden.

Die Gelegenheit dazu bot sich mit der Verabschiedung der Landesverfassung von Sachsen-Anhalt vom 10. Januar 1947 durch den Landtag. Auf Druck der Besatzungsmacht sah die Verfassung keine Bezirksbehörden mehr vor. Die von der SED ausgehende und durch die Besatzungsmacht geförderte Kritik an den Bezirksregierungen wurde vor allem mit den Kosten der Behörde und dem Hinweis auf die Beamten, die bereits dem NS-Staat gedient hätten und deshalb entfernt werden müßten, begründet.

Gebäude der Bezirksregierung nach 1945; heutiger Sitz des Regierungspräsidiums (und des Ministeriums der Finanzen)

Innenminister Robert Siewert legte am 23. Januar 1947 dem Landtag von Sachsen-Anhalt einen Gesetzentwurf vor, der angenommen wurde und in dem es hieß:

"Mit dem Inkrafttreten der Landesverfassung für die Provinz Sachsen-Anhalt haben die Bezirksverwaltungen ihre Rechtsgrundlage verloren. Die Verfassung sieht vor, daß die Provinz in Kreise und die Kreise in Gemeinden gegliedert sind (...). Unabhängig von der Rechtsfrage ist aber die Auflösung der Bezirksverwaltungen auch aus praktischen, verwaltungsmäßigen Gründen notwendig. Zunächst sei darauf hinge-wiesen, daß auch in den übrigen Ländern und Provinzen der sowjeti-schen Besatzungszone Mittelinstanzen nicht bestehen. In der Provinz Sachsen sind nach dem Zusammenbruch und der Einrichtung der Pro-vinzverwaltung die Bezirksverwaltungen bewußt für eine Übergangs-zeit beibehalten worden, weil im Gegensatz zum Lande Sachsen und Thüringen die Provinzialverwaltung aus dem Nichts heraus völlig neu aufgebaut werden mußte. Es muß hier auch anerkennend festgestellt werde, daß die Bezirksverwaltungen in dieser Übergangzeit ersprieß-liche Arbeit geleistet und Wesentliches für den Neuaufbau und die Ein-heit der Verwaltung getan haben. Es läßt sich aber aus finanziellen und auch aus verwaltungsmäßigen Gründen nicht länger vereinbaren, daß innerhalb eines verhältnismäßig kleinen Gebietes zwei völlig durchor-ganisierte bürokratisch aufgebaute größere Behörden die gestellten Verwaltungsaufgaben erfüllen".[166]

Die Auflösung der Bezirksverwaltungen sollte danach zum 30. Juni 1947 erfolgen, was dann tatsächlich auch geschah.[167]
Mit der Auflösung der Bezirksverwaltungen wurde die lange Traditions-linie des 1816 eingerichteten Regierungspräsidiums Magdeburg unter-brochen.

Werner Bruschke

Otto Baer

10 Die Ablösung der historisch gewachsenen Mittelinstanz durch ein sozialistisches Staatsorgan

Der Aufbau der Verwaltung der DDR wurde mit der Auflösung der Länder in der SBZ 1952 neu geordnet. Dieser Verwaltungsaufbau vollzog einen vollständigen Bruch mit den Verwaltungstraditionen. Dies betraf nicht nur die geographische Einteilung, sondern auch die gewachsenen rechtsstaatlichen und demokratischen Traditionen und die hergebrachten Grundsätze des Beamtentums.

Bruch mit den geographischen Traditionen:
Die Auflösung der Länder in der SBZ erfolgte im Rahmen der zentralistischen Diktatur der SED, die mit den „Räten der Bezirke" geeignete Instrumente zur Durchsetzung ihrer zentralistischen Herrschaft geschaffen hatte. Einer der „Räte der Bezirke" wurde an dem alten Verwaltungsstandort Magdeburg eingerichtet. Neben traditionellen Kreisen bzw. Gebieten, die zum Magdeburger Gebiet gehörten, kamen völlig unhistorisch mit Havelberg ein brandenburgisches Gebiet und mit Zerbst ein anhaltischer Landesteil in die Zuständigkeit Magdeburgs. Dafür wurden alte Magdeburger Gebiete wie die Kreise Aschersleben und Quedlinburg abgetrennt und dem Bezirk Halle zugeschlagen. Andere Gebiete wie z.B. Teile des Kreises Jerichow II kamen zum Bezirk Potsdam. Eine Kreisreform, die die Kreisstruktur ebenfalls den Bedingungen einer zentralistischen Diktatur anpassen sollte, führte zu kleinen und oft ebenfalls unhistorischen Kreisen. Dem „Bezirk" Magdeburg gehörten zunächst 22 Kreise an:
Salzwedel, Seehausen, Osterburg, Havelberg, Klötze, Kalbe (Milde), Gardelegen, Stendal, Tangerhütte, Genthin, Haldensleben, Wolmirstedt, Burg, Stadtkreis Magdeburg, Loburg, Wanzleben, Oschersleben, Schönebeck, Zerbst, Staßfurt, Halberstadt und Wernigerode.
Später wurde die Kreiseinteilung noch mehrfach verändert.

Bruch mit rechtsstaatlichen und demokratischen Traditionen:
Dem Rat des Bezirkes war ein Scheinparlament, der „Bezirkstag", beigegeben. Beide, „Behörde" wie „Parlament", wurden politisch angeleitet und kontrolliert von der Bezirksleitung der SED, die ähnlich aufgebaut war wie der Rat des Bezirkes. Ansonsten führte der Rat des Bezirkes Anweisungen der DDR-Regierung aus, ohne einen nennenswerten eigenen Spielraum politischer Gestaltung zu haben. In der Spätzeit der DDR war die eigentlich bestimmende Behörde in immer direkterer Weise, auch in Verwaltungsangelegenheiten, die Bezirksleitung der SED geworden.
Im Rahmen des „demokratischen Zentralismus" der DDR war der „Rat des Bezirkes" das vollziehende Organ des „Bezirkstages". Dem war er

auch offiziell rechenschaftspflichtig, was formal und ritualisiert auch praktiziert wurde. Unmittelbar nachgeordnet und rechenschaftspflichtig war der „Rat des Bezirkes" aber dem Ministerrat der DDR. Die Räte der Bezirke waren im zentralistischen System des Staatsaufbaus der DDR ihrerseits vorgesetzte Behörden gegenüber den Räten der Kreise. Zu den Besonderheiten dieses Systems gehörte, daß entsprechende Organe der SED jederzeit und auf allen Ebenen in sämtliche Belange und Prozesse des Rates des Bezirkes oder des Bezirkstages offiziell und noch besser bzw. wirksamer indirekt eingreifen konnten. Alle entscheidenden Positionen waren schon bald nach Gründung der Behörden von SED-Migliedern oder Personen, die die führende Rolle der SED akzeptierten, besetzt und so auch personell durchsetzt.

Der Rat des Bezirkes in Magdeburg war also keine Verwaltungsbehörde im Sinne moderner, von der Aufklärung herkommenden Staatlichkeit nach dem Prinzip der Gewaltenteilung, also einem demokratischen Staatswesen bzw. einem zur Demokratie strebenden Staatswesen entsprechend, sondern er war vielmehr Machtorgan einer zentralistischen Diktatur und damit wesensverschieden von den Bezirksregierungen bis 1947 und nach 1990.

Bruch mit dem Beamtentum:
Für die neue sozialistische Verwaltung galt gerade das Beamtentum als unbrauchbar und schädlich. Die Beamten wurden in verschiedener Weise diffamiert und aus dem Dienst entfernt und fast vollständig durch Kader der SED bzw. ihr ergebene oder doch für sie unbedenkliche Personen ersetzt. Schon nach wenigen Jahren kann davon ausgegangen werden, daß das frühere Beamtentum in der Tätigkeit des „Rates des Bezirkes Magdeburg" nicht mehr vorhanden war.

11. Die Wiederherstellung des Regierungspräsidiums Magdeburg

11.1 Der Neuanfang 1989/1990

Mit der Herstellung der Einheit Deutschlands am 3. Oktober 1990 war nicht unmittelbar die Wiedereinrichtung der früheren Mittelinstanz verbunden. Wie schon bereits im Jahre 1816 war die Neubildung eines Regierungspräsidiums ein Produkt der Zeitgeschichte.

Die Verwaltungstätigkeit der DDR hatte sich in der Zeit ihres Bestehens immer weiter von den Prinzipien entfernt, die bis 1947 mehr oder weniger Richtschnur gewesen waren. Nicht die dem Staate loyale und unparteiische Amtsführung war gefragt, sondern die Parteilichkeit für den Arbeiter- und Bauern-Staat, d.h. vornehmlich für die SED. Dies war einer der Hauptgründe dafür, daß die DDR das Beamtentum abgeschafft hatte, da vom Staatsdiener die Parteilichkeit, nicht aber die Unparteilichkeit gefordert war.

Mit dem Vertrauensverlust in die Staatsführung ging auch der Vertrauensverlust in die Verwaltung, also auch gegenüber dem „Rat des Bezirkes Magdeburg", einher. Diese Erscheinung war seit Existenz staatlicher Mittelbehörden neu. Bis 1947 hatten die politischen Systeme und die Staatsführungen sogar mehrfach gewechselt. In diese Zeit fielen Monarchie, Demokratie und NS-Diktatur.

Erstmals mit der DDR erfaßte auch der Niedergang des politischen Systems und der Staatsführung auch die Verwaltung. Deshalb galt es, nach der politischen Wende 1989 nicht nur den Weg zu demokratischen Verhältnissen nach dem erfolgreichen Modell der Bundesrepublik Deutschland (alt) zu gehen, sondern auch eine Verwaltung aufzubauen, in die die Bürger wieder Vertrauen hatten, wie sie gerade in den früher preußischen Gebieten wie Magdeburg einst begründet worden waren. Eine solche Verwaltung mußte wieder die Bindung der Verwaltung an den Staat besitzen, und die Bindung an die SED und deren Zielsetzungen mußte gelöst werden.

Einer dieser Schritte in diese Richtung war es, den dominanten Einfluß der SED auf die Bezirksverwaltungen zu eliminieren. An die Stelle der Bezirkstage traten zu diesem Zeitpunkt „Runde Tische".

Die Verwaltungsstrukturen blieben im übrigen noch unangetastet. Der nächste wichtige Schritt in Richtung auf neue Verwaltungsstrukturen ergab sich durch einen Beschluß der Volkskammer der DDR vom 17. Mai 1990, mit dem die Legislaturperiode der Bezirkstage beendet wurde. Dieser Volkskammerbeschluß schloß den Auftrag an den Ministerpräsidenten der DDR ein, die Stellung, die Aufgaben und Befugnisse der Regierungsbevollmächtigten zu regeln und solche einzusetzen. Auf dieser Grundlage wurde der Vorsitzende des Rates des Bezirkes als Behördenleiter abberufen und statt dessen ein **Regierungsbevollmächtigter** eingesetzt. Regierungsbevollmächtigter in Magdeburg wurde Wolfgang Braun.

Mit dieser Maßnahme wurde die beherrschende Einflußnahme der früheren Staatspartei auf den Verwaltungsapparat beendet. Die Verwaltungsbehörde wurde außerdem in **Bezirksverwaltungsbehörde** umbenannt.

Amtsblatt

des Landes Sachsen-Anhalt

der Bezirksverwaltungsbehörden Halle und Magdeburg

Herausgegeben vom Landesbevollmächtigten des Landes Sachsen-Anhalt

Sonderdruck Nr. 1/90   Halle, den 2. 10. 1990

Inhaltsverzeichnis :

S e i t e :

Vorläufige Regelung für die Verwaltung
des Landes Sachsen-Anhalt   1

Vorläufige Anordnung zur Durchführung
der Aufgaben von Bildungseinrichtungen   5

Anordnung über die vorläufige Wahrnehmung   7
der Dienst- und Fachaufsicht über die
Strafvollzugseinrichtungen im Land Sachsen-
Anhalt

Vorläufige Regelung für die Verwaltung des Landes Sachsen-Anhalt
----
Auf Grund des Artikels 15 Absatz 1 in Verbindung mit Artikel 13
Absatz 1 und 14 Absatz 2 des Vertrages über die Herstellung der
Einheit Deutschlands vom 31. August 1990 wird zur vorläufigen
Regelung von Verwaltungsaufgaben des Landes Sachsen-Anhalt
folgendes bestimmt:

1. Verwaltungsorgane und sonstige der öffentlichen Verwaltung
   und Rechtspflege dienende Einrichtungen in dem Gebiet des
   Landes Sachsen-Anhalt unterstehen mir als Landessprecher
   und Landesbevollmächtigten für die Verwaltung des Landes
   Sachsen-Anhalt. Zu diesen Einrichtungen gehören alle Einrichtungen,die für das Gebiet, in dem das Grundgesetz bis-

Amtsblatt des Landes Sachsen-Anhalt vom 2.10.1990, 1. Seite

Nach der Verfügung des Ministerpräsidenten hatte der Regierungsbevollmächtigte folgende Aufgaben:

- *die Gewährleistung eines gut funktionierenden gesellschaftlichen Lebens im Bezirk, die Durchsetzung von Rechtsstaatlichkeit sowie die Aufrechterhaltung der öffentlichen Ordnung,*
- *die Verwirklichung der Verwaltungsreform, insbesondere hinsichtlich der Ausgestaltung der kommunalen Selbstverwaltung, der Vorbereitung der Länderbildung und der materiell-technischen Sicherstellung der Landtagswahlen,*
- *die Unterstützung der Wirtschaftsreform in den örtlich geleiteten Bereichen, besonders hinsichtlich der Schaffung der Rahmenbedingungen für den Übergang zur sozialen Marktwirtschaft einschließlich der Maßnahmen zur Durchführung von Arbeitsbeschaffungs- und Umschulungsprogrammen in Abstimmung mit den zuständigen Ämtern,*
- *die frühzeitige Unterrichtung und strikte Einbeziehung der Bürger bei Planungen und Vorhaben, die von grundlegender Bedeutung für die wirtschaftliche, soziale und kulturelle Entwicklung des Bezirkes sind, sowie*
- *die ordnungsgemäße Durchführung des Haushaltsplanes für das zweite Halbjahr bei Gewährleistung des Haushaltsausgleichs zwischen den Kreisen und Kommunen.*

Damit war diese Bezirksverwaltungsbehörde in wesentlichen Gesichtspunkten eine neue Behörde.

Für die Bevölkerung war der Wandel dieser Behörde hin zu einer demokratischen Behörde nicht ohne weiteres sichtbar, denn nach wie vor waren die Mitarbeiter, die bereits als Mitarbeiter des Rates des Bezirkes hier tätig waren, in dieser Behörde geblieben und arbeiteten oft in gleichbleibenden Sachgebieten. Lediglich die führenden Persönlichkeiten der Behörde waren ausgetauscht worden.

Die Regierungsbevollmächtigten erwiesen sich mit ihren Bezirksverwaltungsbehörden in der Übergangsphase als das notwendige verwaltungsmäßige Rückgrat des einsetzenden Demokratisierungsprozesses. Mit den Funktionen und dem Aufbau von Bezirksregierungen, wie sie im Preußen des Jahres 1816 ins Leben traten und sich im weiteren Verlaufe der deutschen Geschichte bewährt haben, hatten diese Behörden jedoch nur wenig gemein. Wenn sie gleichwohl eine Würdigung verdienen, hat dies seinen Grund darin, daß auf dem Gebiet des früheren aber auch späteren Regierungsbezirkes Magdeburg eine Behörde tätig war, die die Menschen in diesem Bezirk in einer turbulenten Zeit von Veränderungen in Fragen der Verwaltung ordnungsgemäß begleitet hat.

Mit der Wiederherstellung der deutschen Einheit trat auch das Land Sachsen-Anhalt wieder ins Leben. Es hatte ebenso umfangreiche wie kontroverse Debatten zur Länderstruktur nicht nur der zerfallenden DDR, sondern auch der ganzen deutschen Republik gegeben.[168] Schließlich aber wurden mit einigen Veränderungen, die durch Volksabstimmungen der betroffenen Gebiete zustande kamen, auf dem Gebiet der früheren DDR die 1952 aufgelösten Länder revitalitisiert, darunter das Land Sachsen-Anhalt.

Mit der Verwirklichung der Einheit Deutschlands am 3. Oktober 1990 und der Wiederbelebung des Landes Sachsen-Anhalt als Land der Bundesrepublik Deutschland war die Aufgabe der Regierungsbevollmächtigten der Sache nach erfüllt. Als mit den Landtagswahlen am 14. Oktober 1990 die Struktur des Landes Sachsen-Anhalt geschaffen war, wurden folgerichtig die Regierungsbevollmächtigten von ihren Funktionen entbunden. Die nach wie vor bestehenden Bezirksverwaltungsbehörden blieben jedoch weiterhin unangetastet.

Der bisherige Regierungsbevollmächtigte Wolfgang Braun wurde zu dieser Zeit zum ersten Innenminister des Landes Sachsen-Anhalt ernannt, seine Nachfolge trat sein bisheriger Stellvertreter Ulrich Lewi an. Das Schicksal der Bezirksverwaltungsbehörde war zu diesem Zeitpunkt völlig offen. Zahlreiche Mitarbeiter verließen die Behörde, ein Teil von ihnen fand neue Beschäftigung in den neu gegründeten Ministerien.

Mit Beschluß vom 27. November 1990[169] errichtete die Landesregierung drei Bezirksregierungen (später in Regierungspräsidien umbenannt) und bildete aus den bereits entstandenen Landkreisen und den drei kreisfreien Städten die Regierungsbezirke Magdeburg, Halle und Dessau. Dieser Beschluß, der untenstehend wiedergegeben ist, enthält aber zugleich die Erklärung, daß die Bezirksregierungen entfallen sollen, sobald die Kreise und Gemeinden über die für eine zweistufige Landesverwaltung erforderliche Größe und Leistungskraft verfügen. Mit der Neugründung des Regierungspräsidiums Magdeburg, das bis zum 30. Juni 1993 Bezirksregierung hieß, war bereits vor Errichtung des Landes Sachsen-Anhalt eine Diskussion darüber vorausgegangen, ob der künftige Verwaltungsaufbau zwei- oder dreistufig sein sollte.

Die Kontroversen betrafen die Frage, ob die Verhältnisse des künftigen Landes Sachsen-Anhalt die Schaffung einer Mittelinstanz in Form von zwei oder drei Regierungspräsidien erforderlich machten. Diese Frage stellte sich auch in den anderen wiedergegründeten Ländern im Bereich der ehemaligen DDR. Nicht nur wegen der jahrzehntelangen Verwaltungstradition vor 1947, sondern auch aufgrund der Tatsache, daß sämtliche großen Flächenländer der alten Bundesrepublik Regierungsbezirke kennen[170], lag die Wiedereinführung der Mittelinstanz in den wiedergegründeten Ländern nahe. Der Streit führte nach den politischen Kräfteverhältnissen dazu, daß neben Sachsen-Anhalt nur das Land Sachsen Regierungspräsidien schuf. Im Freistaat Thüringen errichtete man als Ergebnis eines Kompromisses das Landesverwaltungsamt mit Sitz in Weimar. Dagegen entschieden sich Brandenburg

B. Ministerium des Innern

Beschluß der Landesregierung
über die Bildung von Bezirksregierungen

1. Es werden gebildet:

a) Die Bezirksregierung Dessau – mit Sitz in Dessau –
mit dem aus den Landkreisen

Bernburg
Gräfenhainichen
Jessen
Köthen
Roßlau
Wittenberg
Zerbst
und der kreisfreien Stadt Dessau
bestehenden Regierungsbezirk,

b) die Bezirksregierung Halle – mit Sitz in Halle –
mit dem aus den Landkreisen

Aschersleben
Bitterfeld
Eisleben
Hettstedt
Hohenmolsen
Merseburg
Naumburg
Nebra
Querfurt
Saalkreis
Sangerhausen
Weißenfels
Zeitz
und der kreisfreien Stadt Halle
bestehenden Regierungsbezirk,

c) die Bezirksregierung Magdeburg – mit Sitz in Magdeburg –
mit dem aus den Landkreisen

Burg
Gardelegen
Genthin
Halberstadt
Haldensleben
Havelberg
Klötze
Oschersleben
Osterburg
Quedlinburg
Salzwedel
Schönebeck
Staßfurt
Stendal
Wanzleben
Wernigerode
Wolmirstedt
und der kreisfreien Stadt Magdeburg
bestehenden Regierungsbezirk.

2. Die Bezirksregierungen sollen entfallen, sobald die Kreise und Gemeinden über die für eine zweistufige Landesverwaltung erforderliche Größe und Leistungskraft verfügen.

3. Die Bezirksverwaltungsbehörden sind aufzulösen.

Das Ministerium des Innern wird beauftragt, in Abstimmung mit den Fachressorts die erforderlichen personellen und organisatorischen Maßnahmen, insbesondere im Hinblick auf Art. 13 des Einigungsvertrages vom 31. 8. 1990 i. V. m. dessen Anlage I Kap. XIX Abschn. III und des Art. I des Einigungsvertragsgesetzes vom 23. 9. 1990 (BGBl. II S. 885), zu treffen.

Magdeburg, den 27. 11. 1990

**Der Landesregierung
Sachsen-Anhalt**

Magdeburg 27.11.1990

und Mecklenburg-Vorpommern für den zweistufigen Verwaltungsaufbau.

Mit der Entscheidung für die Bildung von Bezirksregierungen im Land Sachsen-Anhalt wurde gleichzeitig beschlossen, daß die Bezirksverwaltungsbehörden aufzulösen sind. Mit diesem Beschluß war auch formal die Zeit der sozialistischen Verwaltungsstruktur beendet worden.

11.2   Die Landkreise des Regierungsbezirks Magdeburg

Mit dem Errichtungsbeschluß vom 27. November 1990 entschied das Landeskabinett, daß der Regierungsbezirk Magdeburg aus den Landkreisen Burg, Gardelegen, Genthin, Halberstadt, Haldensleben, Havelberg, Klötze, Oschersleben, Osterburg, Quedlinburg, Salzwedel, Schönebeck, Staßfurt, Stendal, Wanzleben, Wernigerode, Wolmirstedt und der kreisfreien Stadt Magdeburg besteht.

Damit wurde wieder an die Tradition des alten Kernbestandes des Regierungsbezirkes Magdeburg angeknüpft. Nur der Landkreis Aschersleben fand zunächst nicht seine Zuordnung zum Regierungsbezirk Magdeburg. Dies änderte sich aber mit der Kreisgebietsreform 1994, als dieses Gebiet in der Form des neuen Landkreises Aschersleben-Staßfurt zum Regierungsbezirk Magdeburg hinzukam.

Eine Abweichung von dem traditionellen Gebiet des Regierungsbezirkes ist Havelberg geblieben, das auch nach der politischen Wende nicht wieder nach Brandenburg zurückkehrte, sondern Magdeburg zugeordnet blieb.

11.3 Das Magdeburger Regierungspräsidium im Gefüge der Landesverwaltung des Landes Sachsen-Anhalt und seine Tradition

Der Errichtungsbeschluß der Landesregierung vom 27. November 1990 enthielt keinen Hinweis darauf, welche Aufgaben die Bezirksregierungen wahrnehmen sollten und welche Stellung ihnen im Gesamtaufbau des Landes zugedacht war. Erst der Änderungsbeschluß vom 27. April 1993 [171] definierte die Bezirksregierungen als Bündelungs- und Koordinierungsbehörden auf mittlerer Ebene der Landesverwaltung und bestimmte die Regierungspräsidenten zum Vertreter der Landesregierung im Bezirk.

Diese Fomulierung erschließt sich, greift man nicht auf ausführliche Bestimmungen anderer Bundesländer zurück, durchaus vor dem Hintergrund der historischen Entwicklung. Danach kommen den Regierungspräsidien heute folgende Funktionen zu:

- Mittlerfunktion,
- Bündelungsfunktion,
- Entlastungsfunktion,
- Vereinheitlichungsfunktion,
- Beratungsfunktion.

Zur Mittlerfunktion:

Als allgemeiner Vertreter der Landesregierung hat der Regierungspräsident mit seiner Behörde die vielfältigen Verwaltungsaufgaben, die ihm die Landesregierung auf der Grundlage der Gesetze überträgt, in seinem Zuständigkeitsbereich zu erfüllen. Dabei hat er aber auch auf die Interessen und Belange der Region Rücksicht zu nehmen. Er soll folglich im Sinne eines „ehrlichen Maklers" für einen positiven Ausgleich sorgen. Der Regierungspräsident ist damit Bindeglied zwischen Landkreisen und kreisfreien Städten einerseits und der Landesregierung andererseits. Im Vergleich zu seinen historischen Vorgängern vereint der Regierungspräsident heute in seiner Mittlerfunktion die Aufgaben, die der Oberpräsident „als Kommissar des Staates Preußen" [172] und die Königliche Regierung als Mittelinstanz zwischen Landkreis und Ministerium hatten.

Zur Bündelungsfunktion:

Die Bündelungsfunktion beschreibt das Wesensmerkmal, dem die Regierungspräsidien im Staate Preußen ihre Gründung zu verdanken haben. So heißt es, wie bereits oben dargestellt, in der „Geburtsverordnung" vom 26. Dezember 1808, daß die Kriegs- und Domänenkammern neu zu organisieren seien und „den **Vereinigungspunkt** [173] der gesamten inneren Staatsverwaltung in Beziehung auf die Polizei-, Finanz- und Landeshoheitsangelegenheiten zu bilden" habe. Dort hatte seinerzeit König Friedrich Wilhelm III. aufgezeigt, daß es der bisherigen preußischen Polizei- und Finanzverwaltung in den Provinzen nicht mehr gelinge, die Verwaltungsaufgaben optimal zu erfüllen. Störend wirkten sich zu der Zeit das Nebeneinander verschiedener Behörden aus, was durch die Schaffung von „Regierungen" in den Provinzen beseitigt werden sollte.

Wie schon in den Provinzbehörden die Aufgaben- und Befehlsstränge der preußischen Ministerien zusammengeführt (gebündelt) werden sollten, um die verschiedensten Aufgaben aufeinander abgestimmt umzusetzen, ist das Regierungspräsidium heute in der Lage, einen Einzelfall unter den verschiedenartigen Gesichtspunkten der Verwaltung zu untersuchen, das heißt nicht nur aus der Sicht eines Ressorts. Besonders plausibel wird dies im Bereich des Naturschutzes, wenn bei der Ansiedelung von Gewerbebetrieben die Landesplanung (Raumordnung), die Landwirtschaft einschließlich des Forstwesens, die Interessen der Kommunen und die der Wirtschaftsförderung betroffen sind.

Zur Entlastungsfunktion:

Die Regierungspräsidien haben zugleich die Aufgabe, die Landesregierung von Verwaltungsvollzugsaufgaben freizuhalten. Die Ministerialebene soll sich – befreit von Routinearbeit – auf das „Regieren" konzentrieren. Ihre Hauptaufgabe liegt folglich in der Vorbereitung und Begleitung der Gesetzgebung, der Richtliniensetzung für die nachgeordnete Verwaltung, der Arbeit im Bundesrat sowie in der Zusammenarbeit mit Bund und Ländern. Die Regierungspräsidien haben dagegen den Verwaltungsvollzug selbst oder durch die ihnen nachgeordneten Behörden sowie die Landkreise/kreisfreien Städte als untere staatliche Behörden sicherzustellen. Bei einem Fehlen der Regierungspräsidien müßten Aufgaben des Verwaltungsvollzugs von den Ministerien wahrgenommen werden, wenn eine Wahrnehmung durch die Landkreise nicht in Betracht kommt.

Zur Vereinheitlichungsfunktion:

Die Regierungspräsidien gewährleisten in ihrem Bereich durch die Ausübung der Dienst-, Rechts- und Fachaufsicht über die Landkreise und kreisfreien Städte sowie über die ihr zugeordneten unteren Landesbehörden einen einheitlichen Verwaltungsvollzug. Dies dient nicht nur dem „objektiven" Recht, sondern gibt dem Bürger auch ein Gefühl der Rechtssicherheit.

Die Aufsicht wird im einzelnen wie folgt ausgeübt:
- Rechtsaufsicht: Das Regierungspräsidium übt als Kommunalaufsichtsbehörde die Aufsicht über die Landkreise und Gemeinden aus. Es gewährleistet, daß sich die Kommunen rechtskonform verhalten, also nicht gegen Bestimmungen der Gemeindeordnung und andere

Rechtsvorschriften verstoßen. Hierzu gehören auch die Prüfung und Genehmigung der Gemeindehaushalte.

- Dienstaufsicht: Die Regierungspräsidien üben über die Bediensteten der ihr zugeordneten unteren Landesbehörden die personalrechtlichen Befugnisse aus.
- Fachaufsicht: Soweit die Landkreise und Gemeinden Aufgaben für das Land ausüben (sogenannter übertragener Wirkungskreis), unterliegen die Kommunen ebenfalls der Kontrolle durch die Regierungspräsidien. Diese wird u.a. durch die Durchführung von Dienstberatungen und Geschäftsprüfungen vor Ort wahrgenommen.

Zur Beratungsfunktion:
Vor dem Hintergrund der bisher dargestellten Funktionen haben die Regierungspräsidien einen ausgesprochen umfangreichen fachlichen Horizont. Dieser qualifiziert die Behörde vor allem als Beratungsbehörde. Aus ihrer praktischen Erfahrung mit Bürgern und Kommunen kann sie Erkenntnisse an die Landesregierung vermitteln, aus dem Querschnittsüberblick kann sie optimale Wege an Bürger und Kommunen vorschlagen oder selbst beschreiten. Damit ist zu den traditionellen Funktionen eine neue, auch dem neuen Selbstverständnis von Behörden geschuldete Funktion hinzugetreten.

Die Stellung des Regierungspräsidiums im Staatsaufbau:
Die Stellung der Regierungspräsidien im Verwaltungsgefüge des Landes Sachsen-Anhalt verdeutlicht das nebenstehende Schaubild. Für die systematische Einordnung einer jeden Landesbehörde wird zwischen verschiedenen Behördentypen unterschieden:
- oberste Landesbehörden; das ist die Landesregierung;
- obere Landesbehörden; sie dienen jeweils einem besonderen speziellen Verwaltungszweck, haben in der Regel keinen nachgeordneten Bereich und sind den Landesmittelbehörden auch nicht hierarchisch übergeordnet;
- Landesmittelbehörden; Behörden, die einer obersten Landesbehörde unmittelbar unterstellt und räumlich für einen Teil des Landes zuständig sind;
- untere Landesbehörden; Behörden, die einer Ober- oder einer Mittelbehörde unterstehen und als Sonderbehörden einen speziellen Verwaltungszweck in einem Teilraum des Landes wahrnehmen, wobei die Landkreise, kreisfreien Städte und Gemeinden, soweit sie Staatsaufgaben erledigen, hier einzuordnen sind.

Im Land Sachsen-Anhalt kommen neben besonderen Einrichtungen und den Ämtern für Landwirtschaft und Flurneuordnung sowie den Landesveterinär- und Lebensmitteluntersuchungsämtern, für die es keine eigene Mittelinstanz gibt, die vier vorbeschriebenen Behördentypen vor, wobei man begrifflich auf die Bezeichnung „Landesoberbehör-

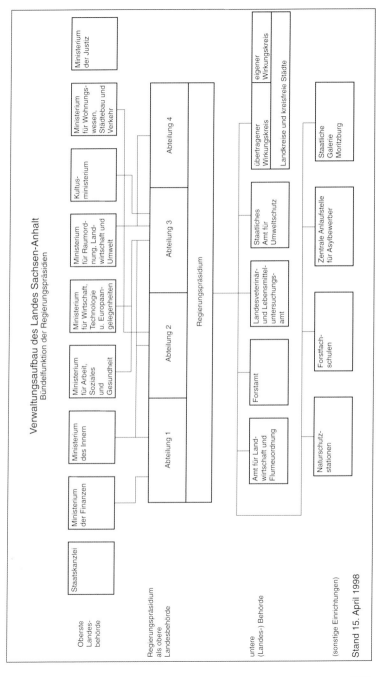

Verwaltungsaufbau des Landes Sachsen-Anhalt
Bündelfunktion der Regierungspräsidien

Oberste Landesbehörde

Staatskanzlei

Ministerium der Finanzen

Ministerium des Innern

Ministerium für Arbeit, Soziales und Gesundheit

Ministerium für Wirtschaft, Technologie u. Europaangelegenheiten

Ministerium für Raumordnung, Landwirtschaft und Umwelt

Kultusministerium

Ministerium für Wohnungswesen, Städtebau und Verkehr

Ministerium der Justiz

Regierungspräsidium als obere Landesbehörde

Abteilung 1

Abteilung 2

Abteilung 3

Abteilung 4

Regierungspräsidium

untere (Landes-) Behörde

Amt für Landwirtschaft und Flurneuordnung

Forstamt

Landesveterinär- und Lebensmitteluntersuchungsamt

Staatliches Amt für Umweltschutz

übertragener Wirkungskreis

eigener Wirkungskreis

Landkreise und kreisfreie Städte

(sonstige Einrichtungen)

Naturschutzstationen

Forstfachschulen

Zentrale Anlaufstelle für Asylbewerber

Staatliche Galerie Moritzburg

Stand 15. April 1998

133

de" verzichtet, vorwiegend den Begriff „Landesamt" verwendet und dessen Einstufung als „Behörde der Mittelinstanz" vornimmt. Als Mittelinstanz in diesem Sinne gelten die drei Regierungspräsidien, die drei Landesämter mit einem eigenen Behördenunterbau und 18 Behörden der Mittelinstanz, die keinen nachgeordneten Bereich haben. Die insgesamt 21 Behörden der Mittelinstanz, die es neben den Regierungspräsidien gibt, sind zum kleineren Teil in deren Bündelungsfunktion einbezogen. In der Hauptsache arbeiten sie selbständig.

11.4 Die Arbeitsweise des Regierungspräsidiums

Die behördeninterne Aufbau- und Ablauforganisation findet ihre Grundlage in zwei Regelwerken. Zur Ordnung des Geschäftsablaufes des inneren Dienstbetriebes erließ das Ministerium des Innern eine Geschäftsordnung[174] und einen Geschäftsverteilungsplan[175], die für alle drei Regierungspräsidien im Lande gelten. Während die Geschäftsordnung bis heute unverändert blieb, erfuhr der Geschäftsverteilungsplan zahlreiche Änderungen und Ergänzungen.

Die Geschäftsordnung

Mit der Errichtung der Bezirksregierungen bzw. Regierungspräsidien mußten auch die Grundlagen für den internen Geschäftsgang geschaffen werden. Diese Aufgabe übernahm die erste Geschäftsordnung, die im wesentlichen aus Niedersachsen übernommen wurde und in ihrer überarbeiteten Fassung 77 Vorschriften umfaßt. Sie legt folgendes fest:

Interne Arbeitseinheiten
Unter dem Regierungspräsidenten als Behördenleiter rangieren der Regierungsvizepräsident, die Abteilungsleiter, die Dezernatsleiter, die Dezernenten, die Sachbearbeiter und die Mitarbeiter. Ihnen schreibt die Geschäftsordnung folgende Funktionen zu:

- Regierungsvizepräsident:
Der Regierungsvizepräsident ist ständiger Vertreter des Regierungspräsidenten. Er unterstützt ihn in der Leitung der Behörde und ihrer Vertretung nach außen. Zugleich leitet der Regierungsvizepräsident eine Abteilung. Im übrigen sorgt der Regierungsvizepräsident in enger Zusammenarbeit mit den Abteilungsleitern dafür, daß die Arbeit des Regierungspräsidiums entsprechend ihrer Bündelungs- und Koordinierungsfunktion ausgeführt wird. Dabei hat er selbst die Entscheidung in Fällen zu treffen, die Aufgabengebiete mehrerer Abteilungen berühren, wenn sich die Abteilungsleiter nicht einigen. Darüber hinaus kann er die Ent-

scheidung in Fällen von besonderer sachlicher oder politischer Bedeutung treffen, soweit nicht der Regierungspräsident sich die Entscheidung vorbehalten hat.

- Abteilungsleiter:
Die Abteilungsleiter leiten jeweils eine Abteilung, die sich aus mehreren Dezernaten bildet. Sie wachen darüber, daß die Arbeit in den Dezernaten zügig und zielgerecht erledigt wird. Sie unterstützen den Regierungspräsidenten und Regierungsvizepräsidenten in der Leitung der Behörde und ihrer Vertretung nach außen. Zudem wirken sie bei abweichenden Auffassungen zwischen beteiligten Dezernaten verschiedener Abteilungen auf eine einheitliche Entscheidung hin. Schließlich achten sie auf einen sachgemäßen Personaleinsatz innerhalb der Abteilung.

- Dezernatsleiter:
Die Dezernatsleiter leiten jeweils ein Dezernat. Sie legen unter Beachtung der Vorgaben des Geschäftsverteilungsplanes im einzelnen die Arbeitsziele fest und sorgen für eine kontinuierliche, sachlich richtige und zweckmäßige Bearbeitung. Sie koordinieren und überwachen die Arbeit und ihre Ergebnisse. Dabei gewährleisten sie die gleichmäßige Auslastung der Beschäftigten innerhalb des Dezernates.

- Dezernent:
Dezernenten werden eingesetzt, soweit dies zur Entlastung und Unterstützung des Dezernatsleiters erforderlich ist. Sie leiten dann abgegrenzte Aufgabenbereiche.

- Sachbearbeiter:
Das eigentliche Herzstück der Sachbearbeitung im Regierungspräsidium obliegt der Gesamtheit der Sachbearbeiter. Sie erarbeiten unter Beachtung der ihnen gesetzten Ziele in ihrem Aufgabenbereich nach den dafür vorausgesetzten Fachkenntnissen und unter Entwicklung eigener Initiative sachliche Ergebnisse.

- Mitarbeiter:
Zur Unterstützung der Sachbearbeiter können Mitarbeiter eingesetzt werden, die nach deren Weisung tätig werden.

Weiterhin läßt die Geschäftsordnung den Einsatz von Sachgebietsleitern in Abstimmung mit dem Ministerium des Innern zu. Sie werden dann eingesetzt, wenn von einer Mehrzahl von Sachbearbeitern gleichartige Arbeiten zu erfüllen sind und eine Koordinierung unterhalb der Dezernentenebene angezeigt erscheint.

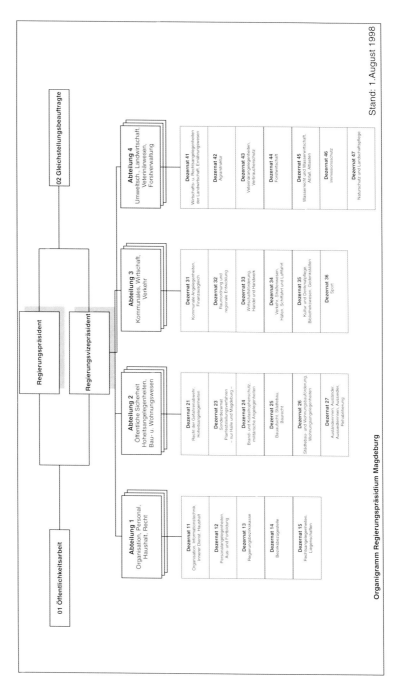

Organigramm Regierungspräsidium Magdeburg

Stand: 1.August 1998

Geschäftsgang

Neben den vorgenannten Funktionszuweisungen enthält die Geschäftsordnung detaillierte Vorgaben für die Erstellung von Schriftstücken. Diese betreffen zum einen die äußere Gestaltung, legen aber auch im Hinblick auf den Inhalt fest, wann wer mitzeichnet und/oder unterschreibt. Für letzteres gibt es einen in den Grundzügen festgelegten Vorbehaltskatalog, der wichtige Angelegenheiten der Behörden- oder Abteilungsleitung zur Entscheidung zuordnet.

Der Geschäftsverteilungsplan

Der Geschäftsverteilungsplan legt detailliert fest, welche Arbeitseinheit welche Aufgaben und Funktionen in der Behörde wahrnimmt. Diese planmäßige Festlegung geschieht ohne Ansehung der Person des Beschäftigten, der die beschriebene Tätigkeit ausführt. Die Stelle ist nicht mit dem Namen der Person, sondern einem „Weiserzeichen" versehen. Es ist dann Aufgabe der personalverwaltenden Stelle, das Personal diesen Stellen zuzuordnen.

Aus dem Geschäftsverteilungsplan läßt sich das nebenstehende Organigramm aufstellen. Das Regierungspräsidium Magdeburg besteht heute aus vier Abteilungen. Die Abteilung 1 wird vom Regierungsvizepräsidenten geleitet. Den Abteilungen 2 – 4 stehen Abteilungsdirektoren vor. Den Abteilungen sind insgesamt 25 Dezernate zugeordnet; zwei weitere Dezernate unterstehen unmittelbar der Behördenleitung. Bei genauer Betrachtung der numerischen Bezeichnung der Dezernate ist festzustellen, daß nicht unwesentliche Änderungen in der Organisation stattgefunden haben. Diese betrafen die Dezernate 16, 22, 22 A, 23 (alt) und 35. Hinzugekommen sind die Dezernate 23 (neu), 27 und 02.

11.5 Erste Erfahrungen mit der wiedererstandenen Mittelinstanz

Zum ersten Regierungspräsidenten nach der politischen Wende wurde Wolfgang Böhm als 25. Regierungspräsident ernannt. Unter seiner Führung galt es, die Behörde personell neu aufzubauen und gleichzeitig die zahlreichen Aufgaben mitten im Aufbauprozeß des neuen Landes Sachsen-Anhalt zu bewältigen. Die Dimension dieser Aufgabenstellung erschließt sich, wenn berücksichtigt wird, daß mit dem Beitritt der DDR zur Bundesrepublik Deutschland ein vollkommen neues Rechtssystem eingeführt wurde. Keiner der zunächst vorhandenen Mitarbeiter war mit dem bundesdeutschen Rechtssystem vertraut. Ganz im Gegenteil: Gegenstand der ideologischen Beeinflussung durch das DDR-System war es gewesen, dieses (nunmehr eingeführte) Rechtssystem zu bekämpfen und abzulehnen. Daß dies letztendlich nicht den gewünschten Erfolg gehabt hat, war eine wesentliche Bedingung der politischen Wende. Auf der anderen Seite gab es naturgemäß eine große Unkenntnis und auch ein Unverständnis gegenüber diesem neuen Rechtssystem. Erschwerend kam hinzu, daß nach wie vor eine Reihe von Mitarbeitern Arbeitsverhältnisse in dieser Bezirksregierung hatten, die in der untergegangenen DDR aktive Träger des Systems waren und mehr oder weniger wichtige Funktionen innehatten. Die Herauslösung dieser Mitarbeiter war ein schwieriger Prozeß, weil zum einen das Maß der persönlichen Verstrickung berücksichtigt werden sollte und mit jeder Kündigung auch immer gleichzeitig die berufliche Zukunft des Betroffenen bedroht war. Andererseits rissen solche ausscheidenden Mitarbeiter neue Lücken in den Personalkörper, was schmerzlich war, weil damit immer wieder neue Mitarbeiter einzuarbeiten waren. Gleichwohl gelang es der Bezirksregierung, eine Verwaltungsbehörde mit vielfältigen, fachlich unterschiedlichen Aufgabenstellungen von Grund auf neu zu organisieren und zu einem funktionstüchtigen Teil der Landesverwaltung zu gestalten.

Nach einem Jahr Tätigkeit bereits konnte resümiert werden, daß trotz aller Anfangsschwierigkeiten die Umsetzung des Gemeinschaftswerkes „Aufschwung Ost" durch die Arbeit der Bezirksregierung Magdeburg deutlich vorangetrieben wurde; so zum Beispiel hat sie die Landkreise, Städte und Gemeinden in ihrer Eigenentwicklung wirksam unterstützt, den Aufbau der nachgeordneten Polizeiverwaltung, des Katasterwesens, der Schul-, Landwirtschafts- und Forstverwaltung erfolgreich in Angriff genommen, ein geordnetes Schuljahr 1991/92 sichergestellt, die Privatisierung der Landwirtschaft begonnen und vorangebracht, den Vollzug der Umweltschutzgesetze bewirkt.

Dies alles geschah parallel zum personellen Aufwuchs der Behörde, die ursprünglich mit 382 Stellen ausgestattet wurde. In den Folgejahren wuchs nicht nur die Anzahl der Stellen, sondern auch die tatsächliche Zahl der Mitarbeiter. Bereits nach einem Jahr hatte das Regierungspräsidium Magdeburg 666 Mitarbeiter, davon kamen 44 aus den alten Bundesländern.

Die vorerst stärkste Stellenausstattung hatte das Regierungspräsidium Magdeburg im Jahre 1995 mit insgesamt 1.086 Stellen. Nach der Ausgliederung von Polizei, Schul- und Katasterverwaltung und Bußgeldstelle sank die Zahl der Beschäftigten auf einen Stand von heute (Juli 1998) auf etwa 830, davon 260 Beamte. Nach einer inoffiziellen internen Zählung waren im Frühjahr 1996 99 Mitarbeiter im Regierungspräsidium beschäftigt, die vor der Wende im Rat des Bezirkes arbeiteten.

Das Regierungspräsidium Magdeburg ist im Land Sachsen-Anhalt das einzige Regierungspräsidium, das bereits in Preußen seit 1816 bestand und daher auf eine lange Tradition zurückblicken kann.

Diese Behörde war seit ihrer Existenz immer wieder in Frage gestellt, reformiert, umstrukturiert und neuorganisiert worden. Doch nur die sozialistische Diktatur DDR trennte sich von dieser Behörde.

Mit dem Neuaufbau des Landes Sachsen-Anhalt erwarb sich das Regierungspräsidium einen festen Sitz in der Verwaltungsstruktur, auch wenn hier die Frage der Existenzberechtigung immer wieder gestellt wird.

Wie bereits im 19. Jahrhundert und Anfang des 20. Jahrhunderts so hat auch in den letzten acht Jahren das Regierungspräsidium Magdeburg zahlreiche Organisationsveränderungen erfahren. Begleitet werden diese durch zahlreiche Untersuchungen, Projektgruppen und Kommissionen, die immer wieder neue Vorschläge unterbreiten. Mit dieser Daueruntersuchung knüpft das Land Sachsen-Anhalt an die „Reformüberlegungstradition" an, die die Regierungspräsidien bereits seit ihrer Errichtung 1816 begleiten. Schon im 19. Jahrhundert befaßte sich die Verwaltungswissenschaft mit der Notwendigkeit einer Mittelinstanz im Hinblick auf Größe und Einwohnerzahl der Zuständigkeitsbereiche. In diesem Zusammenhang sei darauf verwiesen, daß der Regierungsbezirk Magdeburg im bundesdeutschen Vergleich von seiner territorialen Größe unter den derzeit bestehenden 32 bundesdeutschen Regierungsbezirken den Platz 4 und hinsichtlich der Einwohnerzahl den Platz 23 einnimmt.

Entscheidendes Kriterium sollte unabhängig von der Organisationsform sein, ob die Verwaltung im Sinne des Grundgesetzes eine Behörde des demokratischen, sozialen, freiheitlichen Rechtsstaats ist, die somit bürgernah, leistungsfähig, wirtschaftlich und rechtsstaatlich handelt.

Die Regierungspräsidenten:

Böhm, Wolfgang

geb.:   23. Mai 1942 in Dessau
Vater: selbständiger Optiker
Mutter: Hausfrau
Familienstand: Verheiratet, zwei Kinder

Amtszeit: 10. Januar 1991 bis
            15. November 1998

Wolfgang Böhm legte im Jahre 1960 das Abitur am Philantropinum in Dessau ab. Daran schloß sich eine Tätigkeit als Hilfspfleger im Bezirkskrankenhaus Dessau an. Danach studierte Wolfgang Böhm Zahnmedizin in Berlin. Im Kreis Bitterfeld unterzog er sich einer Ausbildung zum Hygieneinspektor und war dort von 1964 bis 1968 auch als solcher tätig. 1969 wechselte er zur Hygieneinspektion in Roßlau. Bis zum Jahre 1971 war Wolfgang Böhm im Gesundheits- und Sozialwesen des Kreises Roßlau tätig. Von 1972 ab ökonomischer Direktor des Bezirkskrankenhauses in Dessau, studierte er parallel dazu an der Martin-Luther-Universität Halle-Wittenberg und schloß als Diplom-Ökonom ab. Von 1976 bis 1990 war Wolfgang Böhm Abteilungsleiter für Erholung und Tourismus beim Rat des Bezirkes Halle. Im Mai 1990 wurde er stellvertretender Regierungsbevollmächtigter der Bezirksverwaltungsbehörde Halle. Am 10. Januar 1991 trat er das Amt des Regierungspräsidenten in Magdeburg an.

Miesterfeldt, Gerhard

geb.:   20.06.1954 in Freiberg/Sachsen
Vater: Versicherungskaufmann
Mutter: Hausfrau
Familienstand: Verheiratet, zwei Kinder

Amtszeit: seit 16. November 1998

Gerhard Miesterfeldt legte im Jahre 1974 das Abitur ab. Gleichzeitig erwarb er den Berufsabschluß als Agrotechniker. Nach dem Besuch des Predigerseminars Friedensau war er von 1979 bis 1983 als Pastor tätig. Von 1984 bis 1990 arbeitete Gerhard Miesterfeldt als Abteilungsleiter in der diakonischen Einrichtung Wilhelmshof im Kreis Stendal.
Von 1990 bis 1994 war er Beigeordneter und Dezernent für Soziales, Schule und Jugend im Landkreis Stendal, von 1994 bis November 1998 Landrat des nach der Kreisgebietsreform neugebildeten Landkreises Stendal.

12   Die territoriale Entwicklung der Landkreise des Regierungsbezirkes Magdeburg

In der Verordnung wegen verbesserter Einrichtung der Provinzialbehörden vom 30. April 1815[176] war festgelegt worden, daß jeder Regierungsbezirk in Kreise eingeteilt werden soll. Die endgültige Bestätigung der landrätlichen Kreise erfolgte im Regierungsbezirk Magdeburg bereits 1816.[177] In der Mehrzahl blieben die aus einer Vielzahl historischer Verwaltungsbezirke neugeschaffenen Kreise, von kleinen Gebietsänderungen bis 1945 bzw. bis zur zentralistischen Verwaltungsreform in der DDR 1952 bestehen. Am 1. Juli 1816 bestand der Regierungsbezirk Magdeburg aus den Landkreisen Calbe, Wanzleben, Wolmirstedt, Neuhaldensleben, dem 1. Jerichower und Ziesarschen Kreis, dem 2. Jerichowschen Kreis, Oschersleben, Osterwieck, Stendal, Salzwedel, Osterburg, Gardelegen, den Stadtkreisen Magdeburg und Halberstadt. Die Grafschaft Wernigerode gehörte zum Gebiet des Regierungsbezirkes Magdeburg, hatte aber einen Sonderstatus inne. Die gräflichen Kammern in Wernigerode waren bis 1876, entsprechend den jeweiligen Ressorts, dem Regierungspräsidenten in Magdeburg untergeordnet.

Der Stadtkreis Magdeburg dehnte sich im Laufe der Zeit auf Kosten der Nachbarkreise wesentlich aus. Relativ kompliziert und verwickelt sind die territorialen Verhältnisse der Landkreise Halberstadt und Wernigerode, die 1825 aus dem zunächst 1816 gebildeten Landkreis Osterwieck und dem Stadtkreis Halberstadt hervorgingen und 1932 unter Hinzunahme anderer Gebietsteile als Landkreis Wernigerode vereinigt worden sind. Einschneidend für die Territorialstruktur der Kreise war die Ausgliederung einer Reihe von Städten als selbständige Stadtkreise. Im Regierungsbezirk Magdeburg waren dies die Städte Magdeburg (1816), Halberstadt (1816, 1891), Aschersleben (1901), Stendal (1909), Quedlinburg (1911) und Burg (1924).[178] Der Aufbau einer einheitlichen Landkreisverwaltung erwies sich in der Provinz Sachsen als kompliziert, da in ihr Gebiete mit unterschiedlichen Verwaltungstraditionen zusammengefügt werden mußten. In die neue Landkreisverwaltung gingen altpreußische, westfälische und sächsische Verwaltungselemente ein. Ein wesentlicher Bestandteil der neu entstandenen Landkreise waren die ehemaligen Kreise des Herzogtums Magdeburg, des Fürstentums Halberstadt und der Altmark. Das Herzogtum Magdeburg gliederte sich am Ende des 18. Jahrhunderts in die Landkreise Holzkreis I, II, und III, Jerichow I und II, den Ziesearschen Kreis, den Saalkreis und den Mansfelder Kreis. Das Fürstentum Halberstadt gliederte sich in die Kreise Osterwieck, Hausneindorf und Halberstadt, in die Grafschaft Wernigerode und die Herrschaften Derenburg und Hasserode. Die Altmark, die bis 1806 zur Kurmark gehörte, gliederte sich in die (Unter-) Kreise Arendsee, Tangermünde, Salzwedel und Stendal.

Der Regierungsbezirk Magdeburg umfaßte ab dem 1. April 1816 die ostelbischen Kreise des Herzogtums Magdeburg einschließlich des Ziesearschen Kreises und die vorübergehend zum Königreich Westfalen gehörenden Teile des Herzogtums (ohne den Saalkreis und den preußischen Anteil an der Grafschaft Mansfeld), die Altmark, das Fürstentum Halberstadt und das Stift Quedlinburg, die Grafschaften Wernigerode und Barby sowie die Ämter Gommern, Walternienburg und Klötze. Umschlossen vom Gebiet des Regierungsbezirkes waren die zum Herzogtum Braunschweig gehörende Enklave Calvörde und die anhaltischen Exklaven Großalsleben, Mühlingen, Dornburg und Gödnitz. 1932 wurden einige bis dahin zum Regierungsbezirk Magdeburg gehörende preußische Exklaven an den Regierungsbezirk Lüneburg der Provinz Hannover abgetreten, während der Nordteil des Landkreises Ilfeld vom Regierungspräsidium Hildesheim dem Regierungsbezirk Magdeburg angeschlossen wurde. 1941 kamen die Stadt Hornburg und einige Gemeinden im Austausch gegen die Gemeinde Hessen an den Braunschweigischen Landkreis Wolfenbüttel. Gemessen an seinem Flächeninhalt von 11.522,81 Quadratkilometern stand der Regierungsbezirk an 11. Stelle unter den 33 Regierungsbezirken Preußens und zählte danach zu den territorial größten Regierungsbezirken im Königreich Preußen. 1839 hatte der Regierungsbezirk Magdeburg 592.366 Einwohner. 1939 war die Einwohnerzahl auf 1.234.070 angewachsen.

Bei einer Aufteilung der Kreise des Regierungsbezirkes nach seiner Lage und Bodenbeschaffenheit zerfiel dieser in vier Gruppen. Dies waren die Altmark, das Land Jerichow, das Hügelplateau zwischen Ohre und Bode und die südwestliche Landschaft. Die Altmark umschloß mit geringen Ausnahmen die Kreise Osterburg, Salzwedel, Stendal und Gardelegen auf der westlichen Seite der Elbe und reichte im Süden fast bis an die untere Ohre. Sie war historisch gesehen das eigentliche Stammland der Preußischen Provinz Sachsen. In der Mitte und im Süden des Magdeburger Regierungsbezirkes erhoben sich sandige Hügelmassen, das Plateau der Altmark, die von Nordwest nach Südost die Kreise Salzwedel und Gardelegen durchzogen und Seitenzüge in den Kreis Stendal hineinsandten. An der Südgrenze breitete sich die Letzlinger Heide aus. Das ostelbische Land Jerichow mit den Kreisen Jerichow I und II war im Norden zwischen Elbe und Havel schmal, im Süden breiter. Dort beginnt auch der Fläming. Das Hügelplateau zwischen Ohre und Bode umfaßte im wesentlichen die Kreise Wolmirstedt, die Stadt Magdeburg, Neuhaldensleben, Wanzleben und Calbe.

Die südwestliche Landschaft umfaßte hauptsächlich das ehemalige Fürstentum Halberstadt, die Abtei Quedlinburg und die Grafschaft Wernigerode. Sie wurde aus den Kreisen Oschersleben, Quedlinburg, Aschersleben, Halberstadt (Stadt/Land) und Wernigerode gebildet. Der Boden stieg allmählich gegen den Süden zum Harz an und schuf so einen anmutigen Kontrast zwischen Hügellandschaften und Tälern. Vom Harz reichten nur kleine Teile in seinen südwestlichen Vorsprüngen zum Regierungsbezirk Magdeburg. Diese enthielten aber die höchsten Gipfel und die interessantesten Gegenden des Mittelgebirges, den Brocken und das sagenumwobene Bodetal sowie die Roßtrappe.[179]

13 Zur Geschichte der Kreise von 1816 bis 1952

Calbe / Saale

Der Kreis Calbe/Saale wurde 1816 aus dem größten Teil des I. Distrikts des Holzkreises des Herzogtums Magdeburg, aus der Grafschaft Barby und dem bis dahin zum Amt Gommern gehörenden Dorf Glinde gebildet. In der französich-westfälischen Zeit gehörte das Kreisgebiet zum Distrikt Magdeburg des Elbdepartements. Der Sitz des Landratsamtes und der späteren Kreiskommunalverwaltung war Calbe. Bei seiner Bildung umfaßte der Kreis 70 Ortschaften. Nach zahlreich vorge-

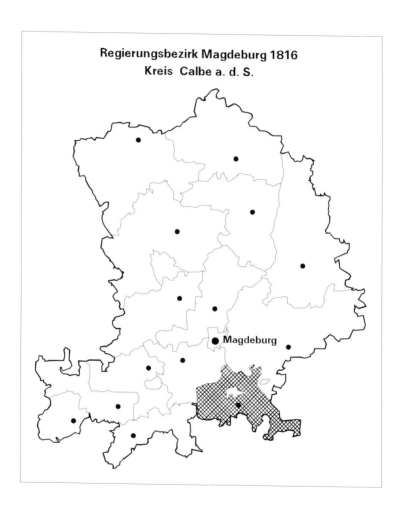

Regierungsbezirk Magdeburg 1816
Kreis Calbe a. d. S.

Magdeburg

nommenen Eingemeindungen und der Auflösung der selbständigen Gutsbezirke gab es 1939 noch 42 Gemeinden. Darunter befanden sich die Städte Aken, Barby, Calbe/S., Schönebeck und Staßfurt. 1858 hatte der Kreis Calbe/S. 52.129 Einwohner.[180] Nach dem Ergebnis der Volkszählung vom 16. Juni 1925 hatte der Kreis 110.109 Einwohner. Sein Flächeninhalt betrug 526 Quadratkilometer.

1913 wurden die bis zu diesem Zeitpunkt zum Kreis Jerichow I gehörenden Landgemeinden Grünewalde und Elbenau sowie ein Teil des Forstgutsbezirkes Grünewalde erworben und mit der Stadt Schönebeck vereinigt. Gemarkungsteile der Stadt Barby wurden 1936 an den Kreis Jerichow I abgetreten. Danach blieb das Kreisgebiet bis zur Kreisreform 1950 unverändert. Der Kreis Calbe/S. erhielt 1950 die neue Bezeichnung Schönebeck. Der Sitz der Kreisverwaltung wurde nach Schönebeck verlegt. Neun Gemeinden wurden an die Kreise Bernburg und Köthen abgetreten. 1952 verlor der Kreis Schönebeck seinen Südwestzipfel mit sechs Gemeinden, u.a. Löderburg und Förderstedt, an den neugebildeten Kreis Staßfurt und die Gemeinde Dornbock an den Kreis Köthen, während er insgesamt fünf Gemeinden von den Kreisen Wanzleben, Burg und Bernburg erhielt. Der Kreis Schönebeck gehörte bis 1991 dem Bezirk Magdeburg an. Ab dem Februar 1991 gehört er unter der Bezeichnung Landkreis Staßfurt zum Regierungsbezirk Magdeburg.

Amtszeiten der Landräte

1. Baron von Steinäcker auf Brumby, Friedrich Wilhelm, 1816 bis 1818
2. Freiherr von Steinäcker auf Brumby, Franz Ernst Karl Ludwig Anton Gottlob Julius, 1818 bis 1858
3. Freiherr von Steinäcker auf Brumby, Bruno Wilhelm Johann Franz Heinrich, 1858 bis 1879
4. Harte, Justus Philipp, 1880 bis 1884
5. Meyer, Dr. jur. Ernst Ludwig Wilhelm, 1884 bis 1889
6. Pape, Max Hermann, 1889 bis 1911
7. Kothe, Paul Erdmann Ludwig, 1911 bis 1919
8. Bergmann, Karl, 1919 bis 1922
9. Voss, Otto, 1922 bis 1932
10. Parisius, Dr. Theodor, 1932 bis 1944[181]

Gardelegen

Der 1816 gebildete Kreis Gardelegen setzte sich aus Teilen des ehemaligen Stendaler und des ehemaligen Tangermünder Kreises der Altmark, aus dem Amt Weferlingen des Fürstentums Halberstadt, dem hessen-homburgischen Amt Oebisfelde, Teilen des Herzogtums Magdeburg und dem hannoverschen Amt Klötze zusammen. In der Zeit der

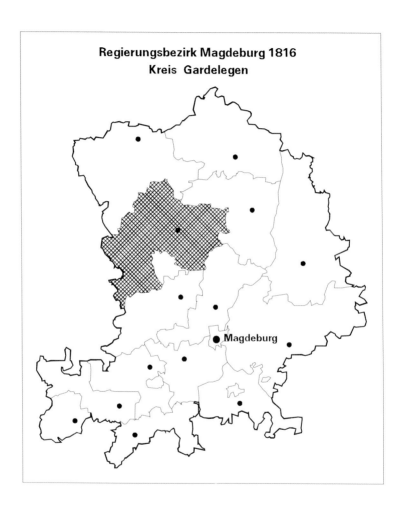

Regierungsbezirk Magdeburg 1816
Kreis Gardelegen

Magdeburg

napoleonischen Fremdherrschaft im Königreich Westfalen verteilte sich das Kreisgebiet mit Ausnahme des Amtes Klötze auf die Distrikte Stendal, Salzwedel und Neuhaldensleben des Elbdepartements und den Distrikt Helmstedt des Okerdepartements. Bei seiner Bildung umfaßte der Kreis 155 Ortschaften. Nach den Eingemeindungen und der Auflösung der selbständigen Gutsbezirke bis 1939 umfaßte er noch 65 Gemeinden. Darunter befanden sich die Städte Gardelegen, Klötze und Oebisfelde. Ein Teil der Letzlinger Heide gehörte ebenfalls zum Kreisgebiet. 1858 hatte der Kreis Gardelegen 46.443 Einwohner. Nach der Volkszählung 1925 hatte der Kreis Gardelegen 65.329 Einwohner. Er hatte einen Flächeninhalt von 1.309 Quadratkilometern. Der Sitz der landrätlichen Verwaltung wechselte mit dem Wohnsitz der Landräte. So wurde 1850 der Landratssitz von Isenschibbe nach Gardelegen verlegt. Seitdem befand sich das Landratsamt ständig in der Kreisstadt.

1819 wurde der Kreis Gardelegen um die bis dahin zum Kreis Salzwedel gehörende Gemeinde Wernstedt vergrößert. 1932 wurden die Exklaven Hehlingen und Heßlingen, einschließlich des bereits 1928 aufgelösten Gutsbezirkes Wolfsburg, an den Kreis Gifhorn der Provinz Hannover abgetreten. Von diesem Zeitpunkt an blieb der Kreis Gardelegen bis auf die Eingliederung der bis dahin zum Land Braunschweig gehörenden Enklave Calvörde und der Gemeinde Zobbenitz am 1. Februar 1946 bis 1950 unverändert. Der Kreis Gardelegen blieb bei der Kreisreform 1950 erhalten, verlor jedoch 21 Gemeinden an den Kreis Haldensleben, erhielt aber im Gegenzug dafür 16 Gemeinden vom Kreis Salzwedel. 1952 wurde der Kreis wesentlich verkleinert. Er verlor den Westteil an den neugebildeten Kreis Kalbe/Milde. Bis zum Februar 1991 gehörte der Kreis Gardelegen zum Bezirk Magdeburg. 1991 ging der Kreis in den Landkreis Salzwedel ein. Nach der Kreisgebietsreform 1994 ist er Bestandteil des Altmarkkreises Salzwedel im Regierungsbezirk Magdeburg.

Amtszeiten der Landräte

1. von Kröcher auf Vinzelberg, Friedrich Wilhelm Karl, 1816 bis 1842
2. von Kröcher auf Deetz, Friedrich Wilhelm, 1843 bis 1881
3. von Gerlach, Jacob, 1861 bis 1892
4. von Goßler auf Zichtau, Karl Ferdinand Konrad, 1892 bis 1894
5. von Davier, August Rudolph Karl, 1894 bis 1897
6. von Alvensleben, Werner Hermann Ludwig, 1897 bis 1920
7. Böer, Oskar, 1920 bis 1932
8. von Windheim, Horst, von 1932 bis1933
9. Coester, Dr. Fritz, 1934 bis 1940
10. Dr. Meyer-Nieberg, Siegfried, 1941 bis 1942
11. Dr. Daue, Max, 1942 bis 1945

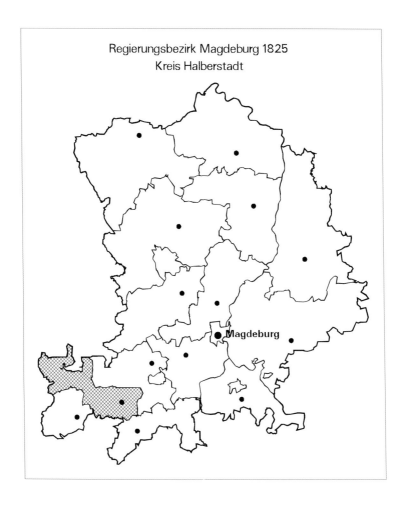

Regierungsbezirk Magdeburg 1825
Kreis Halberstadt

Magdeburg

Halberstadt

Der Halberstädter Kreis des ehemaligen Fürstentums Halberstadt wurde zunächst 1816 zum Stadtkreis Halberstadt, der außer der Stadt selbst 10 Ortschaften umfaßte. In der Zeit der napoleonischen Fremdherrschaft im Königreich Westfalen gehörte das Kreisgebiet zum Distrikt Halberstadt des Saaledepartements. Als 1824 die Grafschaft Wernigerode aus dem 1816 geschaffenen Kreis Osterwieck ausgegliedert wurde und einen eigenen landrätlichen Kreis bildete, kam es 1825 zur Neubildung des Kreises Halberstadt, der sich aus dem bisherigen Stadtkreis Halberstadt, dem Restteil des Kreises Osterwieck und neun hinzugekommenen Orten des Kreises Oschersleben, mit Dardesheim zusammensetzte.

Der Sitz des Landratsamtes wechselte mit dem Wohnsitz des Landrates von Halberstadt, Osterwieck nach Dardesheim und war ab 1860 ständig in Halberstadt etabliert. 1891 schied die Stadt Halberstadt aus dem Kreisverband aus und bildete bis 1952 einen eigenen Stadtkreis. 1858 zählte der Kreis Halberstadt 51.207 Einwohner. Sein Flächeninhalt betrug 433 Quadratkilometer. Nach der Volkszählung 1925 hatte der Kreis 40.674 Einwohner.

Der Kreis Halberstadt, der 1932 mit dem Kreis Grafschaft Wernigerode zum neuen Landkreis Halberstadt vereinigt worden ist, entstand 1952 neu durch die Eingliederung des Nordteils des Kreises Wernigerode, des Westteils des Kreises Oschersleben und des Stadtkreises Halberstadt. Bis 1991 gehörte er zum Bezirk Magdeburg. Seit 1991 ist der Landkreis Halberstadt Bestandteil des Regierungsbezirkes Magdeburg.

Amtszeiten der Landräte

Halberstadt-Stadt
1. Bödcher, Gustav,
   1875 bis 1899

2. Oehler, Dr. jur. Adalbert,
   1900 bis 1905
3. Gerhard, Dr. Maximilian,
   1905 bis ?

4. Weber, Paul,
   1920 bis 1930
5. Mertens, Erich,
   1930 bis 1945

Halberstadt-Land
1. von Branconi auf Langenstein,
   Antonio Mariano Salvator Francesco,
   von 1816 bis 1824
2. Lehmann, Johann Heinrich Wilhelm,
   1817 bis 1831
3. Graf Kleist von Nollendorf auf
   Stötterlingenburg, Hermann
   Ferdinand Heinrich Leopold,
   1831 bis 1844
4. Freiherr von Gustedt auf Dardesheim,
   Gustav Friedrich Werner, 1844 bis 1859
5. Freiherr von Gustedt auf Rhoden,
   Werner,
   1860 bis 1864
6. Rimpau auf Langenstein
   1864 bis 1878

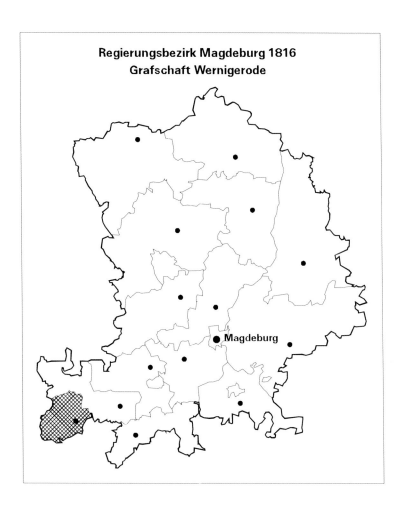

Regierungsbezirk Magdeburg 1816
Grafschaft Wernigerode

Magdeburg

7. Meyer, Theodor Wilhelm Werner,
   1879 bis 1889
8. Stegemann, Viktor Ludwig,
   1890 bis 1918
9. Wegener, Dr. Ernst,
   1918 bis 1926
10. Müller, Hermann,
    1926 bis 1932

Wernigerode

Der Kreis Wernigerode ging hervor aus dem 1816 gebildeten Kreis Osterwieck, welcher sich wiederum aus dem größten Teil des Osterwiecker Kreises des Fürstentums Halberstadt, den kursächsischen, von Halberstadt verwalteten Herrschaften Derenburg und Hasserode, der Reichsherrschaft Schauen und der Grafschaft Wernigerode zusammensetzte. Das Gebiet des Kreises Osterwieck gehörte in der französisch-westfälischen Zeit teilweise zum Distrikt Blankenburg und teilweise zum Distrikt Halberstadt des Saaledepartements. Die Grafschaft Wernigerode schied 1824 aus dem Kreis Osterwieck aus und bildete seitdem den eigenen Kreis Wernigerode (Grafschaft Wernigerode). Seit 1900 nannte er sich Kreis Grafschaft Wernigerode. Der Rest des Kreises Osterwieck ging 1825 in den neugebildeten Kreis Halberstadt auf. 1858 hatte die Grafschaft Wernigerode 18.725 Einwohner. Die Volkszählung von 1925 ergab für den Kreis eine Einwohnerzahl von 43.543. Der Kreis hatte eine Größe von 278 Quadratkilometern. 1932 wurden der Kreis Wernigerode und der Kreis Halberstadt zu einem neuen Kreis Wernigerode zusammengeschlossen. Der Sitz des Landratsamtes war Wernigerode. 1939 gehörten dem Kreis Wernigerode 48 Gemeinden an, darunter die Städte Dardesheim, Derenburg, Elbingerode, Osterwieck, Hornburg und Wernigerode. Hornburg wurde 1941 zusammen mit Isingerode, Roklum und dem Vorwerk Tempelhof im Austausch gegen die Gemeinde Hessen an den braunschweigischen Landkreis Wolfenbüttel abgetreten. Mit diesem neuen Kreis wurde 1932 der Nordteil des Kreises Ilfeld (Regierungsbezirk Hildesheim) mit den Landgemeinden Elend, Königshof, Rotehütte, der Stadt Elbingerode und dem Ilfelder Anteil des Gutsbezirkes Forst Harz vereinigt. Gleichzeitig damit wurden die Gemeinden Wehrstedt, Groß Quenstedt, Klein Quenstedt, Emersleben und Harsleben an den Kreis Oschersleben abgetreten. Bei der Kreisreform von 1950 wurde der Kreis Wernigerode um sieben Gemeinden des Kreises Blankenburg vergrößert. Im Zuge der Verwaltungsreform von 1952 verlor der Kreis Wernigerode seinen Nordteil an den neugebildeten Kreis Halberstadt, während er im Osten den Westteil des Kreises Quedlinburg erhielt. Der Kreis Wernigerode gehörte zum ehemaligen

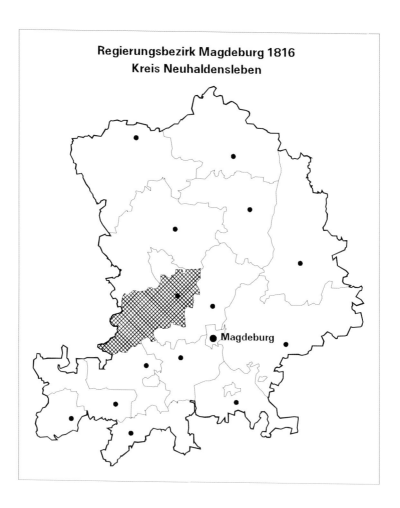

Regierungsbezirk Magdeburg 1816
Kreis Neuhaldensleben

Magdeburg

Bezirk Magdeburg. Seit 1991 gehört der Landkreis Wernigerode zum Regierungsbezirk Magdeburg.

Amtszeit der Landräte

1. Stiehler, Wilhelm, Gräflicher Regierungs- und Polizeirat und Königlicher Landrat 1824 bis 1858
2. von Rosen, Ludwig Wilhelm Gottlieb, Gräflicher Regierungsrat und Landrat, 1859 bis 1876
3. Elvers, Dr. Johann Friedrich Rudolph, 1876 bis 1890
4. von Hertzberg, Günther Paul August, 1890 bis 1902
5. Freiherr von Spitzemberg, Lothar Hugo, 1902 bis 1911
6. von Stosch, Erich Hans Eduard, 1912 bis 1944

Haldensleben

Der Kreis Haldensleben führte von seiner Bildung 1816 bis zu seiner Vereinigung von Alt- und Neuhaldensleben und der Umbenennnung in Haldensleben 1938 die Bezeichnung Kreis Neuhaldensleben. Der Kreis umfaßte bei seiner Gründung 1816 73 Ortschaften. 1858 hatte er eine Einwohnerzahl von 43.885 und umfaßte ein Territorium von 677 Quadratkilometern. Das Ergebnis der Volkszählung von 1925 ergab eine Bevölkerungszahl von 68.197. Nach den Eingemeindungen und der Auflösung der selbständigen Gutsbezirke waren es 1939 mit der Stadt Haldensleben noch 55 Gemeinden. Zum Kreisgebiet gehörten ebenfalls Teile der Letzlinger Heide. Bis 1807 gehörten 35 Ortschaften zum II. Distrikt, 31 Ortschaften und die Kreishauptstadt zum III. Distrikt des Holzkreises des Herzogtums Magdeburg. Sechs Dörfer gehörten damals zur Altmark. Im Königreich Westfalen gehörte der Nordteil des Kreises zum Distrikt Neuhaldensleben des Elbdepartements, während 22 Ortschaften im Süden des Kreises zum Distrikt Helmstedt des Okerdepartements zugeteilt waren. Der Landrat residierte in (Neu-) Haldensleben. Von 1816 bis 1929, als der Kreis Wanzleben die Gemeinde Gehringsdorf an den Kreis Neuhaldensleben abtrat, blieb das Kreisgebiet unverändert. 1945 wurde die Gemeinde Offleben an den Landkreis Helmstedt im Land Niedersachsen abgetreten. Bei der Kreisreform im Juni 1950 blieb der Kreis erhalten und wurde um 21 Gemeinden des Kreises Gardelegen vergrößert. Fünf Gemeinden mußten allerdings an den Kreis Oschersleben abgetreten werden. 1952 erhielt der Kreis im Norden 13 Gemeinden des Kreises Gardelegen, darunter auch die 1946 eingegliederte ehemalige braunschweigische Exklave Calvörde. Im Süden des Kreises mußte ein großes Gebiet an die Kreise Oschersleben und Wanzleben abgetreten werden. Der Kreis Haldensleben gehörte zum Bezirk Magdeburg. Von 1991 bis 1994 war der Landkreis Haldensleben Bestandteil des Regierungsbe-

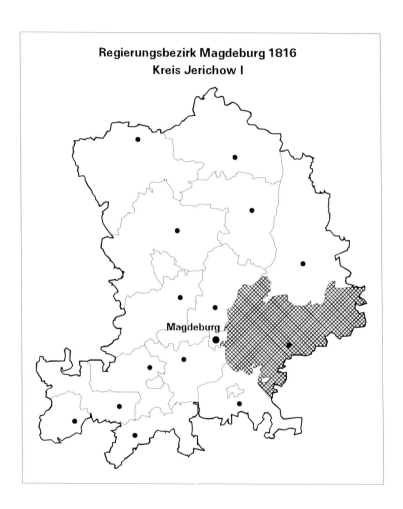

Regierungsbezirk Magdeburg 1816
Kreis Jerichow I

Magdeburg

zirkes Magdeburg. Gegenwärtig ist er in den Ohrekreis des Regierungsbezirkes Magdeburg integriert.

Amtszeiten der Landräte

1. Graf von der Schulenburg auf Bodendorf, Leopold Christian Wilhelm Johann, 1816 bis 1826
2. Freiherr von Veltheim auf Veltheimsburg, Otto August, 1827 bis 1848
3. Bechthold von Ehrenschwerdt, Stellvertretender Landrat, 1848 bis 1850
4. Graf von der Schulenburg-Altenhausen, Bernhard August, 1851 bis 1854
5. von Nathusius auf Althaldensleben, Heinrich Engelhard, 1855 bis 1863
6. von Alvensleben auf Eimersleben, Friedrich Joachim, 1863 bis 1900
7. von Krosigk, Johann Adolf, 1900 bis 1914
9. von Kotze, Hans Ludolf, 1914 bis 1919
10. Fischer, Gustav, 1919 bis 1922
11. Hähnsen, Louis, 1922 bis 1927
12. Lucas, Dr. , 1927 bis 1932
13. Pieschel, Theodor, 1932 bis 1933
14. Scherz, Paul, 1933 bis 1945

Jerichow I (Burg)

Der Kreis Jerichow I wurde 1816 gebildet. Er setzte sich zusammen aus dem Ziesarschen Kreis und dem I. Distrikt des Jerichower Kreises des Herzogtums Magdeburg, dem kursächsischen Amt Gommern und dem bis dahin unter kursächsischer Lehenshoheit stehenden anhalt-dessauischen Amt Walternienburg. Das Amt Gommern gehörte von 1807 bis 1813 zum Distrikt Magdeburg des Elbedepartements des Königreiches Westfalen. Der Sitz des Landratsamtes war von 1816 bis 1818 in Loburg, von 1818 bis 1850 in Leitzkau, 1850 bis 1877 wieder in Loburg und seit 1877 in Burg. Bei seiner Bildung umfaßte der Kreis 172 Ortschaften. 1858 hatte der Kreis 58.013 Einwohner. Im Jahre 1925 lebten 62.204 Einwohner im Kreis. Er hatte eine Größe von 137,8 Quadratkilometern. 1939 hatte der Kreis Jerichow I 91 Gemeinden, darunter die Städte Gommern, Loburg, Möckern und Ziesar. 1924 schied die Kreisstadt Burg aus dem Kreisverband aus und bildete bis 1950 einen eigenen Stadtkreis, der 1943 noch um einen Teil der Gemeinde Pietzpuhl vergrößert wurde. Grenzänderungen wurden wie folgt festgelegt: 1818 gegen den Regierungsbezirk Potsdam, 1848 gegen Anhalt, 1909 Erwerb des Restgutes Salbke-Kreuzhorst vom Kreis Wanzleben, 1913 Abtretung der Landgemeinden Grünewalde und Elbenau an die Stadt Schönebeck, 1936 und 1940 gegen den Stadtkreis Magdeburg sowie

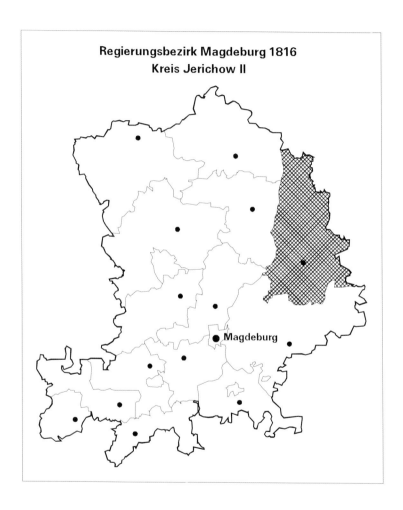

Regierungsbezirk Magdeburg 1816
Kreis Jerichow II

Magdeburg

ebenfalls 1936 gegenüber dem Kreis Calbe/Saale. Bei der Kreisreform im Juni 1950 erhielt der Kreis Jerichow I die Bezeichnung Kreis Burg. Zugleich wurden ihm der bisherige Stadtkreis Burg und die bis dahin zum Kreis Jerichow II gehörende Landgemeinde Reesen angegliedert. Drei Gemeinden mußten an den Kreis Schönebeck abgetreten werden. Im Zuge der Verwaltungsreform von 1952 wurde die südöstliche Hälfte des Kreises als Kreis Loburg verselbständigt, während der Ostteil des Kreises an die Kreise Brandenburg und Belzig des Bezirkes Potsdam fiel. Die Gemeinden Plötzky, Pretzin und Ranies gingen an den Kreis Schönebeck. Der Kreis Loburg wurde 1957 wieder aufgelöst. Sein Nordteil kam an den Kreis Burg, der Südteil an den Kreis Zerbst. Beide Kreise gehörten zum Bezirk Magdeburg. Von 1991 bis 1994 gehörten Teile des alten Kreises Jerichow I zum Landkreis Burg im Regierungsbezirk Magdeburg. Gegenwärtig gibt es im Regierungsbezirk Magdeburg den Landkreis Jerichower Land.

Amtszeiten der Landräte

1. Freiherr von Münchhausen auf Leitzkau-Neuhaus, Otto Friedrich Johann Gerlach, 1816 bis 1817
2. von Arnim auf Theeßen, Wilhelm Heinrich Ernst, 1816 bis 1817 Seit 1787 Landrat des 1817 aufgelösten Ziesarchen Kreises
3. Freiherr von Münchhausen (wie 1), 1817 bis 1850
4. Freiherr von Münchhausen, Ferdinand Carl Wilhelm August, 1850 bis 1855
5. Edler und Freiherr von Plotho auf Lüttgenziatz, Carl, 1855 bis 1886
6. Hegel, Dr. Eduard Wilhelm, 1886 bis 1890
7. Freiherr von Münchhausen auf Hobeck, Karl Statius, 1890 bis 1893
8. von Pieschel, Arthur Karl August, 1893 bis 1918
9. von Breitenbuch, Heinrich Melchior, 1918 bis 1920
10. Gebhardt, Magnus, 1920 bis 1933
11. Lehmann, Herbert Friedrich Richard, 1933 bis 1945

Jerichow II (Genthin)

Aus dem Distrikt des Jerichower Kreises des Herzogtums Magdeburg wurde 1816 der Kreis Jerichow II gebildet. Dieser wurde nach dem Tilsiter Frieden im Juli 1807 nicht wie die westelbischen Gebiete des Herzogtums Magdeburg an das Königreich Westfalen gegeben, sondern verblieb bei dem preußischen Restgebiet. Der Sitz des Landratsamtes und der späteren Kommunalverwaltung war Genthin. Bei seiner Gründung umfaßte der Kreis 159 Ortschaften. 1858 lebten 48.661 Einwohner im Kreis. 1925 lebten 67.745 Einwohner im Kreis Jerichow II. Der Kreis hatte eine Größe von 137,4 Quadratkilometern. 1939 bestand er noch aus 92 Gemeinden, darunter die Städte Genthin, Jerichow und

Sandau. Bis auf den Erwerb von Nitznahe und Bahnitz vom Regierungsbezirk Potsdam 1818 und des bis dahin zum Kreis Zauch-Belzig gehörenden Gutsbezirkes Gränert 1876, blieb das Kreisgebiet bis 1950 unverändert bestehen. Bei der Kreisreform von 1950 erhielt der Kreis die Bezeichnung Kreis Genthin und trat gleichzeitig die Gemeinde Reesen an den neuen Kreis Burg ab. Im Zuge der Verwaltungsreform von 1952 wurde die nördliche Hälfte des Kreises in den neugebildeten Kreis Havelberg eingegliedert, während im Osten ein Teil des Kreisgebietes an die Kreise Brandenburg und Rathenow abgetreten werden mußte.

Der Kreis Genthin gehörte zum Bezirk Magdeburg. Von 1991 bis 1994 war er Bestandteil des Regierungsbezirkes Magdeburg. 1994 wurde er aufgelöst und ging im Landkreis Jerichower Land gemeinsam mit dem Landkreis Burg auf.

Amtszeiten der Landräte

1. von Katte auf Neuenklitsche und Wilhelmsthal, Friedrich Christian Karl David, 1816 bis 1821
2. von Arnim auf Brandenstein, Ludwig Heinrich Wilhelm, 1822 bis 1845
3. von Alvensleben auf Redekin, Ferdinand Gebhard Karl Eduard, 1845 bis 1862
4. von Brauchitsch auf Scharteucke, Heinrich Carl Ludwig Adolf Emil, 1862 bis 1871
5. Graf von Wartensleben auf Rogäsen, Ludwig Hermann Alexander Friedrich, 1871 bis 1901
6. Edler und Freiherr von Plotho auf Penningsdorf, Wolfgang, 1901 bis 1904
7. von Schenk, Karl Eduard Kersten, 1904 bis 1920
8. Haentzschel, Dr. Kurt, 1920 bis 1923
9. Bentlage, Dr. Johannes, 1923 bis 1925
10. Bleckwenn, Dr. Wilhelm, 1925 bis 1931
11. Meyer, Dr. Ewald, 1931 bis 1933
12. Zacher, Dr. Wilhelm, 1933 bis 1935
13. Knust, Dr. Johannes, 1935 bis 1945

Magdeburg

Im Rahmen der Neuorganisation der preußischen Verwaltung nach 1815 wurde 1816 ein landrätlicher Stadtkreis Magdeburg gebildet. Das Gebiet gehörte bis 1806 zum preußischen Herzogtum Magdeburg. Von 1807 bis 1813/1814 gehörte es unter der napoleonischen Fremdherrschaft zum Elbedepartement. Der Stadtkreis Magdeburg bestand aus der Festungsstadt (Altstadt), den selbständigen Vororten Neustadt und Sudenburg, der befestigten Friedrichstadt, der Zitadelle, den Dörfern Buckau und Bleckenburg sowie dem Försterhaus Vogelsang.

In diesem Rahmen blieb der Stadtkreis Magdeburg nur zwölf Jahre bestehen. 1828 wurden bereits Cracau und Prester an den Kreis Jerichow I sowie Buckau an den Kreis Wanzleben abgetreten. Damit blieben als selbständige Bestandteile des Kreises nur noch die Städte Magdeburg, Neustadt, und Sudenburg. Mit Wirkung vom 1. Januar 1862 wurde Buckau, welches noch während der Zugehörigkeit zum Kreis Wanzleben 1859 das Stadtrecht erhalten hatte, in den Stadtkreis Magdeburg eingegliedert.

Im Zusammenhang mit der stürmischen industriellen Entwicklung der Stadt Magdeburg begann eine Periode der Eingemeindungen. 1867 wurde die Sudenburg mit der Stadtgemeinde Magdeburg vereinigt. Es folgten 1886 die Neustadt und 1887 Buckau. Im Anschluß daran wurde innerhalb des Stadtgebietes die Altstadt auf Kosten des Festungsterrains auf das Doppelte ihres seit dem 13. Jahrhundert unveränderten Gebietes verändert. 1908 wurde Rothensee aus dem Kreis Wolmirstedt nach Magdeburg eingemeindet. Die Landgemeinden Fermersleben, Salbke, Westerhüsen und Lemsdorf aus dem Kreis Wanzleben sowie Cracau und Prester aus dem Kreis Jerichow I folgten 1910. 1925 wurde die bisher zum Kreis Wanzleben gehörende Gemeinde Diesdorf an die Stadt Magdeburg abgetreten.

1858 hatte die Stadt Magdeburg 71.002 Einwohner. Die Volkszählung von 1925 ergab bereits eine Einwohnerzahl von 292.296 Einwohnern. 1936 kam es zu einer Grenzveränderung im Osten des Stadtgebietes, als ein Teil der Gemarkung Gübs vom Kreis Jerichow I an Magdeburg abgetreten wurde, während die Stadt ihrerseits unbewohnte Teile der Gemarkungen Zuwachs und Westerhüsen an die Gemeinden Lostau und Randau im Kreis Jerichow I abtrat. 1942 wurde die nördliche Stadtgrenze an den 1937 fertiggestellten Mittellandkanal hinausgeschoben. Damit kamen große Teile der Gemarkungen Glindenberg, Barleben und Wolmirstedt desselben Kreises, die bisher unbewohnt waren, an die Stadt Magdeburg.

Die Kreisgebietsreform von 1950 brachte für den Stadtkreis Magdeburg keine weiteren Veränderungen. Im Zuge der Verwaltungsreform von 1952 vergrößerte sich die damalige Bezirksstadt durch die Eingemeindung der bis dahin zum Kreis Wanzleben gehörenden Gemeinde

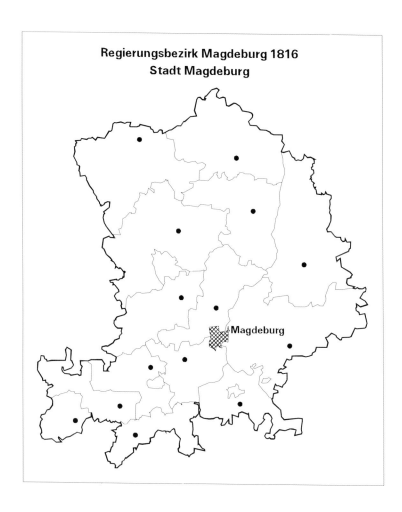

Regierungsbezirk Magdeburg 1816
Stadt Magdeburg

Magdeburg

Groß-Ottersleben. In den 80er Jahren wurde Olvenstedt eingemeindet. Die Stadt Magdeburg ist seit 1991 Bestandteil des Regierungsbezirkes Magdeburg und Landeshauptstadt des Landes Sachsen- Anhalt.

Amtszeiten der Ober (Bürgermeister)

1. Nöldechen, Ludwig, 1814 bis 1817
2. Francke, August Wilhelm, 1817 bis 1848
3. Behrens, stellvertretend 1848 bis 1851
4. Hasselbach, Karl Gustav Friedrich, 1851 bis 1880
5. Bötticher, Dr. Friedrich Heinrich Julius, 1882 bis 1895
6. Schneider,Gustav, 1895 bis 1906
7. Lentze, Dr. August, 1906 bis 1910
8. Reimarus, Hermann, 1910 bis 1919
9. Beims, Hermann, 1919 bis 1931
10. Dr. Reuter, Ernst, 1931 bis 1933
11. Dr. Markmann, Fritz, 1933 bis 1945

In den Jahren 1844 bis 1887 war das Amt des Oberbürgermeisters von dem des Landrats und Polizeidirektors getrennt. Landräte waren:

1. von Kamptz, Ludwig 1844 bis 1851
2. von Gerhardt, Adolph Franz Anton, 1851 bis 1879
3. von Arnim, 1880 bis 1887

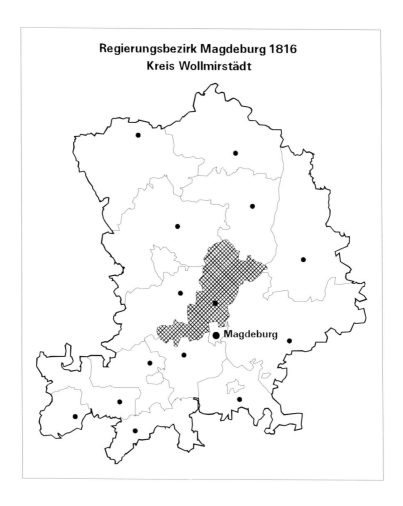

Regierungsbezirk Magdeburg 1816
Kreis Wollmirstädt

Magdeburg

Wolmirstedt

Der Nordteil des 1816 gebildeten Kreises Wolmirstedt gehörte bis 1807 zum III. Distrikt, der Südteil zum II. Distrikt des Holzkreises des Herzogtums Magdeburg. Die Orte Burgstall, Mahlpfuhl, Dolle, Uchtdorf, Blätz und Mahlwinkel zählten dagegen zum Tangermünder Kreis der Altmark. In der französisch-westfälischen Zeit gehörte das Kreisgebiet überwiegend zum Distrikt Neuhaldensleben, ein kleiner Teil zu den Distrikten Magdeburg und Stendal des Elbedepartements. Das Landratsamt und die spätere Kreiskommunalverwaltung befand sich in Wolmirstedt. Bei seiner Gründung umfaßte der Kreis 63 Ortschaften. 1858 hatte der Kreis 43.512 Einwohner. Der Kreis Wolmirstedt hatte eine Größe von 696 Quadratkilometern. Bei der Volkszählung von 1925 hatte der Kreis 51.678 Einwohner und mit der Stadt Wolmirstedt 56 Gemeinden. 1908 schied die Landgemeinde Rothensee aus dem Kreis Wolmirstedt aus und wurde der Stadtgemeinde Magdeburg zugeordnet. Im übrigen blieb das Kreisgebiet, abgesehen von der 1942 erfolgten Abtretung eines Teiles der Gemarkungen Glindenberg, Barleben und Wolmirstedt an den Stadtkreis Magdeburg, bis zur Verwaltungsreform von 1952 unverändert. Bei dieser Reform trat der Kreis seinen Nordteil an den neugebildeten Kreis Tangerhütte und 4 Gemeinden im Südwesten an den Kreis Wanzleben ab. Der Kreis Wolmirstedt gehörte zum Bezirk Magdeburg. Von 1991 bis 1994 gehörte er zum Regierungsbezirk Magdeburg. Er wurde 1994 im Zuge der Kreisgebietsreform aufgelöst.

Amtszeiten der Landräte

1. von Froreich. Karl Ludwig Johann Ernst, 1816 bis 1852
2. 2. Graf von der Schulenburg-Angern, Edo Friedrich Christoph Daniel, 1852 bis 1869
3. von Wedell, Wilhelm Heinrich Magnus Carl, 1870 bis 1871
4. von Bülow, Ernst Paul Heinrich Justus, 1872 bis 1882
5. von Hasselbach, Friedrich Oskar, 1882 bis 1903
6. Graf von der Schulenburg-Angern, Friedrich Wilhelm Christoph Daniel, 1903 bis 1914
7. von Conrad, Herbert Otto Hermann, 1914 bis 1919
8. Böttger, Rudolf, 1919 bis 1932
9. Pichier, Theodor, 1933
10. Böhme, Johannes Balduin, 1933 bis 1935
11. von Winterfeld, Henning, 1935 bis 1936
12. Dr. Kipke, Karl, 1936 bis 1945

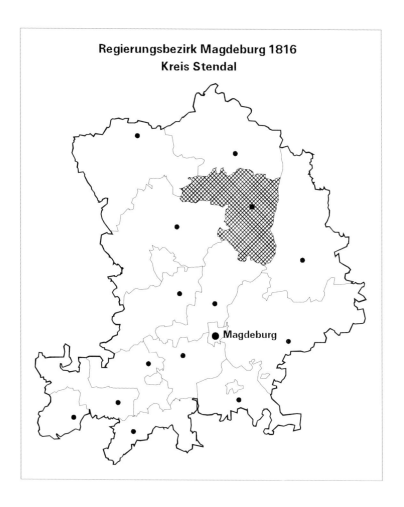

Regierungsbezirk Magdeburg 1816
Kreis Stendal

Magdeburg

Stendal

Der Kreis Stendal wurde 1816 aus dem Südostteil der Altmark gebildet. In der französch-westfälischen Zeit gehörte das Kreisgebiet zum Distrikt Stendal des Elbedepartements. Bei seiner Gründung umfaßte der Kreis Stendal 119 Ortschaften. Der Sitz des Landratsamtes war in Stendal. 1858 hatte er eine Einwohnerzahl von 43.654. Er hatte einen Flächeninhalt von 897,84 Quadratkilometern. Bei der Volkszählung des Jahres 1925 hatte der Kreis Stendal 54.745 Einwohner. 1939 umfaßte der Kreis noch 96 Gemeinden mit den Städten Arneburg, Bismark, Tangerhütte und Tangermünde.

Von 1909 bis zur Kreisreform 1950 bildete die Kreishauptstadt Stendal einen eigenen Kreis. Im übrigen blieb das Kreisgebiet auch nach der Kreisreform von 1950 unverändert. Bei der Verwaltungsreform von 1952 trat der Kreis Stendal seinen Südteil an den neugebildeten Kreis Tangerhütte ab. Im Gegenzug dafür erhielt er sechs Gemeinden des Kreises Gardelegen. Der Kreis Stendal gehörte zum ehemaligen Bezirk Magdeburg. Seit Februar 1991 ist der Landkreis Stendal in den Regierungsbezirk Magdeburg integriert.

Amtszeiten der Landräte

1. von Bismark auf Briest und Welle, Levin Friedrich Christop August, 1816 bis 1824
2. Graf von Itzenplitz auf Jerchel, Friedrich Joseph Johann Karl, 1824 bis 1848
3. Schrader, Johann, 1848 bis 1863
4. von Bismark-Briest, Ludolf August, 1864 bis 1898
5. von Bismark auf Welle, August Ludolf Wilhelm, 1898 bis 1919
6. Herkt, Dr. Fritz, 1920 bis 1926
7. Schmidt, Dr, Gerhard, 1926 bis 1933
8. von Kalben, Heinrich-Detloff, 1933 bis 1944

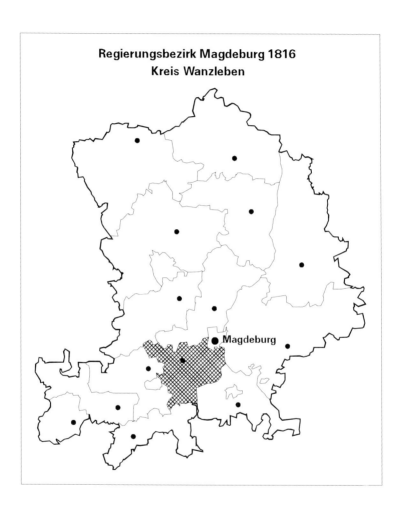

Regierungsbezirk Magdeburg 1816
Kreis Wanzleben

Magdeburg

Wanzleben

Der 1816 gebildete Kreis Wanzleben setzte sich zum überwiegenden Teil aus Ortschaften des I. Distrikts (im Nordwestzipfel von Peseckendorf bis Berge) und des II. Distrikts des Holzkreises des Herzogtums Magdeburg zusammen. Während der französischen Fremdherrschaft gehörte das Kreisgebiet zum Distrikt Magdeburg des Elbedepartements. Der Kreis umfaßte bei seiner Bildung 57 Ortschaften. 1858 hatte er eine Bevölkerungszahl von 55.534 Einwohnern. Der Kreis hatte einen Flächeninhalt von 544,09 Quadratkilometern. Das Landratsamt und die spätere Kreiskommunalverwaltung befanden sich in Wanzleben. 1925 hatte der Kreis 68.716 Einwohner. 1939 gehörten zum Kreisgebiet noch 39 Gemeinden, darunter die Städte Egeln, Hadmersleben, Seehausen und Wanzleben.

1862 wurde Buckau, das 1859 das Stadtrecht erhalten hatte und bereits von 1816 bis 1828 zum ländlichen Kreis Magdeburg gehörte, endgültig an den Stadtkreis Magdeburg abgegeben. 1909 trat der Kreis Wanzleben den Restgutsbezirk Salbke-Kreuzhorst an den Kreis Jerichow I, 1925 die Gemeinde Diesdorf an den Stadtkreis Magdeburg und schließlich 1929 die Gemeinde Gehringsdorf an den Kreis Haldensleben ab. Danach blieb das Kreisgebiet bis zur Verwaltungsreform von 1952 unverändert. Im Zuge dieser Verwaltungsreform erhielt der Kreis eine Reihe von Gemeinden der Kreise Wolmirstedt und Haldensleben, während er andererseits einen Teil seines Gebietes an die Kreise Oschersleben (Altbrandsleben), Staßfurt, Schönebeck (Welsleben) und den Stadtkreis Magdeburg (Groß-Ottersleben) verlor. Der Kreis Wanzleben gehörte zum ehemaligen Bezirk Magdeburg. Von 1991 bis 1994 gehörte der Kreis Wanzleben zum Regierungsbezirk Magdeburg. Danach wurde er als selbständiger Kreis aufgelöst und ist gegenwärtig Bestandteil des neugebildeten Landkreises Bördekreis.

Amtszeiten der Landräte

1. von Alemann auf Benneckenbeck, Christoph Christian Friedrich, 1816 bis 1844
2. von Kotze auf Klein Oschersleben, Hans Friedrich Wilhelm, 1844 bis 1848
3. von Brenning, Skal Guido Hermann August, 1848 bis 1851
4. von Laviere, Simon Bernhard, 1881 bis 1883
5. von Kotze auf Klein Oschersleben, Hans Ludolf, 1883 bis 1899
6. von Mikusch-Buchberg, Ernst Josef, 1899 bis 1907
7. von Kotze, Hans Peter, 1907 bis 1915
8. von Bahrfeldt, Dr. Max Rudolf Carl, 1915 bis 1920
9. Hahn, Friedrich, 1920 bis 1922
10. Kehling, Wilhelm, 1922 bis 1929

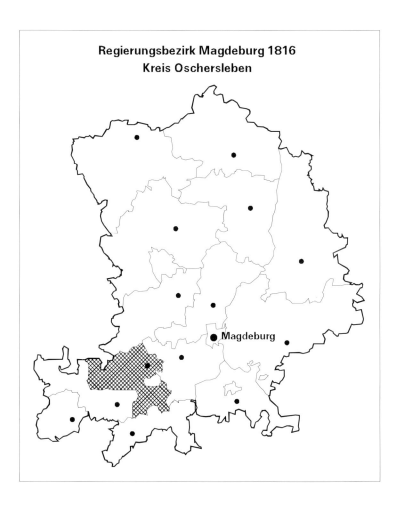

Regierungsbezirk Magdeburg 1816
Kreis Oschersleben

Magdeburg

11. Baumann, Hellmuth, 1929 bis 1933
12. von Windheim, Horst, 1933 bis 1935
13. Mellin, Dr. Albert, 1935 bis 1945

Oschersleben

Der Kreis Oschersleben wurde 1816 aus dem Oschersleber Kreis, einem Teil des Osterwiecker Kreises und einem Teil des Halberstädter Kreises des Fürstentums Halberstadt gebildet. In französisch-westfälischer Zeit gehörten Anderbeck, Beckendorf, Emmringen, Gunsleben, Hamersleben, Hornhausen, Neindorf, Oschersleben, Ottleben und Neuwegersleben zum Distrikt Helmstedt des Okerdepartements. Alle übrigen Ortschaften des Kreises gehörten zum Distrikt Halberstadt des Saaledepartements.
Bei seiner Bildung umfaßte der Kreis Oschersleben 56 Ortschaften. 1858 zählte der Kreis 37.691 Einwohner. Der Kreis hatte eine Größe von 500 Quadratkilometern. Der Sitz des Landratsamtes war von 1816 bis 1831 Gröningen, von 1831 bis 1859 Schwanebeck und seit 1859 Oschersleben. 1925 lebten im Kreis Oschersleben 56.270 Einwohner. 1939 gehörten nach zahlreichen Eingemeindungen und der Auflösung der selbständigen Gutsbezirke noch 42 Gemeinden zum Kreisgebiet, darunter die Städte Gröningen, Kroppenstedt, Oschersleben, Schwanebeck und Wegeleben. 1825 wurden die Stadt Dardesheim und die Dörfer Aspenstedt, Athenstedt, Ströbeck, Mahndorf, Rohrsheim, Mulmke, Heudeber und Zilly an den neugebildeten Kreis Halberstadt abgegeben. Beim Zusammenschluß der Kreise Wernigerode und Halberstadt kamen 1932 die Gemeinden Wehrstedt, Groß Quenstedt, Klein Quenstedt, Emersleben und Harnsleben vom Kreis Wernigerode an den Kreis Oschersleben. 1941 wurde die braunschweigische Gemeinde Pabstdorf eingegliedert. Bei der Kreisreform von 1950 erhielt der Kreis fünf Gemeinden vom Kreis Haldensleben. Die Gemeinde Heteborn wurde an Quedlinburg abgetreten. 1952 verlor der Kreis seine südwestliche Hälfte an den Kreis Halberstadt und die Gemeinde Kroppenstedt an den Kreis Staßfurt. Vom Kreis Wanzleben kam die Gemeinde Altbrandsleben dazu. Der Kreis Oschersleben gehörte zum Bezirk Magdeburg. Von 1991 bis 1994 gehörte er als selbständiger Landkreis dem Regierungsbezirk Magdeburg an. Sein Territorium ging danach in den Landkreis Bördekreis ein.

Amtszeiten der Landräte

1. Freiherr von Hünecken auf Dedeleben, Heinrich Ludwig, 1816 bis 1829
2. Graf von der Schulenburg-Altenhausen, Wilhelm Leopold, 1831 bis 1848

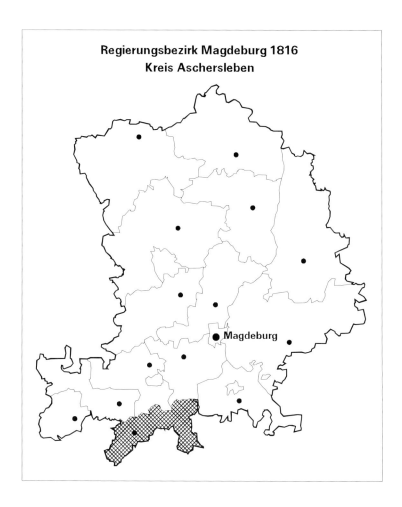

Regierungsbezirk Magdeburg 1816
Kreis Aschersleben

Magdeburg

3. Maurach, Wilhelm Lebrecht Friedrich, 1848 bis 1854
4. von Leipziger, Adolph Hilmar, 1854 bis 1864
5. von Gerlach, Friedrich Wilhelm Leopold, 1864 bis 1884
6. von Asseburg-Neindorf, Alexander, 1864 bis 1889
7. von Wegenern, Martin Georg Anton, 1889 bis 1894
8. Graf von der Schulenburg auf Ramstedt, Rudolf Wilhelm, 1894 bis 1902
9. Dr. Drews, jur. Bill Arnold, 1902 bis 1905
10. Dr. Schroepffer, jur.Gustav August Heinrich Emil, 1905 bis 1919
11. Dr. Heine, jur. Ernst, 1919 bis 1933
12. Dr. Bilke, jur. Manfred, 1933 bis 1936
13. Fiebing, Hermann, 1936 bis1938
14. Bährens, Hans-Joachim, 1938 bis 1939
15. Looft, Walter, 1939 bis 1945

Aschersleben (Quedlinburg)

Die Geschichte des Kreises ist identisch mit der des 1816 gebildeten Kreises Aschersleben. Dieser setzte sich zusammen aus dem Fürstentum Quedlinburg, den Kreisen Westerhausen und Aschersleben des Fürstentums Halberstadt und dem Dorf Groß Schierstedt aus dem Saalkreis des Herzogtums Magdeburg. Während der französisch-westfälischen Zeit gehörte das Kreisgebiet zu den Distrikten Halberstadt und Blankenburg des Saaledepartements.

Bei seiner Gründung umfaßte der Kreis Aschersleben 29 Ortschaften. Der Sitz des Landratsamtes und der späteren Kreiskommunalverwaltung war Quedlinburg. 1858 zählte der Landkreis Aschersleben 52.689 Einwohner. 1925 hatte der Kreis Quedlinburg 49.279 Einwohner. Der Kreis hatte nach dem Ausscheiden der Stadt Aschersleben ein Größe von 708.16 Quadratkilometern. 1939 bestand der Kreis Quedlinburg aus 24 Gemeinden, darunter den Städten Cochstedt und Thale. 1861 erfolgte ein geringfügiger Gebietsaustausch mit dem Mansfelder Gebirgskreis. 1901 schied die Stadt Aschersleben aus dem Kreisverband aus und bildete dann unter Abtretung des gesamten Landgebietes an den Landkreis einen eigenen Stadtkreis. Der Keis Aschersleben wurde gleichzeitig in den Kreis Quedlinburg umbenannt. 1911 schied auch die Stadt Quedlinburg als neugebildeter Stadtkreis aus dem Kreisverband aus. Bis auf die 1936 erfolgte Eingemeindung eines Teiles der Gemeinde Wienrode aus den braunschweigischen Kreis Blankenburg in die Stadt Thale erfolgten bis 1950 keine Gebietsveränderungen mehr.

Bei der Kreisreform von 1950 wurde der Kreis Quedlinburg erheblich vergrößert. So erhielt der Kreis einzelne Gemeinden der Kreise Sangerhausen, Oschersleben, des Mansfelder Gebirgskreises, einen Teil des Kreises Blankenburg mit der Stadt Blankenburg, die seit 1911

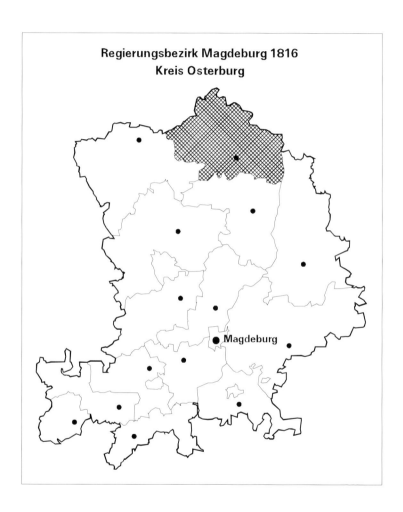

Regierungsbezirk Magdeburg 1816
Kreis Osterburg

Magdeburg

kreisfreie Stadt Quedlinburg und den gesamten Kreis Ballenstedt. Die Gemeinde Groß Schierstedt und Westdorf wurden an den Kreis Bernburg abgetreten. Der Stadtkreis Aschersleben wurde 1950 aufgelöst und in den Kreis Bernburg eingegliedert. Bei der Verwaltungsreform von 1952 fiel der Nordostteil des Kreises an den neugebildeten Kreis Aschersleben sowie an den Kreis Staßfurt und der Westteil an den Kreis Wernigerode. Der Kreis Quedlinburg gehörte zum ehemaligen Bezirk Halle.

Seit 1991 gehört der Landkreis Quedlinburg zum Gebiet des Regierungsbezirkes Magdeburg.

Amtszeiten der Landräte

1. Schmaling, Gotthelf Eberhard, 1816 bis 1823
2. Weyhe, Karl Friedrich Ludwig, 1823 bis 1864
3. Stielow, Otto Wolf, 1864 bis 1903
4. von Jacobi, Georg Gottfried, 1903 bis 1917
5. von Doetinchem de Rande, Dr. Karl Albert Ludwig Volrad, 1917 bis 1919
6. Müller, Hermann, 1919 bis 1927
7. Runge, Paul, 1927 bis 1932
8. Harte, Philipp, 1933 bis 1935
9. Naude, Horst, 1935 bis 1939
10. Rudolph, Dr. oec. Albert, 1941 bis 1945

Osterburg

Der Kreis Osterburg wurde 1816 im Nordosten der Altmark aus dem alten Seehäuser Kreis und aus Teilen des Arendseer, des Stendaler und des Arneburger Kreises gebildet. Zur Zeit der französischen Besetzung gehörten der überwiegende Teil des Kreisgebietes zum Distrikt Stendal und ein kleiner Teil (Kanton Arendsee) zum Distrikt Salzwedel des Elbedepartements. Bei seiner Bildung umfaßte der Kreis Osterburg 232 Ortschaften. 1858 zählte der Kreis 42.493 Einwohner. Der Sitz des Landratsamtes und der späteren Kreiskommunalverwaltung war Osterburg. Der Kreis hatte einen Flächeninhalt von 110,5 Quadratkilometern. 1925 lebten 48.721 Personen im Kreis Oschersleben. 1925 gehörten zum Kreisgebiet noch 125 Gemeinden, darunter die Städte Arendsee, Osterburg, Seehausen und Werben.

Bis auf zwei Grenzveränderungen gegen die benachbarten Kreise Westprignitz (1880) und Lüchow (1923), die in einer Vergrößerung der Stadt Werben und des Gutsbezirkes Arendsee bestanden, blieb das Kreisgebiet bis zur Kreisreform im Juni 1950 unverändert. Dabei trat der Kreis Osterburg sieben Gemeinden an den Kreis Salzwedel ab und

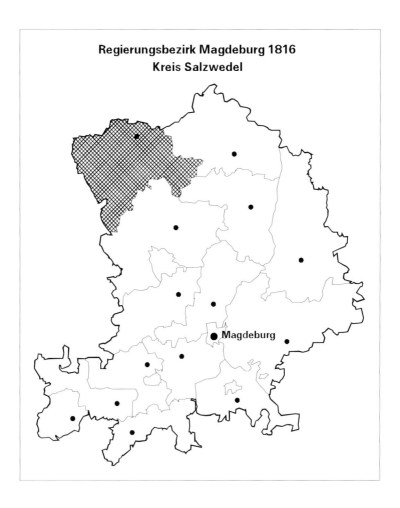

Regierungsbezirk Magdeburg 1816
Kreis Salzwedel

Magdeburg

erhielt von diesem die Gemeinde Hagenau. 1952 wurde der Kreis Osterburg in die Kreise Osterburg und Seehausen geteilt, jedoch 1965 wieder vereinigt. Der Kreis Osterburg gehörte zum damaligen Bezirk Magdeburg. Von 1991 bis 1994 gehörte er als selbständiger Landkreis dem Regierungsbezirk Magdeburg an. Danach ging sein Territorium in den Altmarkkreis Salzwedel ein.

Amtszeiten der Landräte

1. Graf von der Schulenburg auf Priemern, Leopold Wilhelm, 1816 bis 1820
2. von Jagow, auf Krevese, Wilhelm Ernst Heinrich Gottlob, 1820 bis 1838
3. von Knoblauch auf Groß-Osterholz, Friedrich Ludwig Karl, 1838 bis 1846
4. von Jagow auf Pollitz, Friedrich Wilhelm Heinrich Leopold, 1846 bis 1858
5. Graf von der Schulenburg-Altenhausen auf Hohenberg, Friedrich Gottlob Jakob, 1858 bis 1885
6. von Jagow, Ernst Ludwig, 1885 bis 1893
7. von Jagow auf Scharpenhufe, Hermann Wilhelm Adolf Adalbert, 1893 bis 1912
8. von Lossow, Balthasar Friedrich Ludwig Arnim, 1912 bis 1920
9. Zorn, Dr. Konrad, 1920 bis 1933
10. Keßler, Dr. Karl, 1933 bis 1945

Salzwedel

Der 1816 gebildete Kreis Salzwedel entstand aus den Ämtern Salzwedel und Diesdorf im Nordwesten der Altmark, dem Schulamt Dambeck und mehreren Gutsbezirken. In der französisch-westfälischen Zeit gehörte das Kreisgebiet zum Distrikt Salzwedel des Elbedepartements. Bei seiner Bildung umfaßte der Kreis 231 Ortschaften. 1858 hatte er 46.423 Einwohner. Der Sitz des Landratsamtes und der späteren Kreiskommunalverwaltung war Salzwedel. Die Größe des Kreises Salzwedel betrug 1.212,39 Quadratkilometer. Die Einwohnerzahl betrug nach der Volkszählung von 1925 62.267. Nach zahlreichen Eingemeindungen und der Auflösung der selbständigen Gutsbezirke umfaßte der Kreis 1939 noch 173 Gemeinden, darunter die Städte Kalbe/Milde und Salzwedel.
Im Jahre 1819 wurde die Gemeinde Wernstedt an den Kreis Gardelegen abgetreten. Bis auf zwei Grenzbegradigungen zum Kreis Gifhorn (Provinz Hannover) 1884 und 1937 blieb das Kreisgebiet bis zum Jahr 1950 unverändert. Bei der in diesem Jahr erfolgten Kreisreform blieb der Kreis zwar erhalten, verlor allerdings 17 Gemeinden an die Kreise Gardelegen und Osterburg, während er sieben Gemeinden vom Kreis Osterburg er-

hielt. Im Zuge der Verwaltungsreform von 1952 trat der Kreis seinen Südteil an die neugebildeten Kreise Klötze und Kalbe/Milde ab. Der Kreis Salzwedel gehörte zum ehemaligen Bezirk Magdeburg. Seit 1991 ist er Bestandteil des Regierungsbezirkes Magdeburg. Mit der Kreisgebietsreform 1994 ist der Landkreis Salzwedel gemeinsam mit dem Landkreis Gardelegen zum Altmarkkreis Salzwedel vereint.

Amtszeiten der Landräte

1. von Meding auf Deutschhorst, Friedrich Wilhelm, 1816 bis 1821
2. von Meding, August Friedrich Wilhelm Werner, 1821 bis 1828
3. Graf von der Schulenburg auf Propstei Salzwedel, Otto Ludwig Wilhelm Ferdinand, 1830 bis 1849
4. von Krosigk, Curt, 1849 bis1852
5. von Lattorff, Matthias Alexius Friedrich Edmund, 1853 bis 1879
6. Graf von der Schulenburg auf Beetzendorf, Leopold Wilhelm Werner, 1880 bis 1912
7. Graf von der Schulenburg, Julius Fedor Albrecht, 1913 bis 1920
8. Trümpelmann, Arno, 1920 bis 1921
9. Thiemer, Dr. Hans, 1922 bis 1933
10. Zilch, Dr. jur. Karl Heinrich Erich, 1933 bis 1945

Nach dem Abzug der amerikanischen Besatzungstruppen aus dem mitteldeutschen Raum bis zum 1. Juli 1945 wurde unter sowjetischer Militärverwaltung auch die Provinz Sachsen gebildet. Mit Befehl vom 9. Juli 1945 beseitigte die Sowjetische Militäradministration (SMAD) die territoriale Zerissenheit, die bis 1945 auf dem Gebiet der neugebildeten Bezirksverwaltungen bestanden hatte. Auf dem Gebiet der Provinz Sachsen entstanden die Regierungsbezirke Halle-Merseburg, Magdeburg und Dessau.

Infolge dessen hatte der Regierungsbezirk Magdeburg nachfolgend dargestellte Kreiseinteilung, die im wesentlichen, trotz der 1947 erfolgten Auflösung der Bezirksverwaltungen im Land Sachsen-Anhalt bis 1950 bzw. bis zur Auflösung des Landes und dem Entstehen des Bezirkes Magdeburg 1952 bestehen blieb.

Stadtkreise	Fläche (km^2)	Stand 01.02.1946 Bevölkerung
1. Burg	78,39	26123
2. Halberstadt	61,39	45314
3. Magdeburg	127,52	224399
4. Salzwedel	46,48	19440
5. Schönebeck	58,24	39497
6. Stendal	36,14	41169
Kreise		
7. Blankenburg	327,71	37740
8. Gardelegen	1389,58	91078
9. Haldensleben	677,60	89008
10. Jerichow I	1193,07	64516
11. Jerichow II	1377,57	88359
12. Oschersleben	586,49	90452
13. Osterburg	1111,88	62096
14. Salzwedel	1167,31	62771
15. Stendal	864,24	76844
16. Wanzleben	503,75	67301
17. Wernigerode	718,90	93934
18. Wolmirstedt	686,20	75024
	11012,46	**1328940**

Die Zählung der Bevölkerung erfolgte am 1. Dezember 1945.
Nach der Auflösung des Landes Sachsen-Anhalt entstand nach der Verwaltungsreform des Jahres 1952 der bis 1990 existierende Bezirk Magdeburg. Bei seiner Entstehung hatte er folgende Kreise:

1. Salzwedel	12. Wolmirstedt
2. Seehausen	13. Burg
3. Osterburg	14. Stadtkreis Magdeburg
4. Havelberg	15. Loburg
5. Klötze	16. Wanzleben
6. Kalbe	17. Oschersleben
7. Gardelegen	18. Schönebeck
8. Stendal	19. Zerbst
9. Tangerhütte	20. Staßfurt
10. Genthin	21. Halberstadt
11. Haldensleben	22. Wernigerode

Das im Zuge der deutschen Wiedervereinigung am 3. Oktober 1990 entstandene Land Sachsen-Anhalt bildete im Februar 1991 die Regierungsbezirke Magdeburg, Halle und Dessau. Der Regierungsbezirk Magdeburg bildete zunächst die Landkreise Burg, Genthin, Halberstadt, Haldensleben, Havelberg, Klötze, Landeshauptstadt Magdeburg, Oschersleben, Osterburg, Quedlinburg, Salzwedel, Schönebeck, Staßfurt, Stendal, Wanzleben, Wernigerode und Wolmirstedt.
Nach der Kreisgebietsreform von 1994 bestehen gegenwärtig im Regierungsbezirk Magdeburg neben der Landeshauptstadt Magdeburg als kreisfreie Stadt die Landkreise Altmarkkreis Salzwedel, Aschersleben-Staßfurt, der Bördekreis, Halberstadt, Jerichower Land, der Ohrekreis, Quedlinburg, Schönebeck, Stendal und Wernigerode.

Literaturverzeichnis (Auswahl)

Arend, P.: Aus der Verwaltungsgeschichte der Bezirksregierung Trier, Trier 1986.

Biegel, G. (Hrsg.): Sachsen-Anhalt. 1200 Jahre Geschichte – Renaissance eines Kulturraumes, Braunschweig 1994.

Boldt, H.: Deutsche Verfassungsgeschichte, Bd. 2, München 1993.

Breitenborn, K.: Die politische Karriere des Grafen Otto zu Stolberg-Wernigerode, Berlin 1984.

Büsch, O./Neugebauer, W. (Hrsg.): Moderne Preußische Geschichte, Berlin 1981; Gesamtübersicht über die Bestände des Staatsarchivs Magdeburg/Landeshauptarchivs Magdeburg, Bd. II/2: Behörden und Institutionen in der Provinz Sachsen 1815/16 bis 1944/45, Halle/Saale 1972 (Quellen zur Geschichte Sachsen-Anhalts 7). Gesetzsammlung für die preußischen Staaten, Handbuch der Provinz Sachsen, Magdeburg, m. Jg.

Dann, O.: Preußen – Entwicklung und Probleme eines modernen Staates, Stuttgart 1988. Deutsche Verwaltungsgeschichte, hrsg. von K. G. A. Jeserich, H. Pohl, G.-Ch. von Unruh, Bd. 2–4, Stuttgart 1985.

Drews, B.: Grundzüge einer Verwaltungsreform, Berlin 1919.

Heffter, H.: Otto Fürst zu Stolberg-Wernigerode, Teil I, hrsg. von Werner Pöls, Husum 1980. Friedrich Wilhelm Hoffmanns Geschichte der Stadt Magdeburg, neu bearbeitet von E. Hertel und F. Hülße, 2 Bde., Magdeburg 1885.

Holtmann, E./Boll, B.: Sachsen-Anhalt. Eine politische Landeskunde, 2. Aufl., Magdeburg 1997 (Landeszentrale für politische Bildung).

Hubatsch, W. (Hrsg.): Grundriß der deutschen Verwaltungsgeschichte 1815–1945, Reihe A: Preußen, Bd. 6, Provinz Sachsen, bearb. Von Thomas Klein, Marburg 1975.

Huber, E. R.: Deutsche Verfassungsgeschichte seit 1789, Bd. I–VI, Stuttgart, Berlin, Köln, Mainz 1988.

Kirchhoff, A.: Die territoriale Zusammensetzung der Provinz Sachsen, Halle/Saale 1891.

Koselleck, R.: Preußen zwischen Reform und Revolution, 3. Aufl., Stuttgart 1987.

Kretschmar, H.: Historisch-Statistisches Handbuch für den Regierungsbezirk Magdeburg, T. 1: Geschichte, Magdeburg 1926. Mitteldeutsche Lebensbilder, Bd. 1–6, Magdeburg 1926 ff.

Neuss, E.: Sachen und Anhalt. Zur wirtschaftlichen Einheit des mitteldeutschen Raumes, in: Sachsen und Anhalt. Jb. Der Historischen Kommission für die Provinz Sachsen und für Anhalt, Halle/Saale 1934, S. 9 ff.

Otto von Bismarck – Deichhauptmann an der Mittelelbe, Halle/Saale 1998 (Quellen zur Geschichte Sachsen-Anhalts 13).

Pietschmann, D.: Abriß einer Verwaltungsgeschichte des Landes

Sachsen-Anhalt 1945–1952, Teil I, unveröffentlichtes Manuskript, Landesarchiv Magdeburg – Landeshauptarchiv -. Rob, K.: Regierungsakten des Königreichs Westfalen 1807–1813, München 1992.

Der Regierungsbezirk Magdeburg. Geographisches, statistisches und topographisches Handbuch, Magdeburg 1820. Reichsgesetzblatt

Stolleis, M.: Geschichte des öffentlichen Rechts in Deutschland, 2 Bd., München 1992.

Schwabe, K.: Die preußischen Oberpräsidenten 1815 - 1945, Boppard am Rhein 1985.

Tullner, M.: Geschichte des Landes Sachsen-Anhalt, 2. Aufl., Magdeburg 1995 (Landeszentrale für politische Bildung). (Tullner, Geschichte)

Tullner, M.: Die Revolution von 1848/49 in Sachsen-Anhalt, Halle/Saale 1998.

Wehler, H.-U.: Deutsche Gesellschaftsgeschichte, Zweiter Bd., 2. Aufl., München 1989.

Zander, A.: Die wirtschaftliche Entwicklung der Provinz Sachsen im 19. Jahrhundert, Halle/Saale 1934.

Quellenverzeichnis

Landesarchiv Magdeburg - Landeshauptarchiv -

Rep. C 20, Ia,   Nr. 1
                  Nr. 103
                  Nr. 106
                  Nr. 190
                  Nr. 35 I
                  Nr. 2664/I
                  Nr. 2698
Rep. C 20 I, Ia, Nr. 65
                  Nr. 679 VI
Rep. C 20, Ib,   Nr. 37, Bd. 1 - 6
                  Nr. 69 III
                  Nr. 236, Bd. 1 - 2
                  Nr. 257 I - II
                  Nr. 334 II
                  Nr. 336 Bd. 1
                  Nr. 348, Bd. 1 - 3
                  Nr. 372
                  Nr. 2077
                  Nr. 2571
Rep. C 20, I, Ib, Nr. 659 II
                  Nr. 334 I
Rep. C 28, Ia,   Nr. 88
Rep. C 28 I, Ia, Nr. 11 II
                  Nr. 25 II
                  Nr. 48
                  Nr. 97
Rep. C 28, Id,   Nr. 456, Bd. 1 - 2
Rep. C 37, Jerichower Deichverband, Nr. 1 - 2
Rep. K, Ministerpräsident, Nr. 1
Amtsblatt der Königlichen Regierung zu Magdeburg, 1816 ff.

Stadtarchiv Burg
Rep. B 65, Nr. 2

Anmerkungen

[1] Vgl. Huber, Bd. 1, S. 122 ff.

[2] Vgl. Deutsche Verwaltungsgeschichte, Bd. 2, S. 405.

[3] Vgl. ebenda, S. 406 f.

[4] Vgl. Opitz, Alfred: Sachsen und die sächsische Frage in den Jahren der napoleonischen Fremdherrschaft und des Wiener Kongresses, in: Blätter für deutsche Landesgeschichte, 121 Jg., 1985, S. 229 ff.

[5] S. 229 ff.

[6] Friedensburg, Walter: Die Provinz Sachsen, ihre Entstehung und Entwicklung, Halle 1919, S. 8 ff.

[7] Jacobs,Eduard: Geschichte der in der preußischen Provinz vereinigten Gebiete, Gotha 1883, S. 163 ff.

[8] Siehe zum Stand der Diskussion u.a. Tullner, Mathias: Geschichte des Landes Sachsen-Anhalt, hrsg. von der Landeszentrale für politische Bildung des Landes Sachsen-Anhalt, 2. Aufl., Magdeburg 1996, S. 87 ff.

[9] von Treitschke, Heinrich: (1834–1896), Historiker; Verkünder nationaler Machtpolitik.

[10] Gringmuth, Hanns: Zur Entstehung der Provinz Sachsen, in: Zur Geschichte und Kultur des Elb-Saale-Raumes, Festschrift für Walter Möllenberg, hrsg. von Otto Korn, Burg, 1939, S. 246.

[11] Landesarchiv-Landeshauptarchiv- (im folgenden: LAM-LHA) Magdeburg, Rep. C 92, 662, Bd. 15, Bl. 4.

[12] Vgl. auch S. 17.

[13] Das Oberlandesgericht Naumburg ist nach der deutschen Wiedervereinigung des Jahres 1990 wiedergegründet worden. Es ist im Lande Sachsen-Anhalt das einzige.

[14] Gringmuth, S. 247.

[15] Gesetzsammlung 1815, S. 85 ff.

[16] Gesetzsammlung 1815, S. 85 (Präambel 1. Absatz).

[17] Gesetzsammlung 1815, S. 85 (Präambel 2. Absatz).

[18] Gesetzsammlung 1808, S. 361 ff.

[19] Im gesamten Königreich sollten es 1815/1816 25 sein; siehe § 1 Abs. 3 der Organisationsverordnung vom 30. April 1815, GS 1815, S. 85 (86).

[20] Siehe hierzu auch Ausführungen S. 11.

[21] Handbuch der Provinz Sachsen 1884, S. 45 ff.

[22] Rakow, Horst: 175 Jahre Landeskulturverwaltung in Sachsen-Anhalt, hrsg. vom Ministerium für Ernährung, Landwirtschaft und Forsten, Magdeburg 1995, S. 6 (17).

[23] Gesetzsammlung 1808, S. 464 ff.

[24] Organisationsverordnung von 1815, § 5 (GS 1815, S. 87).

[25] Organisationsverordnung von 1815, § 8 (GS 1815, S. 87).

[26] Vgl. S. 9.

[27] Goydke, Jürgen/Joeres, Ulrich (Hrsg.), Das Oberlandesgericht Naumburg. Eine Kurzdarstellung seiner Geschichte und eine Vorstellung seiner Angehörigen aus Anlaß der Errichtung des Oberlandesgerichts für das Land Sachsen-Anhalt am 1. September 1992, Naumburg 1992, S. 7.

[28] Auf Grund eines Staatsvertrages mit dem Fürstentum Schwarzburg-Sonderhausen vom 7. Oktober 1878.

[29] Richter, Rechtspflege und Verwaltung, in: Sachsen-Anhalt – Historische Landeskunde Mitteldeutschlands –, hrsg. von Hermann Heckmann, Würzburg, 3. Auflage, 1991, S. 167.

[30] Nestor, (wegen seiner gelehrten Bildung), Joachim I.: geb. 1484, gest. 1535, Kurfürst 1499 - 1535, war ein Gegner der Reformation. Dadurch kam es zum Konflikt mit seiner lutherisch gesinnten Frau Elisabeth (1485 – 1555), Tochter König Johanns I. von Dänemark, die 1528 aus Berlin floh.

[31] Gneist, Rudolf: Verwaltung, Justiz, Rechtsweg. Staats- und Selbstverwaltung nach englischen und deutschen Verhältnissen, Berlin 1865.

[32] Huber, Ernst Rudolf: Deutsche Verfassungsgeschichte seit 1789, Bd. 1, S. 162.

[33] Vgl. Ranke, Leopold von: Preußische Geschichte, hrsg. von W. Andreas, IV, Emil Vollmer Verlag (Nachdruck Essen o.J.), S. 511.

[34] Der Instanzcharakter der Kriegs- und Domänenkammern ist in der Literatur umstritten. Vgl. vor allem: Huber, Bd. 1, S. 162.

[35] Vgl. Mieck, Ilja: Zielsetzungen und Ertrag der preußischen Reformen, in: Preußen, Beiträge zu einer politischen Kultur, Bd. 2, Hamburg 1981, S. 181 (184).

[36] Gesetzsammlung 1815, S. 464 ff.

[37] Gesetzsammlung 1815, S. 464.

[38] Rob, Klaus: Regierungakten des Königreichs Westphalen 1807 bis 1813, S. 11 (13 f.).

[39] Zum Zivilgouverneur ernannte König Friedrich Wilhelm III. den in Magdeburg geborenen Wilhelm Anton (von) Klewitz, der 1825 Oberpräsident der Provinz Sachsen wurde.

[40] Diese Maßnahme stand im Zusammenhang mit der Absicht der preußischen Politik, das Königreich Sachsen insgesamt in den preußischen Staat einzuverleiben. Als die Annexion ganz Sachsens scheiterte, kam es zur Abtrennung des etwas größeren Nordteils von Sachsen und der Einbeziehung dieser Gebiete in den preußischen Staat, vgl. Opitz, S. 225 ff. wie Anm. 4.

[41] Zu den Hintergründen vgl. S. 13, 14, und S. 16, 17

[42] Heute: mit an 4. Stelle unter den 36 Regierungsbezirken in der Bundesrepublik Deutschland.

[43] Handbuch der Provinz Sachsen, 1843, S. 36.

[44] Vgl. Plaul, Heiner: Grundzüge der Entwicklung der sozialökonomi-

schen Verhältnisse in der Magdeburger Börde unter den Bedingungen der Durchsetzung und vollen Entfaltung des Kapitalismus der freien Konkurrenz in der Landwirtschaft (1830 bis 1880), in: H.-J. Rach und B. Weissel (Hg.), Landwirtschaft und Kapitalismus. Zur Entwicklung der ökonomischen und sozialen Verhältnisse in der Magdeburger Börde vom Ausgang des 18. Jahrhunderts bis zum Ende des ersten Weltkrieges, Berlin 1978, S. 175 f; Zum Problem der Entwicklung der wirtschaftlichen und sozialen Verhältnisse in der Magdeburger Börde vgl. auch: Harnisch, Hartmut, Produktivkräfte und Produktionsverhältnisse in der Landwirtschaft der Magdeburger Börde von der Mitte des 18. Jahrhunderts bis zum Beginn des Zuckerrübenanbaus in der Mitte der dreißiger Jahre des 19. Jahrhunderts, in: ebenda., S. 123 ff.

[45] Im Regierungsbezirk Magdeburg wurden bis zum Jahre 1848 als Ablösung gezahlt: 3,4 Mill. Taler Kapital, 74.000 Taler Geld und 13.000 Scheffel Roggenernte, im Regierungsbezirk Merseburg 1,6 Mill. Taler Kapital, 57.000 Taler Geld und 9.000 Scheffel Roggenernte. Vgl. Bielefeldt, Kurt: Das Eindringen des Kapitalismus in die Landwirtschaft unter besonderer Berücksichtigung der Provinz Sachsen und der angrenzenden Gebiete, Diss. Berlin 1910, S. 18.

[46] Vgl. Nathusius, Elisabeth von: Johann Gottlob Nathusius. Ein Pionier deutscher Industrie, Stuttgart 1915, S. 107 ff.

[47] Vgl. Jacobeit, Wolfgang u. Nowak, Heinz: Zur Lebensweise und Kultur der werktätigen Dorfbevölkerung in der Zeit der Herausbildung des Kapitalismus in der Landwirtschaft vom Ende des 18. Jahrhunderts bis in die dreißiger/vierziger Jahre des 19. Jahrhunderts, in: Rach, H.-J. u. Weissel, B. (Hg.), Bauern und Landarbeiter im Kapitalismus in der Magdeburger Börde, Berlin 1982, S. 9 f.

[48] Vgl. Mosel, Herbert: Die Entwicklung der Zuckerfabrik Klein Wanzleben vorm. Rabbethge & Giesecke A. G., Diss. Halle/Saale 1925, S. 13 ff.

[49] Vgl. Heinrich Müller, Hans: Geschichte der Rübenzuckerindustrie im Regierungsbezirk Magdeburg im 19. Jh., in: Magdeburger Blätter, 1983, S. 38 ff.

[50] Früheres deutsches Flächenmaß, das vornehmlich als Feldmaß zur Anwendung kam und in den einzelnen deutschen wie europäischen Ländern verschiedene Anzahl von Fuß hatte.

[51] „Magdeburgische Zeitung" vom 16. Mai 1925.

[52] Karl der Große, geb. 747, gest. 814, König der Franken 768 – 814, Kaiser seit 800.

[53] Otto (I., d. Gr.), geb. 912, gest. 973, König 936 – 973, Kaiser seit 962.

[54] Noch im Jahre 1925 hatte Landeshauptmann Hübener die mangelnde Einheitlichkeit der Provinz Sachsen beklagt. Vgl. Eberhard Hübener (Hrsg.), Mitteldeutschland auf dem Wege zur Einheit, Merseburg, 1925, S. 3 ff.

[55] Die „Reichsbaronie" wurde 1689 für dem hannoverschen Kammerpräsidenten Otto Freiherr von Grote (1636 – 1693) eingerichtet. Vgl. Römer, Christof: Geschichte, in: Heckmann, Hermann (Hrsg): Historische Landeskunde Mitteldeutschlands, Würzburg, 3. Auflage, 1991, S. 30.

[56] Gesetzsammlung 1815, 85 ff.

[57] Amtsblatt der Königlichen Regierung zu Magdeburg, Jg. 1816.

[58] Gesetzsammlung 1808, S. 464 ff.

[59] Gesetzsammlung 1808, S. 464.

[60] Gesetzsammlung 1815, S. 85 ff.

[61] Heute sieht das Verwaltungsverfahrensrecht den Widerspruch für die Überprüfung einer Verwaltungsentscheidung vor (§ 68 VwGO).

[62] Gesetzsammlung 1808, S. 361 ff.

[63] Gesetzsammlung 1808, S. 361 ff

[64] Gesetzsammlung 1815, S. 85 ff.

[65] Eigenes Personal erhielt der Oberpräsident erst 1881/1883.

[66] Gesetzsammlung 1815, S. 85 ff; § 13.

[67] LAM-LHA, Rep. C 28 I a I, Nr. 48.

[68] Gesetzsammlung 1815, S. 85 ff.

[69] Gesetzsammlung 1815, S. 85 ff.

[70] Vgl. S.42 ff.

[71] „Beurteilungslisten";

[72] Gesetzsammlung 1815, S. 85 ff.; § 13

[73] Vgl. Koselleck, Reinhart: Preußen zwischen Reform und Revolution, München 1989, S. 178.

[74] Gesetz vom 23. Oktober 1817, GS 1817, 248 ff.; § 5 (S. 251).

[75] Vgl. Koselleck, Reinhart, S. 177.

[76] Hattenhauer, Hans: Geschichte des deutschen Beamtentums, Köln/Berlin/Bonn/München, S. 111.

[77] prästieren = leisten.

[78] Hattenhauer, Hans, S. 111.

[79] Cocceji, Samuel, Freiherr von, Jurist, geb. 20. Oktober 1679 zu Heidelberg, wurde 1702 zu Frankfurt/Oder ordentlicher Professor, kam 1704 als Regierungsrat nach Halberstadt und wurde 1710 Direktor der dortigen Regierung. 1711 wurde er nach Wetzlar zur Reichskammergerichtsvisitation berufen und hierauf zum Geheimen Justiz- und Oberappellationsrat ernannt. 1714 kam er als Geheimer Justizrat nach Berlin und wurde daselbst 1723 Kammergerichtspräsident, 1727 Staats- und Kriegsminister, 1730 Chef aller geistlichen Sachen und Kurator aller königlichen Universitäten, 1731 Oberappellationsgerichtspräsident, 1738 erster Chef der Justiz in allen preußischen Landen, 1747 Großkanzler. Er starb 1755.
Ein gründlicher Gelehrter und trefflicher Beamter, machte er sich durch die Verbesserung der Rechtspflege in Preußen außerordentlich verdient. Eine ungeartete Gerichtsordnung, „Projekt des Codicis

Fridericiani Pomeranici" vom 6. Juli 1747 und „Projekt des Codicis Fridericioni Marchici" vom 3. April 1748, war bis 1780 in Geltung. Weniger bedeutend war der Anfang eines Bürgerlichen Gesetzbuches, das „Projekt des Corporis juris Fridericiani" (2 Teile, Halle 1749 – 51). Unter seinen übrigen Schriften ist sein „Jus civile controversium" hervorzuheben (zuletzt von Emminghaus herausgegeben, 2 Bände, Leipzig 1791 – 99). Zu seines Vaters Heinrich (25. März 1644 Bremen 18. August 1719) Werke „Grotius illustratus", dessen Herausgabe er besorgte, schrieb er eine Einleitung (Novum systema jurisprudentiae).

[80] Insbesondere auf Veranlassung der Anwaltschaft beschäftigte sich im September 1998 der Deutsche Juristentag in Bremen mit der Frage einer grundlegenden Reform der Juristenausbildung.

[81] Hattenhauer, Hans, S. 280.

[82] expedieren = ausfertigen, abfertigen.

[83] Rendant = Rechnungsführer, Kämmerer, Rentmeister.

[84] Subsistenz = Lebensunterhalt.

[85] Supernumerar = „Überzähliger", Anwärter.

[86] Vgl. Hattenhauer, Hans, S. 287 ff.

[87] Zusammenstellung aus Handbuch der Provinz Sachsen, mehrere Jahrgänge.

[88] Kameralistik, auch Kameralwissenschaft genannt, früher der Inbegriff der Kenntniss für eine zweckmäßige Verwaltung der Einkünfte der Fürstlichen Kammer. Da diese Einkünfte in Abhängigkeit von dem wirtschaftlichen Gedeihen des Landes standen, schloß sich der Kameralwissenschaft auch die Lehre von der Wohlfahrtspolizei an. Sie umfaßte daher einerseits die allgemeinen Lehren von der Land- und Forstwirtschaft, dem Bergbau, dem Gewerbe- und Fabrikwesen, andererseits auch die theoretischen Grundsätze der Wirtschaftslehre und der Volkswirtschaftspflege und die Finanzwissenschaft in ihrer einfachen Gestalt. Sie war also wesentlich ein aus praktischen Gründen abgegrenzter Wissenskreis, aus dem sich, wenigstens in Deutschland, die Volkswirtschaftslehre, die Verwaltungslehre und die Finanzwissenschaft ausgeschieden hat. Unter Friedrich Wilhelm I. wurden zuerst Lehrstühle für die Ökonomie und Kameralwissenschaften an den Universitäten zu Halle und Frankfurt/Oder errichtet.

[89] Vgl. Koselleck, Reinhardt, S. 250.

[90] Vgl. Arend, S. 22.

[91] LAM-LHA, Rep. C 28, I a, Nr. 88, Bl. 34 ff.

[92] LAM-LHA, Rep. C 28 I a, Nr. 88, Bl. 34 ff.

[93] Gesetzsammlung 1817, S. 248 (Prolog).

[94] Instruktionen zur Geschäftsführung der Regierungen in den Königlich-Preußischen vom Staaten vom 23. Oktober 1817, Gesetzsammlung 1817, S. 248 ff.

[95] Gesetzsammlung 1817, S. 269, § 31.

[96] Deutsches Adelsarchiv Marburg, Bülowsches Familienbuch, II. Band, S. 166 ff.; Hubatsch, Walter (Hrsg.): Grundriß zur deutschen Verwaltungsgeschichte 1815 – 1945, Reihe A: Preußen, Band 6: Provinz Sachsen, Marburg 1975, S. 26.; Schwabe, K.(Hrsg.): Die preußischen Oberpräsidenten 1816 - 1945, Boppard 1985, S. 281 ff.

[97] Vgl. Hubatsch, Walter, S. 39.

[98] Schmidt, Georg: Das Geschlecht von der Schulenburg, II. Teil: Die Stammreihe, Beetzendorf 1899, S. 659 ff.; Hubatsch, Walter, S. 35.

[99] Hubatsch, Walter, S. 26, 165.; Mitteldeutsche Lebensbilder, Zweiter Band, Magdeburg 1927, S. 96 ff.; Schwabe, K. (Hrsg.): S. 287; nach von Motz ist in Magdeburg eine Straße benannt worden, die merkwürdigerweise von keiner der beiden Diktaturen im 20. Jahrhundert umbenannt worden ist und bis zur Gegenwart diesen Namen trägt.

[100] Gesetzsammlung 1826, S. 1 ff.

[101] Gesetzsammlung 1826, 5 ff.

[102] Gesetzsammlung 1826, S. 1 § 1 Abschnitt I, II.

[103] Gesetzsammlung 1826, S. 3 § 7.

[104] Gesetzsammlung 1826, S. 8 Abschnitt V.

[105] LAM-LHA, Rep. C 28 I a I. Nr. 48.

[106] Amtsblatt der Königlichen Regierung zu Magdeburg, Nr. 16, Magdeburg 16. April 1825, S. 173.; Amtsblatt der Königlichen Regierung zu Magdeburg, Magdeburg 1838, S. 150.; von Bismarck, H.: Ergänzungen zu den Stendaler-, Burgstaller-, Creveser-, Briester- und Döbbeliner „Bismarck-Stammreihen in der Altmark" zum Bismarck'schen Familienstammbuch 1974, 1984, S. 73 ff.
Landeshauptstadt Magdeburg (Hrsg.), Magdeburger Ehrenbürger, Magdeburg 1994, S. 43.; Hubatsch, Walter, S. 83.

[107] Zollgesetz vom 26. Mai 1818.

[108] Vgl. Dreßler, Max: Der Kampf Anhalt-Cöthens gegen die preußische Handelspolitik in den Jahren 1819-29, Köthen 1908, S. 23 ff.

[109] Vgl. Tullner, Mathias : Die Revolution von 1848/49 in Sachsen-Anhalt, Halle/Saale 1998, S. 14 f.

[110] Im Königreich Westfalen wurde 1809 die Aufhebung der feudalen Lasten proklamiert (Gesindezwangsdienste und Schutzgeld); erst 1825 erfolgte die Angleichung an die preußischen Verhältnisse. In den ehemals sächsischen Gebieten wurde 1815 die alte Agrarverfassung übernommen und ab 1819 mit der Aufhebung der Gesindezwangsdienste und der Schutzuntertanenverhältnisse die Agrarreform begonnen. Die Ablösbarkeit der Spanndienste war ab 1821 eingeleitet worden. Vgl. Zander, Alfred: Die wirtschaftliche Entwicklung der Provinz Sachsen im 19. Jahrhundert, Halle/Saale 1934, S. 9 ff.

[111] Vgl. Neuss, Erich: Sachsen und Anhalt. Zur wirtschaftlichen Einheit des mitteldeutschen Raumes, in: Sachsen und Anhalt, Jb. der Historischen Kommission für die Provinz Sachsen und für Anhalt, Bd. 9, 1933, S. 12.

[112] Vgl. Fertigwerden mit Geschichte? Magdeburger Museumshefte, hrsg. v. Matthias Puhle, Nr. 7, Magdeburg 1997, S. 45.

[113] Vgl. ebenda, S. 634.

[114] Zahlen nach: Zander, Alfred, S. 216.

[115] Vgl. Stadtarchiv Burg, Rep. B 65, Nr. 2.

[116] Sgr = Silbergroschen; in Preußen 1821 für den Groschen eingeführt. Ein Taler hatte 30 Silbergroschen, ein Silbergroschen 12 Pfennige.

[117] Stadtarchiv Burg, B 65, Nr. 2.

[118] Karlsbader Beschlüsse sind die im Sommer 1819 auf dem zu Karlsbad abgehaltenen Deutschen Ministerkongreß (Karlsbader Konferenzen) getroffenen Verabredungen zur Unterdrückung der sogenannten demagogischen Bewegung. Die Angst vor einer weitverzweigten, gegen die deutschen Fürsten gerichteten Verschwörung, die namentlich durch die Attentate Sands und Lönings geweckt war, wurde von Metternich benutzt, um zuerst mit den preußischen Staatsmännern in Teplitz (1. August 1819) und dann mit den Vertretern der in seinen Augen zuverlässigsten Staaten in Karlsbad (August und Anfang September 1819) sich über gemeinsame Anträge beim Bundestag zu einigen. Diese bestanden unter anderem in folgenden Punkten: Schärfere Aufsicht über die Universitäten und die geheimen Verbindungen der Studierenden, in Hinsicht auf periodische Schriften und solche, die nicht über 20 Bogen im Druck betragen, soll auf fünf Jahre befristet eine strengere Zensur angeordnet werden Einsetzung einer Zentral-Untersuchungskommission zur Untersuchung der „revolutionären Umtriebe und demagogischen Verbindungen".

[119] Vgl. Otto von Bismarck – Deichhauptmann an der Mittelelbe, Halle/Saale 1998, S. 3 ff.

[120] Gesetzsammlung 1816, S. 1 ff.; § 11 S. 3.

[121] Auszug aus: Die Napoleonischen Gründungen Magdeburgs – Zur Baugeschichte in der Sudenburg, herausgegeben von der Landeshauptstadt Magdeburg, Stadtplanungsamt, Band 18/III, 1995, S. 86 f.

[122] eigentlich „Oberbürgermeister der Stadt Magdeburg".

[122a] ebenda

[122b] ebenda

[123] Hubatsch, Walter, S. 27.; Landeshauptstadt Magdeburg (Hrsg.), S. 43.; Mitteldeutsche Lebensbilder Band 1, Magdeburg 1926, S. 12 ff.; Schwabe, K., S. 285 ff.

[124] Falke, R.: „Lebensbilder aus dem Hause Stolberg-Wernigerode in den letzten fünfhundert Jahren", Wernigerode S. 122 ff.; Hubatsch, Walter, S. 27.; Landeshauptstadt Magdeburg (Hrsg.), S. 43.; Schwabe, K./(Hrsg.), S. 292.

[125] späterer König und Deutscher Kaiser Wilhelm I.

[126] Hubatsch, Walter, S. 27.; Landeshauptstadt Magdeburg (Hrsg.): S. 43.; Schwabe, K., S. 283. S. 124

[127] Hubatsch, Walter, S. 27.; Schwabe, K., S. 293.

[128] Hubatsch, Walter, S. 27.; Schwabe, K., S. 281.

[129] bewaffnet, aufgerüstet.

[130] genauer: Polizei-Dirigenten; § 38 der Organisationsverordnung von 1815.

[131] Auszug aus: Korbel, G.: Die Napoleonischen Gründungen Magdeburgs – Zur Baugeschichte in der Neuen Neustadt, herausgegeben von der Landeshauptstadt Magdeburg, Stadtplanungsamt, Band 18/II, 1994, S. 131 ff.

[132] Ebenda

[133] Gesetz vom 29. Juni 1875, in Kraft getreten am 1. Januar 1876.

[134] Gesetzsammlung 1883, S. 195 ff.

[135] Ebenda

[136] Gesetzsammlung 1883, 237 ff.

[137] Gesetzsammlung 1883, S. 199, § 17.

[138] Gesetzsammlung 1883, S. 199 § 18.

[139] Person, die in den Verwaltungsdienst eintritt. Es handelte sich regelmäßig um akademisch Gebildete.

[140] Vgl. Deutsche Verwaltungsgeschichte, Bd. 3, S. 856 f.

[141] Drews, Bill: Grundzüge einer Verwaltungsreform, Berlin 1919. Drews wurde 1921 Präsident des Preußischen Oberverwaltungsgerichts. Er begründete ein juristisches Lehrbuch über das Recht der Gefahrenabwehr, das nunmehr als Drews/Wacke in 9. Auflage erschienen ist.

[142] Hubatsch, Walter, S. 27 u. Bildnachweis Nr. 6a.; Schwabe, K., S. 293.; Witzleben, H., E.: Ein kurzes Lebensbild, Berlin 1878, S. 374 ff.

[143] Hubatsch, Walter, S. 27.; Schwabe, S. 287 ff.

[144] Hubatsch, Walter, S. 35, 92, 128., Wedel-Parlow-Polssen, Ludolf v.: Wedelsche Häuser im Osten, Jever 1961, S. 163 ff.

[145] Handbuch der Provinz Sachsen 1884, S. 25.

[146] Genealogisches Handbuch des Adels Gräfische Häuser, Band IX., Lüneburg 1979, S. 66.; Landeshauptarchiv Magdeburg – LHA – Rep. C 20 I b Nr. 519.; Hubatsch, Walter, S. 35.

[147] Amtsblatt der Königlichen Regierung zu Magdeburg, Magdeburg 4.7.1885.; Amtsblatt der Königlichen Regierung zu Magdeburg, Magdeburg 12.September 1885; Hubatsch, Walter, S. 35 u. 161.

[148] Aus der Verwaltungsgeschichte der Bezirksregierung Trier, Trier 1986, Anhang I, Die Regierungspräsidenten.; 1816 – 1991 175 Jahre Bezirksregierung Trier, Trier 1992.

[149] Familienverband von Borries e. V. (Hrsg.): Nachtrag zum Familienbuch von 1930 des Geschlechts derer von Borries, Lübeck 1956, S. 218 u. 350; Hubatsch, Walter, S. 35.

[150] Hubatsch, Walter, S. 35.

[151] Gesetzsammlung 1932, S. 238 ff.

[152] Hubatsch, Walter, S. 35 u. Bildnachweis Nr. 20.; Die Reichstagsabgeordneten der Weimarer Republik in der Zeit des Nationalsozialis-

mus – Politische Verfolgung, Emigration und Ausbürgerung, Düsseldorf 1992, S. 1005.

[153] Hubatsch, Walter, S. 36, 47.; Magdeburgische Zeitung Nr. 398, Magdeburg 22. Juli 1932.; Magdeburger Generalanzeiger Nr. 173, Magdeburg 22. Juli 1932.; Volksstimme Nr. 171, Magdeburg 22. Juli 1932.

[154] RGBl. I, S. 175 ff.

[155] Mühl-Benninghaus, Siegrun: Das Beamtentum in der NS-Diktatur bis zum Ausbruch des 2. Weltkrieges, Düsseldorf 1995, S. 4, Fußnote 15

[156] Ab Juli 1933 wurde den Beamten der „deutsche Gruß" zur Pflicht gemacht.

[157] LAM-LHA, Rep. C 20, I b, Nr. 220, XV.

[158] Gesetzsammlung 1933, S.479 ff.

[159] Gesetzsammlung 1933, S.477 ff

[160] Mühl-Benninghaus, Siegrun, S.

[161] Genealogisches Handbuch des Adels, Band 76, S. 205.; Vorstand des Familienverbandes von Jagow (Hrsg.): Geschichte des Geschlechts von Jagow, Melle 1993, S. 70 ff.; Hubatsch, Walter, S. 36.

[162] Aus Gründen der „Reichsverteidigung" wurde mit Wirkung vom 1. Juli 1944 die preußische Provinz Sachsen aufgelöst. Die thüringischen Gebiete (Regierungsbezirk Erfurt) wurden dem Gauleiter und Reichsstatthalter Sauckel unterstellt. Aus den beiden anderen Regierungsbezirken wurden die jeweils selbständigen Provinzen Magdeburg und Halle-Merseburg gebildet, an deren Spitze Oberpräsidenten standen.

[163] Vgl. Wille, Manfred: Besetzt – Befreit? Ein Land wird konstituiert, in Gerd Biegel (Hrsg.): Sachsen-Anhalt, 1200 Jahre Geschichte - Renaissance eines Kulturraumes, Braunschweig 1993, S. 223.

[164] Vgl. LAM-LHA, Rep. K. Nr. 110, Bl. 4.

[165] Vgl. Tullner, Matthias: Die Entstehung der Konzeption von „Sachsen-Anhalt" und das Problem der förderalen Neugestaltung Mitteldeutschlands, in der Zeit der Weimarer Republik, in: Blätter für deutsche Landesgeschichte, Bd. 131 (1995), S. 305 ff.

[166] LAM-LHA Rep. K Ministerpräsident, Nr. 1, Blatt 584.

[167] Vgl. LAM-LHA, Rep. K. Ministerpräsident, Nr. 1, Bl. 584

[168] Vgl. Matz, Klaus-Jürgen: Länderneugliederungen, Idstein 1997, S. 104 ff.

[169] MBl. LSA 1991, S. 6 (geändert durch Beschluß vom 29. Januar 1991, MBl. LSA 1991, S. 19)

[170] Schleswig-Holstein und das Saarland sind die kleinsten alten Bundesländer; Schleswig-Holstein war nach 1866 Regierungsbezirk und preußische Provinz zugleich.

[171] MBl. LSA 1993, S. 1556.

[172] Gesetzsammlung 1808, S. 464 (Präambel).

[173] Hervorhebung durch die Verfasser.

[174] Runderlaß des Ministeriums des Innern vom 15. Februar 1994, Az.: 11.01–02200/10, MBl. LSA 1994, (Nr. 25).

[175] Runderlaß des Ministeriums des Innern vom 16. Dezember 1993, MBl. LSA 1994, (Nr. 13).
[176] Gesetzsammlung 1815, 85 ff.
[177] Vgl. Amtsblatt der Königlichen Regierung zu Magdeburg, Nr. 58, Magdeburg, 28. Mai 1816.
[178] Angaben nach: Hartmann, Josef/Wächter Fritz: Behördengeschichte, in: Gesamtübersicht über die Bestände des Staatsarchivs Magdeburg (Landeshauptarchiv), Bd. III, 2: Behörden und Institutionen in der Provinz Sachsen 1815/1816 bis 1944/45, Halle/Saale 1972 (Quellen zur Geschichte Sachsen-Anhalts, 7).
[179] Kretschmar, H.: Historisch-statistisches Handbuch für den Regierungsbezirk Magdeburg, Magdeburg 1926.
[180] Vgl. Handbuch der Provinz Sachsen, Magdeburg 1858, S. 60 ff.
[181] Vgl. Hubatsch, Walter (Hrsg.): Grundriß der deutschen Verwaltungsgeschichte, 1815 – 1945, Reihe A: Preußen, Bd. 6, Provinz Sachsen, Marburg 1975, S. 42.

Blick vom nördlichen Domturm auf einen Teil des zerstörten Magdeburg, 1951

Anhang

Gebietskarten
und ausgewählte Dokumente

Regierungsbezirk Magdeburg - Provinz Sachsen
Gebietsstand 1816

Salzwedel

11

Osterburg

10

Stendal

13

Gardelegen

3

Genthin

7

★

15

Wollmirstädt

Neuhaldensleben

8

12

Magdeburg

6

Loburg

Oschersleben

Wanzleben

9

★

14

2

Calbe a. S.

Wernigerode

Halberstadt

5

4

Quedlinburg

1

Landrätliche Kreise

1 Aschersleben
2 Calbe a. S.
3 Gardelegen
4 Grafschaft Wernigerode
5 Halberstadt (1825)
6 Jerichow I
7 Jerichow II
8 Neuhaldensleben

9 Oschersleben
10 Osterburg
11 Salzwedel
12 Stadt Magdeburg
13 Stendal
14 Wanzleben
15 Wollmirstädt

★ Exklaven zu Braunschweig gehörig

Bezirksverwaltung Magdeburg / Landkreise
Gebietsstand 1945-1947 / 1947-1952

Salzwedel
9

Osterburg
8

Stendal
11

Gardelegen
1

4

Genthin

Haldensleben
2

14

Wolmirstedt

Burg

3

6 Magdeburg

Oschersleben
7

Wanzleben
12

Schönebeck

10

Halberstadt
5

Wernigerode
13

Landkreise

1 Gardelegen   8 Osterburg
2 Haldensleben   9 Salzwedel
3 Jerichow I   10 Schönebeck
4 Jerichow II   11 Stendal
5 Kreisfreie Stadt Halberstadt   12 Wanzleben
6 Kreisfreie Stadt Magdeburg   13 Wernigerode
7 Oschersleben   14 Wolmirstedt

Bezirk Magdeburg
Gebietsstand 1990

Kreise

1 Burg
2 Gardelegen
3 Genthin
4 Halberstadt
5 Haldensleben
6 Havelberg
7 Klötze
8 Kreisfreie Stadt Magdeburg
9 Oschersleben

10 Osterburg
11 Salzwedel
12 Schönebeck
13 Staßfurt
14 Stendal
15 Wanzleben
16 Wernigerode
17 Wolmirstedt
18 Zerbst

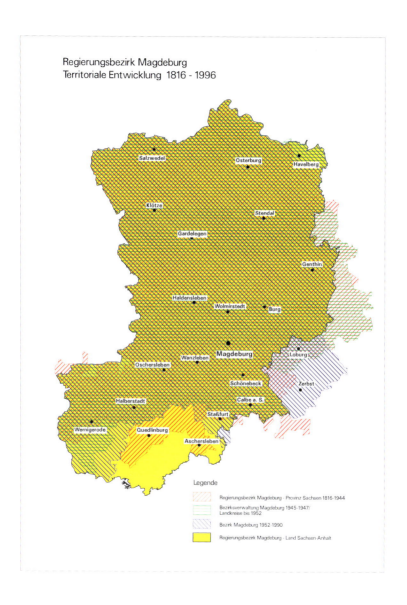

Regierungsbezirk Magdeburg
Territoriale Entwicklung 1816 - 1996

Salzwedel
Osterburg
Havelberg
Klötze
Stendal
Gardelegen
Genthin
Haldensleben
Wolmirstedt
Burg
Magdeburg
Loburg
Wanzleben
Oschersleben
Schönebeck
Zerbst
Halberstadt
Calbe a. S.
Staßfurt
Wernigerode
Quedlinburg
Aschersleben

Legende

Regierungsbezirk Magdeburg · Provinz Sachsen 1816-1944

Bezirksverwaltung Magdeburg 1945-1947/
Landkreise bis 1952

Bezirk Magdeburg 1952-1990

Regierungsbezirk Magdeburg · Land Sachsen-Anhalt

Regierungsbezirk Magdeburg - Land Sachsen-Anhalt
Gebietsstand 1994

Salzwedel

10

Stendal

Haldensleben

5

Burg

7

6

Magdeburg

3

Oscherleben

Schönebeck

4

9

Halberstadt

2

Wernigerode

Quedlinburg

Aschersleben

11

8

Landkreise

1 Altmarkkreis Salzwedel
2 Aschersleben-Staßfurt
3 Bördekreis
4 Halberstadt
5 Jerichower Land
6 Kreisfreie Stadt Magdeburg
7 Ohrekreis
8 Quedlinburg
9 Schönebeck
10 Stendal
11 Wernigerode

Gesetz-Sammlung

für die

Königlichen Preußischen Staaten.

No. 1.

(No. 981.) Instruktion für die Ober-Präsidenten. Vom 31sten Dezember 1825.

Wir Friedrich Wilhelm, von Gottes Gnaden, König von Preußen rc. rc.

haben, die wegen der Stellung der Ober-Präsidenten vorhandenen Bestimmungen einer neuen Prüfung unterwerfen zu lassen, für nothwendig erachtet und verordnen, unter Aufhebung der ihnen unterm 23sten Oktober 1817. ertheilten Instruktion, Folgendes:

§. 1. Der Wirkungskreis der Ober-Präsidenten in den ihnen anvertrauten Provinzen umfaßt:

I. Die eigene Verwaltung aller derjenigen Angelegenheiten, welche nicht nur die Gesammtheit der Provinz betreffen, sondern die sich auch nur über den Bereich einer Regierung hinaus erstrecken;

II. die Ober-Aufsicht auf die Verwaltung der Regierungen, der Provinzial-Steuerdirektionen, wo dergleichen bestehen und der General-Kommissionen zur Regulirung der gutsherrlich-bäuerlichen Verhältnisse;

III. die Stellvertretung der obersten Staatsbehörden in besonderem Auftrage und bei außerordentlicher Veranlassung.

§. 2. In Beziehung auf die den Ober-Präsidenten ad I. übertragenen Angelegenheiten bilden sie die unmittelbare Instanz, und die betreffenden Provinzial-Behörden, namentlich die Regierungen, sind ihre Organe. Es gehören hierzu insbesondere:

1) alle ständische Angelegenheiten, so wie diejenigen, bei welchen eine ständische Mitwirkung eintritt;

2) alle öffentliche für mehrere Regierungs-Bezirke der Provinz eingerichtete Institute, mit der Befugniß, deren spezielle Verwaltung der Regierung zu delegiren, in deren Bezirk ein solches Institut belegen ist;

3) die Sicherheits-Anstalten, welche sich auf mehr als einen Regierungs-Bezirk zugleich erstrecken, als Sanitäts-Anstalten, Viehseuchen-Cordons, Landes-Visitationen rc.;

Jahrgang 1826.　　　　　　　　　　　A　　　　　　　　　4) Pläne

4) Pläne zu neuen Anlagen, Meliorationen, Strom- und Kunststraßen-Bauten, insofern solche die Grenzen eines Regierungsbezirks überschreiten;

5) die Verhandlungen mit den kommandirenden Generalen in allen Gegenständen, welche das ganze Armeekorps betreffen, z. B. bei Auswahl der Gegend zur Zusammenziehung der Korps für große Uebungen, bei Verlegung von Truppen aus einem Regierungsbezirk in den andern, bei Ausgleichung der Regierungsbezirke hinsichtlich der Ersatzgestellung (wenn der eine Mangel an geeigneten Mannschaften für bestimmte Waffen hat, und der andere dabei zu Hülfe kommen kann); ferner bei Mobilmachung u. s. w.;

6) die Wahrnehmung des juris circa sacra catholicorum, nach Anleitung des §. 4. der Dienst-Instruktion für die Konsistorien vom 23sten Oktober 1817.;

7) die Aufsicht auf die Zensur.

§. 3. In den Provinzial-Konsistorien, Schul- und Medizinal-Kollegien haben die Ober-Präsidenten den Vorsitz und die Leitung der Geschäfte.

§. 4. Die Regierungen, so wie auch die Provinzial-Steuer-Direktionen und die General-Kommissionen zu Regulirung der gutsherrlich-bäuerlichen Verhältnisse und deren Unterbehörden sind den Ober-Präsidenten untergeordnet. Bei der ihnen übertragenen Ober-Aufsicht auf die Verwaltung dieser Behörden (§. 1. ad II.) ist es aber nicht die Absicht, sie an deren Detailverwaltung Theil nehmen zu lassen; ihre Bestimmung gehet vielmehr nur dahin, die Administration im Ganzen zu beobachten, deren Gang, vorzüglich durch öftere Gegenwart und durch Beiwohnung der Sitzungen, kennen zu lernen, und auf diesem Wege besonders für die Uebereinstimmung der Verwaltungs-Grundsätze und die Konsequenz der Ausführungs-Maaßregeln zu wirken. Auf etwanige Mängel und Unregelmäßigkeiten in dem Geschäftsgange haben sie die gedachten Behörden, und namentlich deren Präsidenten (und resp. Direktoren) aufmerksam zu machen, auch solche nach Befinden auf eigene Verantwortlichkeit sofort abzustellen.

§. 5. Berichte der Regierungen, Provinzial-Steuer-Direktionen und General-Kommissionen, welche Generalien der Verwaltung, Abänderung der bestehenden Einrichtungen, oder Anstellung, Entlassung und Pensionirung der Beamten zum Gegenstande haben, imgleichen die an die Ministerien einzusendenden Konduitenlisten, so wie auch überhaupt alle Berichte, welche der Ober-Präsident in dieser Art besonders bezeichnet, werden an ihn kouvertirt, und von ihm, mit seiner etwanigen Bemerkung begleitet, ohne Aufenthalt an die höhern Behörden weiter befördert, so wie die Bescheide der Ministerien darauf in gleicher Art durch die Ober-Präsidenten zurück gelangen.

§. 6. Die Dienstführung und Lauterkeit der Beamten der der Ober-Aufsicht der Ober-Präsidenten untergebenen Behörden (§. 1. ad II.), ist ein Gegenstand ihrer besondern Aufmerksamkeit. Sobald ihnen Anzeigen von begangenen Pflichtwidrigkeiten, oder geführten unsittlichen Lebenswandel der Beamten zukommen, so ist von ihnen darauf zu sehen, daß die Untersuchung deshalb sofert an= geordnet werde; auch haben sie nach Umständen die Suspension selbst zu verfügen.

§. 7. Gehen Beschwerden über Verfügungen der benannten Behörden (§. 1. ad II.) bei dem Ober=Präsidenten ein, so ist er verpflichtet, solche anzu= nehmen, zu prüfen, und, in sofern sie nach den bestehenden Gesetzen und Vor= schriften begründet sind, auf ihre Erledigung zu wirken. Die Abhülfe muß aber durch ihn von den Behörden selbst gefordert werden; und wenn diese auf ihrer Verfügung beharren zu müssen vermeinen, und der Ober=Präsident sich von der Haltbarkeit der angeführten Motive nicht überzeugt, so ist die Behörde zwar ver= pflichtet, seine Entscheidung gehörig zu vollziehen; wohl aber stehet es derselben frei, wenn sie ihre Bedenken durch die Entscheidung des Ober=Präsidenten nicht gehoben glaubt, davon dem betreffenden Ministerio Anzeige zu machen; sie hat aber davon den Ober=Präsidenten zugleich zu benachrichtigen.

§. 8. Die Ober=Präsidenten sind befugt, Beschwerden in Post=, Berg= werks=, Salz=, Lotterie=, Münz= und Gestüt=Angelegenheiten, welche nicht den technischen Betrieb betreffen, zu untersuchen, und von den dabei wahrgenomme= nen Mängeln und Mißbräuchen der oberen Verwaltungs=Behörde zur Abhülfe Kenntniß zu geben, welche in jedem Fall von dem Erfolge Nachricht zu ertheilen hat. Dasselbe findet auch Statt bei Beschwerdesachen gegen die Militair=Inten= danturen, sofern das Militair dabei nicht direkt berührt wird.

§. 9. Hiernächst erachten Wir für gut, daß die Ober=Präsidenten in Beziehung auf die Militair=Verwaltung, namentlich bei bedeutenden Anschaffun= gen für dieselbe, auf eine angemessene Weise einwirken.

Den Ober=Präsidenten liegt es daher ob, bei größeren Anschaffungen von Gegenständen für diese Verwaltung, so weit solche durch die Militair=Inten= danturen bewirkt werden, das gemeinsame Interesse der Provinz mit dem der Mili= tair=Verwaltung in Uebereinstimmung zu bringen, weßhalb die Militair=Inten= danturen in allen bedeutenden diesfälligen Angelegenheiten ihre Anschaffungs= Pläne den Ober=Präsidenten vorzulegen haben.

§. 10. Auch die Civil=Versorgung der Invaliden durch die für die= selben geeigneten Stellen, haben die Ober=Präsidenten zum Gegenstand ihrer besonderen Aufmerksamkeit zu machen, und solche bei den ihnen untergeordneten Behörden gehörig zu kontrolliren.

§. 11. Als Stellvertreter der obersten Staatsbehörden (ad III. §. 1.) sind die Ober=Präsidenten

1) die nächste Instanz bei Konflikten der Regierungen unter sich und mit den für andere Verwaltungs=Angelegenheiten verordneten besondern Behörden;

2) ermächtigt und verpflichtet, bei außerordentlichen Ereignissen und Gefahr im Verzuge die augenblicklich erforderlichen Anordnungen zu treffen; im= gleichen

A 2   3) bei

3) bei eingetretenem Kriege und vorhandener Kriegsgefahr für die Provinz, bis zu etwanigen anderweiten Anordnungen, die gesammte Civil-Verwaltung zu übernehmen.

4) Aus besonderen Rücksichten werden den Ober-Präsidenten auch nachfolgende einzelne Verwaltungs-Gegenstände überwiesen:

a) die Entscheidung in allen Kommunal-Angelegenheiten, sofern es nicht auf die Besetzung der Ober-Bürger-Meister in den großen Städten, oder auf die Frage ankommt, ob durch die von den Gemeinden beabsichtigte Aufbringungs-Weise der Gemeinde-Bedürfnisse dem Steuer-Interesse des Staats Nachtheil geschehe;

b) die Konzessionen zu Anlegung neuer Apotheken;

c) die Bewilligung von Kram- und Viehmärkten;

d) die vom Staate zu ertheilende Genehmigung für die Gründung neuer und die Erweiterung, Umänderung, Einschränkung oder Aufhebung schon bestehender gemeinnütziger Anstalten;

e) die Genehmigung zur Ausschreibung öffentlicher Kollekten in den einzelnen Regierungsbezirken oder in der Provinz, jedoch mit Ausnahme der Kirchen-Kollekten;

f) die Genehmigung der von den Regierungen in Vorschlag zu bringenden Anstellung der Oekonomie-Direktoren großer Institute, auch da, wo diese Institute in ihrer Wirksamkeit auf einen einzelnen Regierungsbezirk beschränkt sind, indem bei solchen Instituten, welche sich auf mehrere Bezirke erstrecken, die Anstellung der Oekonomie-Direktoren den Ober-Präsidenten schon nach der Bestimmung des §. 2. No. 2. zukommt;

g) die Ertheilung von Konzessionen für Schauspieler-Gesellschaften und zu theatralischen Vorstellungen;

h) Urlaubs-Bewilligungen an Mitglieder der Regierungen, welche auf längere Zeit nachgesucht werden, als die Bewilligung von Seiten der Präsidenten erfolgen kann, und zwar innerhalb Landes auf 8 Wochen, außerhalb Landes auf 6 Wochen.

§. 12. Die Ober-Präsidenten sind dem Staatsministerio und jedem einzelnen Staatsminister für dessen Wirkungskreis untergeordnet und verpflichtet, die besondern Aufträge derselben zu vollziehen.

§. 13. Jeder Ober-Präsident erstattet jährlich einen allgemeinen Bericht über den Zustand der ihm anvertrauten Provinz an das Staatsministerium, und übersendet die Jahresberichte der ihm untergeordneten Behörden an die einzelnen betreffenden Ministerien über die Resultate der zu ihrem Ressort gehörenden Verwaltung.

§. 14. In Krankheits- und Behinderungsfällen wird der Ober-Präsident von einem auf seinen Vorschlag vom Staatsministerium bestimmten Substituten vertreten, welcher im Auftrage für ihn zeichnet. §. 15.

§. 15. In der Regel ist der Ober-Präsident zugleich Präsident derjenigen Regierung, welche an seinem Wohnorte ihren Sitz hat.

Bei dem durch gegenwärtige Instruktion normirten Wirkungskreise der Ober-Präsidenten und der Verschiedenheit des Umfanges der Provinzen, soll es ihnen aber frei stehen, die Führung des Spezial-Präsidiums der Regierung ihres Wohnsorts dem Vice-Präsidenten entweder ganz oder theilweise zu übertragen, worüber sie sich gegen das Staatsministerium zu erklären haben.

§. 16. Schließlich haben Wir zu Unseren Ober-Präsidenten das Vertrauen, daß sie den ihnen angewiesenen wichtigen Beruf mit Treue, Sorgfalt und Umsicht erfüllen werden, und befehlen, daß sich nicht allein sie selbst, sondern auch alle Behörden, welche dadurch mit betroffen werden, nach dieser Instruktion gebührend zu achten haben.

Gegeben Berlin, den 31sten Dezember 1825.

(L. S.) Friedrich Wilhelm.

Frh. v. Altenstein. v. Schuckmann. Gr. v. Lottum. Gr. v. Bernstorff. v. Hake. Gr. v. Danckelmann. v. Motz.

Gesetz-Sammlung

für die

Königlichen Preußischen Staaten.

— No. 9. —

(No. 287.) Verordnung wegen verbesserter Einrichtung der Provinzial-Behörden. Vom
30sten April 1815.

Wir Friedrich Wilhelm, von Gottes Gnaden König von Preußen ꝛc. ꝛc.

Bei der definitiven Besitznahme der mit Unserer Monarchie vereinigten
Provinzen, sind Wir zugleich darauf bedacht gewesen, den Provinzial-Behörden in dem ganzen Umfange Unserer Staaten, eine vereinfachte und verbesserte Einrichtung zu geben, ihre Verwaltungsbezirke zweckmäßig einzutheilen, und in dem Geschäftsbetriebe selbst, mit der kollegialischen Form, welche
Achtung für die Verfassung, Gleichförmigkeit des Verfahrens, Liberalität
und Unpartheilichkeit sichert, alle Vortheile der freien Benutzung des persönlichen Talents und eines wirksamen Vertrauens zu verbinden.

Wir haben dabei alle ältere, durch Erfahrung bewährt gefundene Einrichtungen bestehen lassen, und sind bei den hinzugefügten neuern Bestimmungen von dem Grundsatze ausgegangen, jedem Haupt-Administrations-
zweige durch eine richtig abgegränzte kraftvolle Stellung der Unterbehörden,
eine größere Thätigkeit zu geben, das schriftliche Verfahren abzukürzen, die
minder wichtigen Gegenstände ohne zeitraubende Formen zu betreiben, dagegen aber für alle wichtigen Landesgeschäfte eine desto reifere und gründlichere
Berathung eintreten zu lassen, um dadurch die, in Unserer Kabinets-Ordre
vom 3ten Juni v. J., über die neue Organisation der Ministerien, angedeuteten Zwecke durch ein harmonisches Zusammenwirken aller Staatsbehörden
desto gewisser zu erreichen.

M   Dem

(Ausgegeben zu Berlin den 8ten Juli 1815.)

Dem zufolge verordnen Wir:

§. I.

1) Der Preußische Staat wird in zehn Provinzen getheilt;
2) Eine oder mehr Provinzen zusammengenommen, werden eine Militair-Abtheilung bilden, deren überhaupt fünf seyn sollen;
3) Jede Provinz wird in zwei oder mehr Regierungsbezirke getheilt, deren überhaupt fünf und zwanzig seyn werden;
4) Die Eintheilung in Militair-Abtheilungen, Provinzen und Regierungs-Bezirke, wird dieser Verordnung besonders beigefügt.

§. 2.

In jeder Provinz wird ein Ober-Präsident die Verwaltung derjenigen allgemeinen Landesangelegenheiten führen, welche zweckgemäßer der Ausführung einer Behörde anvertraut werden, deren Wirksamkeit nicht auf einen einzelnen Regierungsbezirk beschränkt ist.

§. 3.

Zu diesen Gegenständen gehören:

1) alle ständische Angelegenheiten, soweit der Staat verfassungsmäßig darauf einwirkt;
2) die Aufsicht auf die Verwaltung aller öffentlichen Institute, die nicht ausschließlich für einen einzelnen Regierungsbezirk eingerichtet und bestimmt sind.

Die Kredit-Systeme sind hiervon ausgenommen, da die Hauptdirektionen derselben unmittelbar dem Minister des Innern untergeordnet bleiben.

3) Allgemeine Sicherheitsmaaßregeln, in dringenden Fällen, so weit sie sich über die Grenze eines einzelnen Regierungsbezirks hinaus erstrecken;
4) Alle Militair-Maaßregeln in außerordentlichen Fällen, in welche die Civilverwaltung, gesetzlich einwirkt, so weit sie die ganze Oberpräsidentur betreffen.

Der Oberpräsident handelt in solchen Fällen gemeinschaftlich mit dem kommandirenden General der Militair-Division.

5) Die obere Leitung der Angelegenheiten des Kultus, des öffentlichen Unterrichts und des Medizinalwesens in der Oberpräsidentur. Für diese wichtigen Zweige der innern Verwaltung finden Wir nöthig, am Haupt-Ort jeder Oberpäsidentur besondere Behörden zu bilden, in welchen der Oberpräsident den Vorsitz führen soll.

§. 4.

§. 4.

Die Oberpräsidenten bilden keine Mittel=Instanz zwischen den Ministerien und den Regierungen, sondern sie leiten die ihnen anvertrauten Geschäfte unter ihrer besondern Verantwortlichkeit, als beständige Kommissarien des Ministeriums. Eine besondere Instruktion, welche die Lokalität jeder Provinz berücksichtigt, soll die Gegenstände, in welche die Wirksamkeit der Ober=Präsidenten eingreift, noch näher auseinandersetzen.

§. 5.

In jedem Regierungsbezirk besteht der Regel nach, ein Ober=Landes=Gericht für die Verwaltung der Justiz, und eine Regierung für die Landes=Polizei und für die Finanz=Angelegenheiten. Einige Regierungsbezirke werden indessen, vorerst vereint mit einem andern, ein Ober=Landesgericht besitzen.

§. 6.

Den Ober=Landesgerichten verbleibt die gesammte Rechtspflege, das Vormundschafts=, Privatlehns= und Hypotheken=Wesen; die Abnahme der verfassungsmäßig üblichen Huldigungen bei Besitz=Erwerben und die Bekanntmachung der Gesetze, welche die Ergänzung und Berichtigung des Land= und Provinzial=Rechts und der Gerichts=Ordnungen betreffen, oder sich auf den Geschäftsbetrieb bei den gerichtlichen Behörden beziehen.

§. 7.

Die Ober=Landesgerichte werden hiernach, für einen oder zwei Bezirke eingerichtet, welche den Regierungen zugetheilt sind, und der Justizminister soll dieserhalb das Weitere unverzüglich ins Werk setzen.

Das Kammergericht zu Berlin, soll sich über die Stadt Berlin und den Bezirk der Regierung zu Potsdam erstrecken.

§. 8.

Wo die Lokalität es gestattet, soll das Ober=Landesgericht seinen Sitz an dem Orte haben, welcher der Regierung zum Sitz angewiesen worden.

Berlin soll der Sitz des Kammergerichts bleiben.

§. 9.

Die den Regierungen zugetheilten Geschäfte der innern Verwaltung werden in zwei Hauptabtheilungen bearbeitet, die unter Einem Präsidenten vereinigt sind, und nur bei Gegenständen, die eine gemeinschaftliche Berathung erfordern, zusammen treten und Eine Behörde bilden.

Die Directoren und Räthe beider Abtheilungen heißen Regierungs=Direktoren und Regierungs=Räthe.

M 2

§. 10.

§. 10.

Die bisherigen fünf Deputationen werden aufgehoben, desgleichen die Landes=Oekonomie=Kollegien.

§. 11.

Die erste Hauptabtheilung bearbeitet sämmtliche von den Ministern der auswärtigen Angelegenheiten, des Innern, des Krieges und der Polizey, in Gemäßheit der Ordre vom 3ten Junius 1814 abhangende Angelegenheiten. Sie ist daher das Organ dieser Minister.

§. 12.

Die Disziplin und Besetzung der Stellen ressortirt vom Minister des Innern, mit Ausschluß derjenigen Räthe, welche die zum Geschäftskreise des Polizeiministers gehörenden Angelegenheiten bearbeiten und vom Polizeiminister angestellt werden.

§. 13.

Die Regierung verwaltet:

1) die innern Angelegenheiten der Landeshoheit, als: ständische, Verfassungs=, Landes=, Grenz=, Huldigungs=, Abfahrt= und Abschoß=Sachen, Censur, Publikation der Gesetze durch das Amtsblatt.
2) Die Landespolizei, als: die Polizei der allgemeinen Sicherheit, der Lebensmittel und andere Gegenstände; das Armenwesen, die Vorsorge zur Abwendung allgemeiner Beschädigungen, die Besserungshäuser, die milden Stiftungen und ähnliche öffentliche Anstalten, die Aufsicht auf Kommunen und Korporationen, die keinen gewerblichen Zweck haben.
3) Die Militairsachen, bei denen die Einwirkung der Civilverwaltung statt findet, als: Rekrutirung, Verabschiedung, Mobilmachung, Verpflegung, Märsche, Servis, Festungsbau.

§. 14.

Ausgenommen von der Bearbeitung der Regierung sind:

1) die den Ober=Präsidenten zugetheilten Gegenstände; (§. 3.)
2) die den Ober-Landesgerichten beigelegte Publikation der Gesetze; (§. 6.)
3) die Polizei der Gewerbe, mit Einschluß der Aufsicht auf die Korporationen, die einen gewerblichen Zweck haben.

§. 15.

Für die Kirchen= und Schul=Sachen besteht im Hauptort jeder Provinz ein Konsistorium, dessen Präsident der Ober=Präsident ist.

Dieses übt in Rücksicht auf die Protestanten die Konsistorial=Rechte aus; in Rücksicht auf die Römisch=Katholischen hat es die landesherrlichen Rechte circa sacra zu verwalten. In Rücksicht auf alle übrigen Religions=

Par=

Parteyen übt es diejenige Aufsicht aus, die der Staatszweck erfordert und die Gewissensfreiheit gestattet.

§. 16.

Alle Unterrichts= und Bildungs=Anstalten stehen gleichfalls unter diesen Konsistorien mit Ausnahme der Universitäten, welche unmittelbar dem Ministerium des Innern untergeordnet bleiben. Jeder Ober=Präsident ist jedoch als beständiger Commissarius dieses Ministeriums Curator der Universität, die sich in der ihm anvertrauten Provinz befindet.

§. 17.

In jedem Regierungs=Bezirk, worin kein Konsistorium ist, besteht eine Kirchen= und Schul=Kommission von Geistlichen und Schulmännern, die unter Leitung und nach Anweisung des Konsistoriums diejenigen Geschäfte desselben besorgt, die einer nähern persönlichen Einwirkung bedürfen.

§. 18.

Die Direktion dieser Kommission führt ein Mitglied der Regierung, welches im Regierungs=Kollegium den Vortrag derjenigen Konsistorial=Angelegenheiten hat, die eine Mitwirkung der Regierungen erfordern. Diese Direktoren müssen wenigstens jährlich einmal im Konsistorium erscheinen, worin sie als Räthe Sitz und Stimme haben, und einen allgemeinen Vortrag über die besondern Verhältnisse der Konsistorial=Angelegenheiten ihres Regierungs=Bezirks machen.

§. 19.

Die Regierungs=Instruktion enthält die nähern Bestimmungen über die Einwirkung der Regierung in die Schulen=Sachen und deren Verhältnisse gegen das Konsistorium der Ober=Präsidenten (§. 15.).

§. 20.

Für die Medizinal=Polizei besteht im Hauptort jeder Provinz ein Medizinal=Kollegium unter Leitung des Ober=Präsidenten.

§. 21.

In jedem Regierungs=Bezirk, worin kein Medizinal=Kollegium ist, besteht eine Sanitäts=Kommission von Aerzten, Chirurgen und Apothekern, die unter der Leitung und nach Anweisung des Medizinal=Kollegiums alle Geschäfte desselben besorgt, die einer näheren persönlichen Einwürkung bedürfen.

§. 22.

Die Direktion dieser Kommission führt ein Mitglied der Regierung, welches die Medizinal=Angelegenheiten, die deren Einwürkung bedürfen, bei derselben zugleich bearbeitet und in dieser Eigenschaft in regelmäßiger Beziehung mit dem Medizinal=Kollegium der Provinz steht.

§. 23.

§. 23.

Die Beschäftigungen des Medizinal-Raths und sein Verhältniß gegen die Regierung, so wie gegen den Medizinal-Rath der Ober-Präsidentur, wird die Regierungs-Instruktion ergeben.

§. 24.

Die zweite Haupt-Abtheilung der Regierung verwaltet sämmtliche Geschäfte, welche nach der Ordre vom 3ten Juni 1814. der obern Leitung des Finanz-Ministers anvertraut sind. Sie ist das Organ dieses Ministers.

§. 25.

Die Disziplin und Besetzung der Stellen gehört dem Finanz-Minister.

§. 26.

Diese zweite Abtheilung der Regierung verwaltet:

1) das gesammte Staats-Einkommen ihres Bezirks, in so fern nicht für einzelne Zweige besondere Behörden ausdrücklich bestellt sind, namentlich für die Bergwerks- und Salz-Angelegenheiten; also sämmtliche Domainen, säkularisirte Güter, Forsten, Regalien, Steuern, Accise und Zölle;

2) die Gewerbe-Polizei in Rücksicht auf Handel, Fabriken, Handwerker und gewerbliche Korporationen;

3) das Bau-Wesen, sowohl in Rücksicht auf Land- als Wasserbau.

§. 27.

Der Geschäftsbetrieb bei den beiden Abtheilungen der Regierung ist in allen Angelegenheiten, worin ein Anderes nicht ausdrücklich festgesetzt wird, kollegialisch, doch so, daß jede Abtheilung in der Regel ihre eigenen abgesonderten Vorträge hat.

§. 28.

Der Präsident, unter dessen Vorsitz die beiden Abtheilungen der Regierung vereinigt sind, ist das Organ des Staats-Ministeriums, welches über seine Anstellung gemeinschaftlich an Uns berichtet.

§. 29.

Der Polizeiminister und die zweite Section des Ministeriums der auswärtigen Angelegenheiten, deren Organ die erste Abtheilung der Regierung ist, richten alle Verfügungen in Sachen ihres Ressorts an den Präsidenten.

§. 30.

So oft der Kriegs- und der Justiz-Minister in Sachen ihres Ressorts an die Regierung zu verfügen nöthig haben, richten sie ihre Verfügungen an den Präsidenten.

§. 31.

§. 31.

Der Präsident bestimmt, wenn und zu welchem Zweck beide Haupt-Abtheilungen der Regierung zu gemeinsamer Berathung zusammentreten (§. 9).

§. 32.

Der Präsident der Regierung an dem Hauptort der Provinz, ist der jedesmalige Ober-Präsident, und führt diesen Titel (§. 2).

§. 33.

Die Organe, deren sich die erste Abtheilung der Regierung zur Vollziehung ihrer Verfügungen bedient, sind die Land-Räthe.

§. 34.

Jeder Kreis hat einen Land-Rath.

§. 35.

Jeder Regierungsbezirk wird in Kreise eingetheilt. In der Regel soll die schon statt findende Eintheilung beibehalten werden. Wo jedoch keine Kreis-Eintheilung vorhanden, oder die vorhandene für eine gehörige Verwaltung unangemessen ist, soll mit möglichster Berücksichtigung früherer Verhältnisse eine angemessene Eintheilung sofort bewirkt werden.

§. 36.

Alle Ortschaften, die in den Grenzen eines Kreises liegen, gehören zu demselben und sind der landräthlichen Aufsicht untergeordnet; doch sollen alle ansehnliche Städte mit derjenigen Umgebung, die mit ihren städtischen Verhältnissen in wesentlicher Berührung stehen, eigene Kreise bilden.

§. 37.

Die Organisations-Kommissarien müssen die hierzu geeigneten Städte in jedem Regierungsbezirk bestimmen, und die Umgebung festsetzen.

§. 38.

Der Polizei-Dirigent in einer solchen Stadt vertritt die Stelle des Landraths.

§. 39.

Bis zu erfolgter Eintheilung der Regierungsbezirke in Kreise, behalten Wir Uns die Verordnung über die Organisation der Landräthe und deren Instruktion vor, und setzen zugleich fest, daß die bisherigen Kreisbehörden, unter welchen Namen sie auch eingerichtet sind, bis zur vollständigen Organisation der Kreisverwaltung in Thätigkeit bleiben.

§. 40.

Die Organe der zweiten Abtheilung der Regierung sind:
1) die Landräthe und die ihre Stelle vertretenden Polizei-Behörden, Behufs

hufs der Aufsicht auf die direkte Steuererhebung und in Angelegenheiten der Gewerbe=Polizei;

2) die für die einzelnen Zweige der Verwaltung des öffentlichen Einkommens angestellten Unterbehörden und Finanzbediente;

3) die Baubediente, Fabriken=Kommissarien und andere technische Beamte.

§. 41.

Die Organe der Oberpräsidenten sind:

1) die Regierungen;

2) die Konsistorien;

3) die Medizinalkollegien.

§. 42.

Die Organe der Konsistorien sind der Schulenrath des Regierungsbezirks und die geistlichen und Schulinspektoren.

§. 43.

Die Organe des Medizinal=Kollegiums ist der Medizinalrath des Regierungsbezirks, der sich wiederum der Landräthe als seines Organs bedient.

§. 44.

In Ansehung der Disziplin und der Anstellung ist jede Unterbehörde von derjenigen Hauptabtheilung der Regierung abhängig, deren Organ sie ist.

Die Landräthe ressortiren jedoch ausschließlich von der ersten Hauptabtheilung.

§. 45.

Die Präsidenten, Direktoren und Räthe der Regierungen und Ober=Landesgerichte haben gleichen Rang. Der Vorrang gebührt eintretenden Falls, dem Dienstalter.

Urkundlich unter Unserer höchsteigenhändigen Unterschrift und beigedrucktem Königlichen Insiegel.

Gegeben Wien, den 30sten April 1815.

(L. S.)   **Friedrich Wilhelm.**

C. Fürst von Hardenberg.

Ein

Gesetz-Sammlung

für die

Königlichen Preußischen Staaten.

Nr. 25.

Inhalt: Gesetz über die allgemeine Landesverwaltung, S. 195. — Gesetz über die Zuständigkeit der Verwaltungs- und Verwaltungsgerichtsbehörden, S. 237.

(Nr. 8951.) Gesetz über die allgemeine Landesverwaltung. Vom 30. Juli 1883.

Wir Wilhelm, von Gottes Gnaden König von Preußen ꝛc. verordnen, mit Zustimmung beider Häuser des Landtags, für den gesammten Umfang der Monarchie, was folgt:

Erster Titel.

Grundlagen der Organisation.

§. 1.

Die Verwaltungseintheilung des Staatsgebiets in Provinzen, Regierungsbezirke und Kreise bleibt mit der Maßgabe bestehen, daß die Stadt Berlin aus der Provinz Brandenburg ausscheidet und einen Verwaltungsbezirk für sich bildet.

§. 2.

In der Provinz Hannover bleiben die Landdrosteibezirke als Regierungsbezirke bestehen.

Die Abänderung der Kreis- und Amtseintheilung der Provinz Hannover erfolgt mittels besonderen Gesetzes.

§. 3.

Die Geschäfte der allgemeinen Landesverwaltung werden, soweit sie nicht anderen Behörden überwiesen sind, unter Oberleitung der Minister, in den Provinzen von den Oberpräsidenten, in den Regierungsbezirken von den Regierungspräsidenten und den Regierungen, in den Kreisen von den Landräthen geführt.

Ges. Samml. 1883. (Nr. 8951.) 35

Ausgegeben zu Berlin den 1. September 1883.

Die Oberpräsidenten, die Regierungspräsidenten und die Landräthe handeln innerhalb ihres Geschäftskreises selbstständig unter voller persönlicher Verantwortlichkeit, vorbehaltlich der kollegialischen Behandlung der durch die Gesetze bezeichneten Angelegenheiten.

§. 4.

Zur Mitwirkung bei den Geschäften der allgemeinen Landesverwaltung nach näherer Vorschrift der Gesetze bestehen für die Provinz am Amtssitze des Oberpräsidenten der Provinzialrath, für den Regierungsbezirk am Amtssitze des Regierungspräsidenten der Bezirksausschuß, für den Kreis am Amtssitze des Landraths der Kreisausschuß.

An die Stelle des Kreisausschusses tritt in den durch die Gesetze vorgesehenen Fällen in den Stadtkreisen, in welchen ein Kreisausschuß nicht besteht, der Stadtausschuß, in den einem Landkreise angehörigen Städten mit mehr als 10 000 Einwohnern der Magistrat (kollegialische Gemeindevorstand).

In Stadtgemeinden, in welchen der Bürgermeister allein den Gemeindevorstand bildet, treten für die in dem zweiten Absatze bezeichneten Fälle an die Stelle des Magistrats der Bürgermeister und die Beigeordneten als Kollegium.

§. 5.

In den Hohenzollernschen Landen tritt, soweit nicht die Gesetze Anderes bestimmen, an die Stelle des Oberpräsidenten und des Provinzialraths der zuständige Minister, an die Stelle des Kreises der Oberamtsbezirk, an die Stelle des Landraths der Oberamtmann, an die Stelle des Kreisausschusses der Amtsausschuß.

§. 6.

In Bezug auf die amtliche Stellung, die Befugnisse, die Zuständigkeit und das Verfahren der Verwaltungsbehörden bleiben die bestehenden Vorschriften in Kraft, soweit dieselben nicht durch das gegenwärtige Gesetz abgeändert werden.

§. 7.

Die Verwaltungsgerichtsbarkeit (Entscheidung im Verwaltungsstreitverfahren) wird durch die Kreis- (Stadt-) Ausschüsse und die Bezirksausschüsse als Verwaltungsgerichte, sowie durch das in Berlin für den ganzen Umfang der Monarchie bestehende Oberverwaltungsgericht ausgeübt. Die Entscheidungen ergehen unbeschadet aller privatrechtlichen Verhältnisse.

Die sachliche Zuständigkeit dieser Behörden zur Entscheidung in erster Instanz wird durch besondere gesetzliche Bestimmungen geregelt.

Die Bezirksausschüsse treten überall an die Stelle der Deputationen für das Heimathwesen.

Wo in besonderen Gesetzen das Verwaltungsgericht genannt wird, ist darunter im Zweifel der Bezirksausschuß zu verstehen.

Zweiter Titel.

Verwaltungsbehörden.

I. Abschnitt

Provinzialbehörden.

1. Oberpräsident.

§. 8.

An der Spitze der Verwaltung der Provinz steht der Oberpräsident. Demselben wird ein Oberpräsidialrath und die erforderliche Anzahl von Räthen und Hülfsarbeitern beigegeben, welche die Geschäfte nach seinen Anweisungen bearbeiten. Auch ist der Oberpräsident befugt, die Mitglieder der an seinem Amtssitz befindlichen Regierung, sowie die dem Regierungspräsidenten daselbst beigegebenen Beamten (§. 19 Absatz 1) zur Bearbeitung der ihm übertragenen Geschäfte heranzuziehen.

§. 9.

Die Stellvertretung des Oberpräsidenten in Fällen der Behinderung erfolgt, soweit sie nicht für einzelne Geschäftszweige durch besondere Vorschriften geordnet ist, durch den Oberpräsidialrath. Die zuständigen Minister sind befugt, in besonderen Fällen eine andere Stellvertretung anzuordnen.

2. Provinzialrath.

§. 10.

Der Provinzialrath besteht aus dem Oberpräsidenten beziehungsweise dessen Stellvertreter als Vorsitzenden, aus einem von dem Minister des Innern auf die Dauer seines Hauptamtes am Sitze des Oberpräsidenten ernannten höheren Verwaltungsbeamten beziehungsweise dessen Stellvertreter und aus fünf Mitgliedern, welche vom Provinzialausschusse aus der Zahl der zum Provinziallandtage wählbaren Provinzialangehörigen gewählt werden. Für die letzteren werden in gleicher Weise fünf Stellvertreter gewählt.

Von der Wählbarkeit ausgeschlossen sind der Oberpräsident, die Regierungspräsidenten, die Vorsteher Königlicher Polizeibehörden, die Landräthe und die Beamten des Provinzialverbandes.

§. 11.

Die Wahl der Mitglieder des Provinzialraths und deren Stellvertreter erfolgt auf sechs Jahre.

Jede Wahl verliert ihre Wirkung mit dem Aufhören einer der für die Wählbarkeit vorgeschriebenen Bedingungen. Der Provinzialausschuß hat darüber zu beschließen, ob dieser Fall eingetreten ist. Gegen den Beschluß des Provinzial-

(Nr. 8951.) 35*

ausschusses findet innerhalb zwei Wochen die Klage bei dem Oberverwaltungs-
gerichte statt. Die Klage steht auch dem Vorsitzenden des Provinzialraths zu.
Dieselbe hat keine aufschiebende Wirkung; jedoch dürfen bis zur Entscheidung des
Oberverwaltungsgerichts Ersatzwahlen nicht stattfinden.

§. 12.

Alle drei Jahre scheidet die Hälfte der gewählten Mitglieder und Stellvertreter, und zwar das erste Mal die nächstgrößere Zahl, aus und wird durch
neue Wahlen ersetzt. Die Ausscheidenden bleiben jedoch in allen Fällen bis zur
Einführung der Neugewählten in Thätigkeit. Die das erste Mal Ausscheidenden
werden durch das Loos bestimmt. Die Ausscheidenden sind wieder wählbar.

Für die im Laufe der Wahlperiode ausscheidenden Mitglieder und Stellvertreter haben Ersatzwahlen stattzufinden. Die Ersatzmänner bleiben nur bis
zum Ende desjenigen Zeitraums in Thätigkeit, für welchen die Ausgeschiedenen
gewählt waren.

§. 13.

Die Dauer der Wahlperiode kann durch das Provinzialstatut auch anders
bestimmt werden.

§. 14.

Die gewählten Mitglieder und stellvertretenden Mitglieder des Provinzialraths werden von dem Oberpräsidenten vereidigt und in ihre Stellen eingeführt.

Sie können aus Gründen, welche die Entfernung eines Beamten aus
seinem Amte rechtfertigen (§. 2 des Gesetzes vom 21. Juli 1852, betreffend die
Dienstvergehen der nicht richterlichen Beamten, Gesetz-Samml. S. 465), im
Wege des Disziplinarverfahrens ihrer Stellen enthoben werden.

Für das Disziplinarverfahren gelten die Vorschriften des genannten Gesetzes
mit folgenden Maßgaben:

Die Einleitung des Verfahrens, sowie die Ernennung des Untersuchungs-
kommissars und des Vertreters der Staatsanwaltschaft erfolgt durch den Minister
des Innern.

Disziplinargericht ist das Plenum des Oberverwaltungsgerichts.

§. 15.

Der Provinzialrath ist beschlußfähig, wenn mit Einschluß des Vorsitzenden
fünf Mitglieder anwesend sind. Die Beschlüsse werden nach Stimmenmehrheit
gefaßt. Bei Stimmengleichheit giebt die Stimme des Vorsitzenden den Ausschlag.

3. Generalkommissionen.

§. 16.

Die Generalkommission für die Provinzen Pommern und Posen zu Stargard
in Pommern wird aufgehoben. An die Stelle derselben tritt für die Provinz
Pommern die für die Provinz Brandenburg bestehende Generalkommission.

Für die Provinzen Ost- und Westpreußen und Posen wird eine gemeinsame Generalkommission gebildet. Die Generalkommission für die Provinz Hannover fungirt zugleich für die Provinz Schleswig-Holstein.

II. Abschnitt.

Bezirksbehörden.

1. Regierungspräsident und Bezirksregierung.

§. 17.

An die Spitze der Bezirksregierung am Sitze des Oberpräsidenten tritt, unter Wegfall des Regierungsvizepräsidenten, ein Regierungspräsident. Der Oberpräsident ist fortan nicht mehr Präsident dieser Regierung.

§. 18.

Die Regierungsabtheilung des Innern wird aufgehoben. Die Geschäfte derselben werden, soweit nicht durch das gegenwärtige Gesetz abweichende Bestimmungen getroffen sind, von dem Regierungspräsidenten mit den der Regierung zustehenden Befugnissen verwaltet.

§. 19.

Dem Regierungspräsidenten wird für die ihm persönlich übertragenen Angelegenheiten ein Oberregierungsrath und die erforderliche Anzahl von Räthen und Hülfsarbeitern, von denen mindestens einer die Befähigung zum Richteramte haben muß, beigegeben, welche die Geschäfte nach seinen Anweisungen bearbeiten.

Diese Beamten können zugleich bei der Regierung beschäftigt werden und nehmen an den Plenarberathungen derselben nach Maßgabe der für die Regierungsmitglieder bestehenden Vorschriften Theil.

Die Mitglieder der Regierung können von dem Regierungspräsidenten zur Bearbeitung der ihm übertragenen Geschäfte herangezogen werden.

§. 20.

Die Stellvertretung des Regierungspräsidenten in Fällen der Behinderung erfolgt durch den ihm beigegebenen Oberregierungsrath und, wenn auch dieser behindert ist, durch einen Oberregierungsrath der Bezirksregierung. Die zuständigen Minister sind befugt, in besonderen Fällen eine andere Stellvertretung anzuordnen.

§. 21.

Die Geschäfte der Regierungen zu Stralsund und zu Sigmaringen, soweit sie zur Zuständigkeit der Regierungsabtheilungen des Innern gehören, werden nach Maßgabe des §. 18 von den Regierungspräsidenten verwaltet. Die Mitglieder der Regierung bearbeiten diese Geschäfte nach den Anweisungen des Präsidenten.

(Nr. 8951.)

Die Stellvertretung des Präsidenten in Fällen der Behinderung erfolgt durch ein von den zuständigen Ministern beauftragtes Mitglied der Regierung.

§. 22.

Bei den Regierungen zu Danzig, Erfurt, Münster, Minden, Arnsberg, Coblenz, Cöln, Aachen und Trier tritt an die Stelle der Abtheilung des Innern für die bisher von derselben bearbeiteten Kirchen- und Schulsachen eine Abtheilung für Kirchen- und Schulwesen.

§. 23.

Die landwirthschaftlichen Abtheilungen der Regierungen zu Königsberg und Marienwerder, sowie die bei den Regierungen der Provinzen Ost- und Westpreußen und zu Schleswig bestehenden Spruchkollegien für die landwirthschaftlichen Angelegenheiten werden aufgehoben. Die Zuständigkeiten dieser Behörden, sowie diejenigen der Abtheilungen des Innern der Regierungen zu Gumbinnen, Danzig und Schleswig als Auseinandersetzungsbehörden gehen auf Generalkommissionen (§. 16) über.

Bei der Regierung zu Wiesbaden tritt an die Stelle der Abtheilung des Innern als Auseinandersetzungsbehörde ein Kollegium, welches aus dem Regierungspräsidenten, dem für ihn hierzu bestimmten Stellvertreter und mindestens zwei Mitgliedern besteht, von denen das eine die Befähigung zum Richteramte besitzen und der landwirthschaftlichen Gewerbslehre kundig sein, das andere die Befähigung zum Oekonomiekommissarius haben muß. Von diesem Kollegium sind auch die Obliegenheiten der Regierung hinsichtlich der Güterkonsolidationen wahrzunehmen.

§. 24.

Der Regierungspräsident ist befugt, Beschlüsse der Regierung oder einer Abtheilung derselben, mit welchen er nicht einverstanden ist, außer Kraft zu setzen und, sofern er den Aufenthalt in der Sache für nachtheilig erachtet, auf seine Verantwortung anzuordnen, daß nach seiner Ansicht verfahren werde. Andernfalls ist höhere Entscheidung einzuholen.

Auch ist der Regierungspräsident befugt, in den zur Zuständigkeit der Regierung gehörigen Angelegenheiten an Stelle des Kollegiums unter persönlicher Verantwortlichkeit Verfügungen zu treffen, wenn er die Sache für eilbedürftig oder, im Falle seiner Anwesenheit an Ort und Stelle, eine sofortige Anordnung für erforderlich erachtet.

§. 25.

In der Provinz Hannover treten an die Stelle der Landdrosteien und der Finanzdirektion sechs Regierungspräsidenten und Regierungen, welche, gleich dem Oberpräsidenten, die Verwaltung mit den Befugnissen und nach den Vorschriften führen, welche dafür in den übrigen Provinzen gelten, beziehungsweise in dem gegenwärtigen Gesetz gegeben sind.

Welche der vorbezeichneten Regierungen nach dem Vorbild der Regierung zu Stralsund zu organisiren sind, bleibt Königlicher Verordnung vorbehalten.

§. 26.

Die Zuständigkeiten der Konsistorialbehörden in der Provinz Hannover in Betreff des Schulwesens, sowie die kirchlichen Angelegenheiten, welche bisher zum Geschäftskreise der katholischen Konsistorien zu Hildesheim und Osnabrück gehörten, werden den Abtheilungen für Kirchen- und Schulwesen der betreffenden Regierungen überwiesen.

Die genannten katholischen Konsistorien werden aufgehoben.

§. 27.

Den evangelischen Konsistorialbehörden in der Provinz Hannover verbleiben, bis zur anderweitigen gesetzlichen Regelung, in Kirchensachen ihre bisherigen Zuständigkeiten.

2. Bezirksausschuß.

§. 28.

Der Bezirksausschuß besteht aus dem Regierungspräsidenten als Vorsitzenden und aus sechs Mitgliedern.

Zwei dieser Mitglieder, von denen eins zum Richteramte, eins zur Bekleidung von höheren Verwaltungsämtern befähigt sein muß, werden vom Könige auf Lebenszeit ernannt. Aus der Zahl dieser Mitglieder ernennt der König gleichzeitig den Stellvertreter des Regierungspräsidenten im Vorsitze mit dem Titel Verwaltungsgerichtsdirektor. Zur sonstigen Stellvertretung des Regierungspräsidenten im Bezirksausschusse und zur Stellvertretung jedes der beiden auf Lebenszeit ernannten Mitglieder ernennt der König ferner aus der Zahl der am Sitze des Bezirksausschusses ein richterliches oder ein höheres Verwaltungsamt bekleidenden Beamten einen Stellvertreter. Die Ernennung der Stellvertreter erfolgt auf die Dauer ihres Hauptamts am Sitze des Bezirksausschusses.

Die vier anderen Mitglieder des Bezirksausschusses werden aus den Einwohnern seines Sprengels durch den Provinzialausschuß gewählt. In gleicher Weise wählt letzterer vier Stellvertreter, über deren Einberufung das Geschäftsregulativ bestimmt.

Wählbar ist mit Ausnahme des Oberpräsidenten, der Regierungspräsidenten, der Vorsteher Königlicher Polizeibehörden, der Landräthe und der Beamten des Provinzialverbandes jeder zum Provinziallandtage wählbare Angehörige des Deutschen Reichs. Mitglieder des Provinzialraths können nicht Mitglieder des Bezirksausschusses sein.

Im Uebrigen finden auf die Wahlen beziehungsweise die gewählten Mitglieder die Bestimmungen der §§. 11, 12 und 13 sinngemäße Anwendung.

(Nr. 8951.)

§. 29.

Wo der Geschäftsumfang es erfordert, können durch Königliche Verordnung Abtheilungen des Bezirksausschusses für Theile des Regierungsbezirks gebildet werden. In solchen Fällen gehören der Vorsitzende, und sofern nicht für die verschiedenen Abtheilungen besondere Ernennungen erfolgen, die ernannten Mitglieder allen Abtheilungen an. Die gewählten Mitglieder und deren Stellvertreter müssen für jede Abtheilung gesondert bestellt werden. Im Uebrigen gelten die für den Bezirksausschuß gegebenen Vorschriften sinngemäß für jede Abtheilung.

§. 30.

Der Vorsitz im Bezirksausschusse geht in Behinderungsfällen von dem Regierungspräsidenten beziehungsweise dem Verwaltungsgerichtsdirektor auf das zweite ernannte Mitglied, sodann auf den Stellvertreter des Verwaltungsgerichtsdirektors über. Der Regierungspräsident gilt als behindert in allen Fällen, in welchen über eine Beschwerde gegen die Verfügung eines Regierungspräsidenten verhandelt wird.

§. 31.

Den ernannten Mitgliedern darf eine Vertretung des Regierungspräsidenten oder eine Hülfsleistung in den diesem persönlich überwiesenen Geschäften nicht aufgetragen werden. Beide nehmen an den Plenarberathungen der Regierung nach Maßgabe der für die Regierungsmitglieder bestehenden Vorschriften Theil. Im Uebrigen ist ihnen die Führung eines anderen Amtes nur gestattet, wenn dasselbe ein richterliches ist oder ohne Vergütung geführt wird.

§. 32.

Die gewählten Mitglieder und stellvertretenden Mitglieder werden durch den Vorsitzenden vereidigt. Alle Mitglieder und stellvertretenden Mitglieder unterliegen in dieser ihrer Eigenschaft den Vorschriften des Gesetzes, betreffend die Dienstvergehen der Richter u. s. w., vom 7. Mai 1851 (Gesetz-Samml. S. 218), beziehungsweise des Gesetzes vom 26. März 1856 (Gesetz-Samml. S. 201).

Disziplinargericht ist das Plenum des Oberverwaltungsgerichts; der Vertreter der Staatsanwaltschaft wird von dem Präsidenten des Oberverwaltungsgerichts ernannt.

§. 33.

Der Bezirksausschuß ist bei Anwesenheit von fünf Mitgliedern, in Streitsachen unter Armenverbänden bei Anwesenheit von drei Mitgliedern beschlußfähig, unter denen sich in allen Fällen mit Einschluß des Vorsitzenden mindestens zwei ernannte, darunter ein zum Richteramte befähigtes, und ein gewähltes Mitglied befinden muß.

Die Beschlüsse werden nach Stimmenmehrheit gefaßt. Bei gerader Stimmenzahl scheidet, wenn außer dem Vorsitzenden zwei ernannte Mitglieder anwesend sind, das dem Dienstalter nach jüngste ernannte, wenn außer dem Vorsitzenden nur ein ernanntes Mitglied anwesend ist, das dem Lebensalter nach jüngste gewählte Mitglied mit der Maßgabe aus, daß das Stimmrecht vorzugsweise

1) unter den ernannten Mitgliedern einem zum Richteramte befähigten, sofern es dessen zur Beschlußfähigkeit bedarf,

2) im Uebrigen dem Berichterstatter

verbleibt.

§. 34.

Die gewählten Mitglieder und deren Stellvertreter erhalten Tagegelder und Reisekosten nach den für Staatsbeamte der vierten Rangklasse bestehenden gesetzlichen Bestimmungen.

Alle Einnahmen des Bezirksausschusses fließen zur Staatskasse. Derselben fallen auch alle Ausgaben zur Last.

§. 35.

In den Hohenzollernschen Landen kommen in Betreff des Bezirksausschusses die Bestimmungen der §§. 28, 30, 32, 33, 34 mit der Maßgabe zur Anwendung, daß die zu wählenden Mitglieder von dem Landesausschusse aus der Zahl der zum Kommunallandtage wählbaren Angehörigen des Landeskommunalverbandes gewählt werden. Der Regierungspräsident, die Oberamtmänner und die Beamten des Landeskommunalverbandes sind von der Wählbarkeit ausgeschlossen.

Mit § 35 enden die Organisationsbestimmungen über die staatlichen Mittelbehörden.

(Nr. 14044.) **Gesetz über die Erweiterung der Befugnisse der Oberpräsidenten. Vom 15. Dezember 1933.**

Das Staatsministerium hat das folgende Gesetz beschlossen:

Artikel I.

§ 1 der Verordnung zur Vereinfachung und Verbilligung der Verwaltung vom 3. September 1932 (Gesetzsamml. S. 283/295) erhält folgende Fassung:

(1) Der Oberpräsident ist der ständige Vertreter der Staatsregierung in der Provinz. Er hat die politischen, wirtschaftlichen, sozialen und kulturellen Vorgänge in der Provinz zu beobachten und darüber zu wachen, daß innerhalb der Provinz die Verwaltung im Einklang mit den Zielen der Staatsführung gesetzmäßig, wirtschaftlich, sparsam, sauber und einheitlich geführt wird. Er ist zu diesem Zwecke insbesondere befugt, sich von sämtlichen Behörden innerhalb der Provinz unterrichten zu lassen, sie auf die maßgebenden Gesichtspunkte und die danach erforderlichen Maßnahmen aufmerksam zu machen, bei Gefahr im Verzug einstweilige Anordnungen zu treffen; er kann ferner die Behörden der allgemeinen und inneren Verwaltung im Rahmen der den Ministern zustehenden Befugnisse mit Weisungen versehen. Das Recht, Anordnungen zu treffen und Weisungen zu erteilen, kann er auf die ihm beigegebenen Beamten nicht übertragen. Sein Vertreter kann es nur ausüben, wenn der Oberpräsident nicht nur vorübergehend an der Wahrnehmung der Geschäfte behindert ist.

(2) Der Oberpräsident führt unter der Aufsicht der Minister

1. die Aufsicht des Staates über diejenigen Körperschaften und Einrichtungen, deren Geschäftsbereich sich innerhalb der Provinz auf mehr als einen Regierungsbezirk erstreckt, soweit die Aufsicht nicht anderweit geregelt ist,

2. die eigene Verwaltung aller derjenigen Angelegenheiten, die ihm durch Gesetz oder durch das Staatsministerium übertragen sind.

(3) Dem Oberpräsidenten kann durch Verordnung des Staatsministeriums auch die Verwaltung einzelner Zweige der allgemeinen Landesverwaltung in anderen Provinzen oder Teilen davon übertragen werden. Die Verordnung ist in der Gesetzsammlung zu veröffentlichen.

Artikel II.

Der Aufbau und die Verwaltung der Provinzialverbände werden vorbehaltlich des Erlasses der neuen Provinzialordnung zunächst wie folgt geändert:

1. Die Aufgaben und Zuständigkeiten des Provinzialausschusses, des Landeshauptmanns (Landesdirektors, Landesdirektoriums), der Provinzialkommissionen und der Provinzialkommissare gehen auf den Oberpräsidenten über. Das Verhältnis des Provinzialverbandes zum Staate wird hierdurch nicht berührt.

2. Der Oberpräsident beauftragt den Landeshauptmann (Landesdirektor) und die diesem beigegebenen Beamten mit der selbständigen Erledigung laufender Geschäfte des Provinzialverbandes. Er wird bei Behinderung in den Angelegenheiten des Provinzialverbandes durch den Landeshauptmann (Landesdirektor) vertreten. Die weitere Vertretung regelt der Minister des Innern.

3. Die Provinziallandtage, Provinzialausschüsse und Provinzialkommissionen werden aufgelöst. Eine Neubildung findet nicht statt.

4. Zur Beratung des Oberpräsidenten ist der Provinzialrat (Gesetz über den Provinzialrat vom 17. Juli 1933 — Gesetzsamml. S. 254 —) auch in Angelegenheiten des Provinzialverbandes zuständig. In welchem Umfange der Provinzialverband zu den

Fahrtkosten und Aufwandsentschädigungen (§ 14 a.a.O.) der Provinzialräte beizutragen hat, bestimmt das Staatsministerium.

5. Der Oberpräsident muß den Provinzialrat vor seiner Entschließung über folgende Angelegenheiten hören:

a) Feststellung der Haushaltssatzung und einer Nachtragssatzung über den Haushaltsplan, deren Inhalt durch das Gemeindefinanzgesetz geregelt ist;

b) über- und außerplanmäßige Ausgaben, Maßnahmen, durch die Verbindlichkeiten des Provinzialverbandes entstehen können, für die Mittel im Haushaltsplan nicht vorgesehen sind, sowie Haushaltsvorgriffe nach Maßgabe der Vorschriften des Gemeindefinanzgesetzes;

c) Aufnahme von Darlehen, Übernahme von Bürgschaften und Verpflichtungen aus Gewährverträgen und Bestellung anderer Sicherheiten mit Ausnahme solcher Geschäfte, die eine vom Minister des Innern zu bestimmende Wertgrenze nicht übersteigen;

d) Verfügung über Gemeindevermögen, insbesondere Erwerb und Veräußerung von Grundstücken, Schenkungen und Darlehnshingabe, soweit es sich nicht um ihrer Natur nach regelmäßig wiederkehrende Geschäfte der laufenden Verwaltung handelt;

e) Übernahme neuer Aufgaben ohne gesetzliche Verpflichtung, insbesondere Gründung, Errichtung und Erweiterung von Anstalten, Einrichtungen und Unternehmungen, Beteiligung an Unternehmungen, die in der Form des öffentlichen oder privaten Rechtes betrieben werden;

f) Umwandlung der Rechtsform provinzieller Unternehmungen;

g) Aufstellung, Änderung und Aufhebung von Ordnungen und von Grundsätzen für die Verwaltung, insbesondere für die Verwaltung von Anstalten, Einrichtungen und Unternehmungen sowie die Vermögensverwaltung;

h) Erlaß, Änderung und Aufhebung von Satzungen;

i) Änderung der Provinzgrenzen;

k) Verzicht auf Ansprüche des Provinzialverbandes, Abschluß von Vergleichen nach Maßgabe des Gemeindefinanzgesetzes;

l) Führung von Rechtsstreitigkeiten größerer Bedeutung.

6. Soweit Beschlüsse des Provinziallandtags und des Provinzialausschusses nach den bisherigen Vorschriften der Genehmigung durch den zuständigen Minister oder das Staatsministerium bedürfen, gilt dies auch für die von dem Oberpräsidenten nach Nr. 1 gefaßten Beschlüsse gleicher Art.

7. Die Aufsicht über die Provinzialverbände führt der Minister des Innern.

Artikel III.

(1) Die Vorschriften des Artikels II finden auf die Bezirksverbände der Regierungsbezirke Kassel und Wiesbaden sinngemäße Anwendung.

(2) Das gleiche gilt für den Landeskommunalverband der Hohenzollerischen Lande. An die Stelle des Oberpräsidenten tritt der Regierungspräsident in Sigmaringen. Er wird in Angelegenheiten des Landeskommunalverbandes beraten durch die beiden obersten Amtswalter der NSDAP., den rangältesten Führer der Sturmabteilungen oder der Schutzstaffeln der NSDAP. und durch von ihm zu berufende leitende Kommunalbeamte. Auf Form und Inhalt der Beratung findet das Gesetz über den Provinzialrat vom 17. Juli 1933 (Gesetzsamml. S. 254) sinngemäße Anwendung. Die Teilnehmer an einer Beratungssitzung erhalten von dem Landeskommunalverbande Reisekosten und Tagegelder nach den für Staatsbeamte der Stufe III geltenden Sätzen.

Artikel IV.

1. Der Minister des Innern wird ermächtigt, die Vorschriften dieses Gesetzes durchzuführen und die hierzu erforderlichen Rechts- und Verwaltungsvorschriften zu erlassen.

2. Das Gesetz tritt am 1. Januar 1934 in Kraft.

Berlin, den 15. Dezember 1933.

(Siegel.)   Das Preußische Staatsministerium.

            Göring   Popitz.
          zugleich als Minister des Innern.

Das vorstehende, vom Preußischen Staatsministerium beschlossene Gesetz wird hiermit verkündet.

Berlin, den 15. Dezember 1933.

Für den Reichskanzler:

Der Preußische Ministerpräsident.

Göring.